产品伤害危机对消费者品牌延伸评价的影响机制研究

李亚林/著

教育部人文社会科学研究一般项目（17YJA630047，13YJC630082）
湖北省教育厅哲学社会科学研究重大项目（16ZD031）
资助

科学出版社
北京

内 容 简 介

本书选择社会学领域中的“消费者感知背叛”这一关键变量作为中介变量，利用实证研究手段，分析不同类型的产品伤害危机事件如何通过消费者感知背叛这一中介因素影响消费者品牌延伸评价，以及在该过程中心理距离、关系质量、品牌延伸契合度等变量起到何种调节作用，进一步明确产品伤害危机事件对品牌延伸评价影响的内在机制。本书系统梳理了产品伤害危机事件的研究成果，形成较完善的理论体系；结构严谨，论证科学，研究结论客观、科学，对企业实践具有较强的指导意义。

本书既能够为对产品伤害危机研究感兴趣的学者和学生提供参考，也能够为企业决策者开展产品伤害危机管理提供借鉴。

图书在版编目（CIP）数据

产品伤害危机对消费者品牌延伸评价的影响机制研究/李亚林著. —北京：科学出版社，2020.6

ISBN 978-7-03-065148-8

Ⅰ. ①产… Ⅱ. ①李… Ⅲ. ①消费者行为论-研究 Ⅳ. ①F713.55

中国版本图书馆 CIP 数据核字（2020）第 081974 号

责任编辑：徐 倩 / 责任校对：严 娜

责任印制：张 伟 / 封面设计：无极书装

科学出版社出版

北京东黄城根北街 16 号

邮政编码：100717

http://www.sciencep.com

北京虎彩文化传播有限公司印刷

科学出版社发行 各地新华书店经销

*

2020 年 6 月第 一 版 开本：720×1000 B5

2020 年11月第二次印刷 印张：17 3/4

字数：357 000

定价：160.00 元

（如有印装质量问题，我社负责调换）

作 者 简 介

李亚林，男，1974年10月生，汉族，河北沧县人，湖北经济学院工商管理学院教授，2012年11月毕业于华中科技大学工商管理专业，获管理学博士学位。主要研究方向为消费者行为、品牌管理。主持教育部人文社会科学基金项目 3 项，其他省部级项目多项。公开发表论文30余篇，出版专著2部。担任《管理学报》《南开管理评论》《管理评论》等国内管理类重要期刊的审稿人。

前　　言

产品伤害危机对企业来说是一场可怕的梦魇，使企业收益遭受损失，引起公众对企业的质疑和不满，严重影响企业的经济利益甚至危及企业存在的合法性地位。企业产品伤害危机事件之所以带来这么大的影响，除了企业产品伤害危机事件本身带来的直接影响之外，更重要的是企业产品伤害危机会带来溢出效应。目前产品伤害危机的溢出效应研究尚不成熟，产品伤害危机事件溢出效应的研究主要集中在产品伤害危机事件对子品牌、竞争品牌、品类甚至整个行业的溢出效应，少有学者深入探讨产品伤害危机在品牌延伸评价上的溢出效应。研究表明，品牌延伸（brand extension）是企业成长发展过程中常用的策略，了解消费者品牌延伸评价的影响因素是重要的学术与实践议题。虽然已有部分研究表明，企业产品伤害危机事件会影响消费者对品牌延伸的评价，导致消费者对延伸产品的评价不佳，但少有研究为何消费者会出现这样的评价，以及在这一评价过程中会受到哪些因素的影响。换句话说，对于产品伤害危机对消费者品牌延伸评价的影响机制，缺乏较深入的研究。基于此，本书引入人际关系研究中的“消费者感知背叛”这一关键变量，深入研究不同类型的产品伤害危机事件如何通过消费者感知背叛这一中介因素影响到消费者品牌延伸评价，以及在该过程中心理距离、关系质量、品牌延伸契合度等变量起到何种调节作用等问题进行分析，以期进一步理解产品伤害危机事件对品牌延伸评价影响的内在机制。

本书在阐述研究变量和研究理论的基础上，将产品伤害危机分别按照严重程度、发生规模和责任归因等三个分类标准进行分类，形成了产品伤害危机严重程度（严重、轻微）、产品伤害危机发生规模（单发、群发）、产品伤害危机责任归因（产品性能型、公司道德型）等三种类型，并通过三个研究探讨了不同类型的产品伤害危机如何影响消费者品牌延伸评价。具体来说，本书重点研究了如下三个问题：①探讨不同类型的产品伤害危机事件影响消费者对品牌延伸评价的内在心理机制。本书借鉴人际关系理论、心理契约理论的相关成果，引入“消费者感知背叛”这一重要中介变量，分析不同类型的产品伤害危机事件如何通过消费者感知背叛影响消费者对品牌延伸的评价，以及在这个过程中心理距离、关系质量、品牌延伸契合度等变量起到的调节作用。②验证消费者感知背叛的中介作用。消费者感知背叛是本书的关键变量，是解释产品伤害危机后的溢出效应的关键。因此，验证消费者感知背叛可能存在的中介作用对于理解消费者面对产品伤害危机所产生的认知、心理和行为具有重要的意义，能够有效揭示消费者行为发生背后的原因。③分析心理距离（远、近）、关系质量（高、低）、品牌延伸契合度（高、低）等变量可能存在的调节作用。该研究的目的是如果“产品伤害危机事件类型—消费者感知背叛—品牌延伸评价”的关系可以成立，那么什么因素会扮演边界条件的角色？换句话说，上述的关系在哪些变量的影响之下会存在或消失？本书选择对心理距离、关系质量、品牌延伸契合度等变量可能存在的调节作用进行分析，是对本书研究主要关系存在的边界条件的探讨，以更加真实地反映变量间的关系。

结合上述问题研究，本书展开深入的理论分析和实证探索，得出了以下结论：①不同类型的产品伤害危机事件通过消费者感知背叛影响消费者品牌延伸评价，消费者感知背叛存在显著中介作用，即相对于轻微产品伤害危机事件，严重产品伤害危机事件会引发消费者产生更强烈的感知背叛感，消费者为了平复这种情绪，进而对延伸产品产生较低的评价。相对于单发型产品伤害危机事件，群发型产品伤害危机事件会导致消费者产生更强烈的感知背叛感，进而对延伸产品产生较低的评价。相对于产品性能型产品伤害危机事件，公司道德型产品伤害危机事件会引发消费者产生较低的感知背叛，进而相对于产品性能型产品伤害危机事件情境具有较高的品牌延伸评价。②心理距离（远、近）在不同类型的产品伤害危机事件影响消费者感知背叛过程中存在显著调节作用，即相对于发生在距离消费者较远的地方（空间距离远），发生在消费者周围（空间距离近）的产品伤害危机事件带给消费者更强烈的感知背叛。相对于发生在消费者不熟悉或陌生人身上（社会距离远），发生在消费者熟悉的人身上（社会距离近）的产品伤害危机事件带给消费者更强烈的感知背叛。③关系质量（高、低）在不同类型的产品伤害危机事件影响消费者感知背叛过程中存在显著调节作用，具体来说，在轻微产品伤害危机情境下，关系质量的保护效果仍起作用，高关系质量下的消费者感知背叛显著低于低关系质量下的消费者感知背叛。但在严重产品伤害危机情境下，相对于低关系质量下的消费者感知背叛，高关系质量不仅无法保护企业，相反高关系质量还会引发消费者更强烈的感知背叛。在单发型产品伤害危机情境下，高关系质量能够缓解消费者的感知背叛，即相对于低关系质量下的消费者感知背叛，高关系质量下的消费者感知背叛较低。但在群发型产品伤害危机事件情境中，相对于低关系质量，高关系质量引发的消费者感知背叛更强烈，高关系质量加剧了不同规模下发生的产品伤害危机事件对消费者感知背叛的影响。在低关系质量情境下，关系质量在不同类型的产品伤害危机事件对消费者感知背叛的影响中的作用不明显，但在高关系质量情境下，关系质量加剧了产品性能型产品伤害危机事件对消费者感知背叛的影响。④品牌延伸契合度（高、低）在消费者感知背叛影响消费者品牌延伸评价过程中存在显著调节作用，具体来说，品牌延伸契合度越高，消费者感知背叛对品牌延伸评价的影响越大，消费者品牌延伸评价越低。相反，品牌延伸契合度越低，消费者感知背叛对品牌延伸评价的影响越小，消费者品牌延伸评价越高。

相对于以往研究，本书研究主要有如下创新：①本书从产品伤害危机事件的角度出发，探讨了企业发生产品伤害危机事件在品牌延伸方面的溢出效应，在一定程度上丰富了产品伤害危机事件影响的有关理论，并为企业面对产品伤害危机事件情形下如何进行品牌策略选择提供了借鉴。②本书将消费者感知背叛作为中介变量，拟探讨不同类型的产品伤害危机事件如何通过影响消费者感知背叛并最终影响消费者对品牌延伸的评价等问题，本书研究可以充分挖掘不同类型的产品伤害危机事件影响消费者品牌延伸评价的内在心理机制。而且，这一中介变量比过去研究产品伤害危机的影响多选择消费者感知风险或消费者情绪反应等中介变量更能体现面对产品伤害危机消费者的反应，具有一定的创新性。③本书在研究过程中，除了探讨消费者感知背叛这一变量的中介作用之外，还从关系质量、心理距离以及品牌延伸契合度等几个变量入手，分析了这些变量可能存在的调节作用，这为进一步厘清自变量不同类型的产品伤害危机与因变量品牌延伸评价之间的内在关系，提供了很大的帮助，同时亦能完善已有的研究成果。

目　　录

第1章　绪　　论

1.1　研 究 背 景

产品伤害危机通常被界定为偶然出现并被广泛宣传的某种产品存在缺陷或是对顾客产生伤害的事件（Siomkos and Kurzbard，1994），它是具有极大破坏性且传播面非常广的事件（Dean，2004），是企业生产的产品出现缺陷或存在危险时面临的复杂情境，是企业最常遭遇的威胁之一（Dawar and Pillutla，2000）。产品伤害危机涵盖范围甚广，如品牌丑闻（Roehm and Tybout，2006）、企业灾难或灾祸（Jorgensen，1994）、负面品牌曝光事件（Pullig et al.，2006）等。同时，随着传媒业的发展、信息技术的进步、互联网传播渠道的畅通，企业在处理产品伤害危机事件上面临着巨大的压力（Ahluwalia，2002）。研究表明，企业产品伤害危机事件具有极为负面且深远的影响（Monga and John，2008；Vanhamme and Grobben，2009），它严重影响公司的绩效，导致企业收入和市场份额下降，并破坏企业精心培育的品牌资产（Chen et al.，2009）。

产品伤害危机事件之所以给社会、企业和消费者带来很大的负面影响（王晓玉和晁钢令，2009；王晓玉，2010），主要在于产品伤害危机事件不但会破坏焦点品牌声誉并损害企业形象，而且还会影响竞争品牌，甚至影响到整个行业（Lei et al.，2008；庄爱玲和余伟萍，2011），这种现象被称为负面溢出效应（Ahluwalia et al.，2001）。目前产品伤害危机溢出效应研究尚不成熟，产品伤害危机事件对品类/行业及竞争品牌溢出效应影响机理的实证研究到 2006 年才开始出现（王晓玉和晁钢令，2009）。总结起来，产品伤害危机事件溢出效应的研究主要集中在产品伤害危机事件对子品牌、竞争品牌、品类甚至整个行业的溢出效应，少有学者深入探讨产品伤害危机在品牌延伸评价上的溢出效应。研究表明，品牌延伸是企业成长发展过程中常用的策略（Aaker and Keller，1990），了解消费者品牌延伸评价的影响因素是重要的学术与实践议题（Völckner and Sattler，2007）。虽然已有部分研究表明，企业产品伤害危机事件会影响消费者对品牌延伸的评价，导致消费者对延伸产品的评价不佳（Roehm and Tybout，2006），但少有人研究为何消费者会出现这样的评价，以及在这一评价过程中会受到哪些因素的影响。

产品伤害危机事件类型是产品伤害危机研究中的重要变量，在已有的研究中产品伤害危机事件类型充当了前置变量和调节变量的作用，如不同危机类型会导致消费者产生不同的感知风险（崔保军，2015）、溢出效应存在显著差异（余伟萍和庄爱玲，2013）、具有不同的应对方式（方正等，2010）等。进一步研究表明，负面信息对消费者感知风险和行为意向的影响，取决于产品伤害危机事件的类型（Pullig et al.，2006）。可见，产品伤害危机事件类型是研究产品伤害危机的关键问题之一，它直接关系到产品伤害危机的影响及企业应对危机的策略是否有效。因此，本书研究选择产品伤害危机事件类型作为研究的自变量，并从产品伤害危机的严重程度（轻微、严重）、危机规模（单发、群发）以及责任归因（产品性能型、公司道德型）等三种类型进行分析，重点研究这几种类型的产品伤害危机如何影响消费者对品牌延伸的评价。此外，根据人际关系理论、心理契约等理论，背叛感是个体面对与自身有互动关系的其他人做出不当行为时产生的心理反应（Ward and O'strom，2006），是消费者与互动关系中某些互动规范遭受到企业有意违背时的信念程度（Koehler and Gershoff，2003），它是引发消费者负面情绪反应和侵蚀信任的关键因素（Chan，2009；Finkel et al.，2002）。而且研究也发现，消费者感知背叛会影响消费者的满意度和忠诚度（Grégoire and Fisher，2008）。产品伤害危机事件是企业违背与顾客间互动规范的表现，也是违背企业承诺的表现。面对产品伤害危机，消费者往往会产生背叛感（Ward and O'strom，2006；Koehler and Gershoff，2003），产品伤害危机影响到消费者的信任（Kim and John，2008）和关系绩效（Leonidou et al.，2017）。可见，消费者感知背叛对于产品伤害危机后的消费者情绪、心理、行为具有一定的解释力，同时，消费者对品牌延伸的评价是一个主观的感知过程，消费者的某些情感反应必然会影响消费者对延伸产品的认知评价（Grégoire et al.，2010）。因此，本书引入消费者感知背叛作为关键中介变量，以解释不同产品伤害危机影响消费者品牌延伸评价的内在机制。

关系质量是指消费者对其与企业间关系满足自身期望、预测、目标和欲望程度的感知评价（Kim and Cha，2002），关系质量可视为关系强度的整体评估（Smith，1998），是关系营销文献中的核心构念（Smith，1998）。自从 Crosby 等（1990）提出关系质量的概念后，关系质量即被视为买卖双方维系良好关系的关键要素（Morgan and Hunt，1994；Smith，1998）。过去有关企业产品伤害危机事件的研究中，多半认为或发现顾客对于企业的认同感、忠诚度与承诺对于企业产品伤害危机事件所造成的影响具有缓冲效果（Ahluwalia，2002；Ahluwalia et al.，2000，2001；Liu et al.，2010；Grégoire and Fisher，2006，2008）。这是因为高关系质量的顾客在面对产品伤害危机事件时会启动心中的防御机制（Ahluwalia et al.，2001），将产品伤害危机事件扭曲成与心中既有信念一致（Ahluwalia et al.，2000），以避免认知失调，此类化过程会使得高关系质量顾客认为产品伤害危机事件的信息诊断性不高，后续的反应自然较不受影响。但近年的研究发现，关系质量非但很可能无法缓解产品伤害危机事件的冲击，反而会造成扩大危机的负面效果。如Aaker等（2004）发现服务失败对于高关系质量顾客带来的负面冲击较大。Roehm和Brady（2007）则发现面对高严重性的服务失败，高品牌权益的品牌给消费者带来的负面感受更为强烈。Grégoire和Fisher（2008）以及Grégoire等（2009）针对顾客报复与服务补救评价的研究更直接指出，高关系质量的顾客反而会更倾向于做出报复企业的行为。学者将这种高关系质量的顾客产生强烈负面反应的现象叫作“由爱生恨”效果（Grégoire and Fisher，2008；Wan et al.，2011）。对于关系质量在企业产品伤害危机事件中可能出现的“反转”，本书研究初步判断这种反转可能和产品伤害危机的类型有密切的关系，在某些产品伤害危机情境下高关系质量的顾客反而会对企业产生较差的评价。因此，本书研究引入关系质量这一变量，重点分析关系质量（高、低）在本书研究中可能存在的调节作用。

心理距离是行为人在其心理空间中对事件的主观感知距离，主要由时间距离、空间距离、社会距离、结果的确定程度等四个维度组成（Kim et al.，2008；Trope and Liberman，2010）。解释水平理论（construal level theory，CLT）认为，心理距离越远，人们越倾向于用高水平识解表征事物（高水平解释），事物中与高水平识解相联系的价值量在决策评价中的权重就越大。反之，心理距离越近，人们越倾向于用低水平识解进行表征（低水平解释），事物中与低水平识解相联系的属性在决策中的权重就越大（Trope and Liberman，2010），进而影响人们的心理与决策选择。产品伤害危机发生后，消费者面临不同的心理距离，心理距离对消费者决策仍然存在影响（汪兴东等，2013），消费者感知的心理距离（远、近）会影响其对产品伤害危机事件的判断，进而影响到感知背叛的高低。心理距离对于理解产品伤害危机中的消费者感知背叛具有一定的意义。因此，本书研究引入心理距离这一变量，利用该变量解释相关研究内容。此外，品牌延伸契合度是品牌延伸领域中最早被关注的一个影响因素，品牌研究中最持久的发现之一就是消费者以母品牌与延伸产品之间的感知匹配性为基础来评价品牌延伸（Kim and John，2008），母品牌与延伸产品之间的匹配程度是品牌延伸成功与否的关键（Buil et al.，2009）。研究表明，品牌延伸成功与否很大程度上取决于消费者对延伸产品的评估，而延伸产品评估又取决于消费者对延伸产品与母品牌的契合程度的感知，二者之间存在正向影响（Völckner and Sattler，2006）。因此，本书研究引入品牌延伸契合度这一变量，并进一步分析品牌延伸契合度在研究中存在的调节作用。

结合以上分析，产品伤害危机事件的影响及其溢出效应是目前产品伤害危机研究中重点关注的问题，但以往对产品伤害危机事件溢出效应的研究多集中在对竞争品牌、品类及行业等方面的影响，少有研究探讨产品伤害危机事件对品牌延伸评价的溢出效应，特别是围绕产品伤害危机事件影响品牌延伸评价的内在心理机制方面的研究更少。而且现有研究主要针对单个企业出现产品伤害危机（单发）的现象，缺乏对群发型产品伤害危机（群发）情境下的分析，特别是在该情境下产品伤害危机的溢出效应涉及更少。特别是以往对产品伤害危机事件的影响基于认知视角，利用归因理论进行解释（杨柳和吴海铮，2015）。然而，在消费关系中，消费者的心理和行为往往被情绪所左右，但产品伤害危机后消费者为何会出现愤怒、失望等情绪反应进而影响到后续的行为等问题缺乏必要的深入探讨。

基于以上分析，本书选择产品伤害危机事件对消费者品牌延伸评价的影响，即以产品伤害危机事件对品牌延伸的溢出效应作为研究主题，重点分析不同类型的产品伤害危机事件如何影响消费者品牌延伸评价的内在心理机制。因此，本书引入消费者感知背叛作为本书研究的关键中介变量，并选择关系质量、心理距离、品牌延伸契合度等变量研究它们存在何种调节作用，以深入分析产品伤害危机事件对消费者品牌延伸评价的内在心理机制。

1.2 研究目的

结合研究背景与相关理论成果，本书的研究目的在于探讨产品伤害危机事件在消费者品牌延伸评价中存在的外溢效应，即产品伤害危机事件对消费者品牌延伸评价的影响，特别是研究产品伤害危机影响消费者品牌延伸评价的内在心理机制。具体来说，本书的主要研究目的包括以下几点：

（1）探讨不同类型的产品伤害危机事件影响消费者对品牌延伸评价的内在心理机制。产品伤害危机事件的外溢效应会影响消费者对品牌延伸的评价，但少有研究探讨其内在心理机制。对此，本书借鉴人际关系理论、心理契约理论的相关成果，引入“消费者感知背叛”这一重要中介变量，分析不同类型的产品伤害危机事件如何通过消费者感知背叛影响消费者对品牌延伸的评价，以及在这个过程中心理距离、关系质量、品牌延伸契合度等变量起到的调节作用。

（2）验证消费者感知背叛的中介作用。消费者感知背叛是本书的关键变量，是解释产品伤害危机后的外溢效应的关键。因此，验证消费者感知背叛可能存在的中介作用对于理解消费者面对产品伤害危机所产生的认知、心理和行为具有重要的意义，能够有效揭示消费者行为发生背后的原因。

（3）分析心理距离（远、近）、关系质量（高、低）、品牌延伸契合度（高、低）等变量可能存在的调节作用。该研究的目的是，如果“产品伤害危机事件类型—消费者感知背叛—品牌延伸评价”的关系可以成立，那么什么因素会扮演边界条件的角色？换句话说，上述的关系在哪些变量的影响之下会存在或消失？本书选择对心理距离、关系质量、品牌延伸契合度等变量可能存在的调节作用进行分析，是对本书研究主要关系存在的边界条件的探讨，以更加真实地反映变量间的关系。

1.3　研究意义

产品伤害危机事件的影响以及治理研究一直以来是学者及实务部门关注的重要议题之一，结合现有文献的研究现状，本书重点研究产品伤害危机对品牌延伸评价的影响，即产品伤害危机事件对品牌延伸评价的溢出效应。综合来看，本书至少存在如下两方面的意义。

首先，在理论层面上，目前对产品伤害危机事件溢出效应的研究主要关注两个方面。一是关注产品伤害危机事件对企业的其他品牌的溢出效应，另一个是关注产品伤害危机事件对竞争对手乃至整个行业的溢出效应（王晓玉和晁钢令，2009）。但少有人研究产品伤害危机事件对品牌延伸评价的影响，即少有人研究产品伤害危机事件在品牌延伸评价中的溢出效应，特别是针对不同类型的产品伤害危机事件影响消费者品牌延伸认识评价的心理机制等问题的研究更少。本书的研究重点是探讨这种内在心理机制，这将在一定程度上弥补以往研究的不足，并提出新的研究方向。本书的研究成果对丰富相关理论具有非常重要的意义，并可为企业制定相关的政策提供理论指导。

其次，在实践层面上，产品伤害危机事件在消费者生活以及公司层面上出现得越来越频繁（Dawar and Pillutla，2000；Laczniak et al.，2001），使得针对产品伤害危机事件的研究体现出越来越重要的实践意义。近年来，产品伤害危机事件已成为市场中日益普遍的一种现象，它不仅给处于危机中的品牌或产品造成灾难性的损害，还有可能会波及公司的其他品牌（Lei et al.，2008）、联盟品牌（Votola and Unnava，2006）、竞争品牌乃至整个行业（Roehm and Tybout，2006），这种溢出效应对企业具有重要的影响。同时，为了追求成长，品牌延伸是企业成长发展过程中常用的策略（Aaker and Keller，1990），品牌延伸最大的好处在于企业可以利用公司最有价值的品牌，降低开发新市场的难度，并刺激消费者，唤起其对母品牌产品的记忆（Tauber，1981）。了解哪些因素影响消费者对品牌延伸的评价更是重要的学术与实践议题（Völckner and Sattler，2006，2007）。企业发生产品伤害危机事件之后究竟为品牌延伸评价带来何种影响，这不仅关系到企业产品伤害危机事件之后的策略选择，也关系到企业的品牌策略制定。本书选择产品伤害危机事件对品牌延伸的影响作为研究视角，并深入探讨消费者感知背叛在其中起到的中介作用以及心理距离、关系质量、品牌延伸契合度等因素可能存在的调节作用。该研究对理解产品伤害危机事件对品牌延伸评价带来的负面溢出效应具有一定的指导意义，同时对企业发生产品伤害危机事件时正确制定应对策略，尽可能减少负面溢出效应具有重要现实意义。

1.4 研究内容和目标

1.4.1 研究内容

根据文献研究结果并结合目前社会生活中产品伤害危机事件不断发生的实际状况，本书在探讨产品伤害危机事件类型、消费者感知背叛、消费者品牌延伸评价、心理距离、关系质量、品牌延伸契合度等变量的构面基础上，分析不同类型的产品伤害危机事件如何通过消费者感知背叛影响消费者对延伸品牌的评价，以及在这个过程中心理距离、关系质量、品牌延伸契合度等变量起到的调节作用。具体来说，本书将产品伤害危机分别按照严重程度、发生规模和责任归因等三个分类标准进行分类，形成了产品伤害危机严重程度（严重、轻微）、产品伤害危机发生规模（单发、群发）、产品伤害危机责任归因（产品性能型、公司道德型）等三种类型，并通过三个研究探讨不同类型的产品伤害危机如何影响消费者品牌延伸评价。

1. 不同严重程度的产品伤害危机（严重、轻微）事件对消费者品牌延伸评价的影响

一般来说，产品伤害危机事件从本质上来看可以按照严重程度进行分类，如Coombs（1998）以财产损失数额和人员伤亡程度将危机事件分为轻微和严重两类，其中轻微的是没有什么财产损失且伤亡不严重的危机事件，严重的是造成大量财产损失、有需要住院治疗的受伤人员或致死的危机事件。Park（2008）将危机事件按严重程度分为三类，其中低严重程度指对消费者产生微小伤害且时间较短，中等严重程度指对消费者产生较大伤害或时间较长但未导致死亡，而高严重程度指导致消费者死亡。同时，产品伤害危机事件严重程度越高、伤害时间越长或与健康息息相关，所激发的消费者感知背叛越高，并引发消费者负向口碑、转

换等行为以缓解其负面情绪并惩罚企业的这种无良行为，即消费者感知背叛依赖于事件的严重性，事件越严重，消费者感知背叛越高，会产生越多的负面情绪（Laufer，2002），并可能会影响消费者对品牌延伸的评价。同时，在这一影响过程中心理距离（远、近）、关系质量（高、低）、品牌延伸契合度（高、低）可能存在调节作用。因此，本书的研究问题之一就是研究不同严重程度下的产品伤害危机事件如何通过消费者感知背叛影响消费者品牌延伸评价，并探讨在该过程中心理距离（远、近）等变量是否存在调节作用。

2. 不同发生规模的产品伤害危机（单发、群发）事件对消费者品牌延伸评价的影响

近年来，产品伤害危机事件在数量上升的同时，其所关联的企业也呈现上升趋势，即开始由过去的单独某家企业（单发型产品伤害危机）违规渐渐演化成多家企业，甚至行业内的大部分企业（群发型产品伤害危机）。较之单个企业发生的产品伤害危机（单发型产品伤害危机），群发型产品伤害危机涉及的企业数目较多、影响范围较广、危害程度较严重。根据判断性框架理论，群发型产品伤害危机因牵涉的企业数量较多，负面信息的可接近性较高，消费者感受到的威胁较大。相反，对于单个企业发生的产品伤害危机，消费者接触负面信息的可能性较低，感知的威胁和风险较小（涂铭等，2013），引发消费者的感知背叛较低，并据此形成对延伸品牌的评价。同样，在这一影响过程中心理距离（远、近）、关系质量（高、低）、品牌延伸契合度（高、低）也可能存在调节作用。因此，本书研究问题之二就是分析不同发生规模下的产品伤害危机事件如何通过消费者感知背叛影响消费者品牌延伸评价，并探讨在该过程中心理距离（远、近）等变量是否存在调节作用。

3. 不同责任归因的产品伤害危机（产品性能型、公司道德型）事件对消费者品牌延伸评价的影响

针对产品伤害危机事件产生的原因，产品伤害危机事件形成不同的类型，如 Pullig 等（2006）将产品伤害危机事件分为与性能相关的事件和与价值观相关的事件，这种分类与 Votola 和 Unnava（2006）把产品伤害危机事件分为与能力相关的事件和与道德相关的事件基本一致。在以上基础上，庄爱玲和余伟萍（2011）将产品伤害危机事件分为产品性能型（指技术失误、标准偏差等客观因素或意外操作失误等导致的具体产品属性缺陷或伤害，如 iPhone4 天线门事件）、公司道德型（指因忽视安全健康等问题导致的劳动事故、与社会或伦理问题相关的企业犯罪和管理层不端行为等，如西门子贿赂基金事件）以及道德引致产品性能型（指因企业或员工个人违背基本的社会和伦理道德准则而引发的具体品牌或产品属性缺陷或伤害，如锦湖轮胎质量事件）等三类。因产品性能型与道德引致产品性能型产品伤害危机事件均与产品缺陷等问题直接关联，为了更好地进行对比，

本书研究选择产品性能型与公司道德型两种类型的产品伤害危机事件进行研究。在此基础上借助信息可诊断性理论探讨该分类背景下产品伤害危机对消费者品牌延伸评价的影响，以及在这一影响过程中心理距离（远、近）、关系质量（高、低）、品牌延伸契合度（高、低）可能存在的调节作用。因此，本书研究问题之三就是分析产品性能型与公司道德型两种类型的产品伤害危机事件在通过消费者感知背叛影响消费者品牌延伸评价中是否存在显著差异，并探讨在该过程中心理距离（远、近）等变量是否存在调节作用。本书的研究内容如图 1-1 所示。

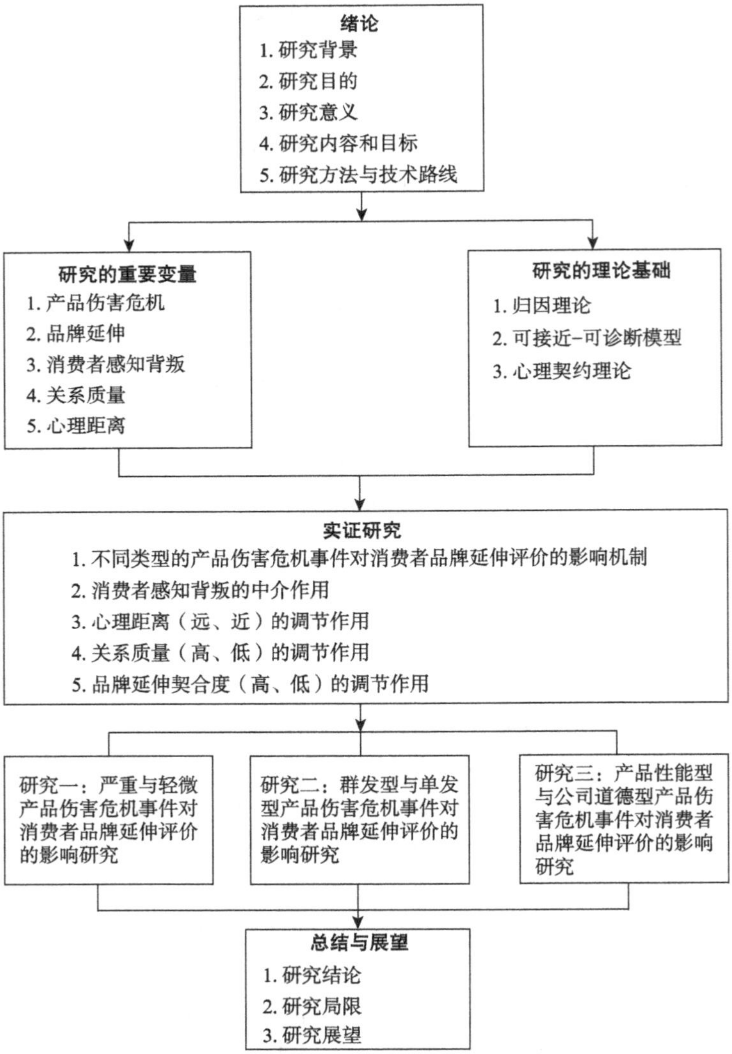

图 1-1　本书的研究内容

1.4.2 研究目标

结合研究内容，本书主要通过三个研究探讨不同类型的产品伤害危机如何通过消费者感知背叛影响消费者对品牌延伸的评价，以及在这一影响过程中心理距离、关系质量、品牌延伸契合度如何对相应的关系起到调节作用等问题，进而挖掘产品伤害危机事件在品牌延伸中的溢出效应。具体来说，通过研究本书将实现如下研究目标：

（1）探讨不同类型的产品伤害危机对消费者品牌延伸评价的影响；

（2）验证消费者感知背叛在产品伤害危机影响消费者品牌延伸评价中存在的中介作用；

（3）探讨心理距离在产品伤害危机对消费者感知背叛影响中的调节作用；

（4）检验关系质量在产品伤害危机对消费者感知背叛影响中的调节作用；

（5）分析品牌延伸契合度在消费者感知背叛对品牌延伸评价影响中存在的调节作用。

1.5 研究方法与技术路线

1.5.1 研究方法

本书运用深度访谈法、焦点小组座谈法、文献研究等定性研究方法，并结合问卷调查法、现场实验法等定量研究方法，通过使用结构方程模型、方差分析以及回归分析等数理统计法进行实证分析。具体来说，本书前期采取深度访谈法、焦点小组座谈法、文献研究、关键事件法等定性研究方法，挖掘变量维度和量表题项，建立项目研究变量量表和测量手段，完善本书的概念模型；通过问卷调查法等方法收集数据，并利用方差分析以及回归分析等方法检验本书提出的假设关系；结合统计结果，运用案例分析和演绎研究等方法从数据结果中挖掘管理内涵。

1）定性研究法

本书采取深度访谈法、焦点小组座谈法、文献研究、关键事件法等定性研究方法，优化理论模型，确定关键变量的维度和变量的操控设计，形成测量量表、调研问卷及实验设计。

2）定量研究法

本书利用问卷调查法、现场实验法等定量研究方法进行数据收集，验证变量之间的关系。

3）数理统计法

运用 Cronbach's α 系数对量表的信度进行检验；运用方差分析对不同类型产品伤害危机、不同心理距离、不同关系质量、不同品牌延伸契合度的影响进行分析，并对相关变量的调节效应进行检验；运用层次回归分析检验变量之间的关系以及中介效应。

4）其他方法

结合数据分析结果，运用案例分析和演绎研究等方法从数据结果中挖掘管理内涵，深化本书研究的实际意义。

1.5.2 技术路线

上述研究方法总体上反映出本书定性与定量相结合的分析途径，其中定性研究方法主要涉及焦点小组座谈法、深度访谈法以及文献研究，定量研究方法涉及现场实验法，数据分析采用方差分析、回归分析等，同时借助SPSS、AMOS等统计分析软件作为辅助。整体技术路线如图 1-2 所示，其中，每个方框内含有步骤（用S表示）、主要方法（用M表示）、预期结果（用O表示），箭头表示研究的程序。

1.6 本书的框架与结构

根据本书的研究目标，本书共分为7章，不同章节的研究内容简单介绍如下：

第 1 章　绪论。主要对本书的研究背景、研究目的、研究意义、研究内容和目标、研究方法与技术路线以及本书的框架与结构进行简要的介绍。

第 2 章　研究的重要变量。主要围绕本书提出的关键变量产品伤害危机等研究成果进行分析，以厘清相关概念以及相关问题的研究状况。

第 3 章　研究的理论基础与理论框架。主要介绍在研究中用到的理论，如归因理论、可接近-可诊断模型[①]、心理契约理论等理论，在此基础上提出本书的理论框架。

第 4 章　不同严重程度的产品伤害危机事件影响消费者品牌延伸评价的心理机制，围绕该问题进行理论推演、研究设计与数据收集、分析等。

第 5 章　不同发生规模的产品伤害危机事件影响消费者品牌延伸评价的心理

① 可接近-可诊断模型：accessibility-diagnosticity model。

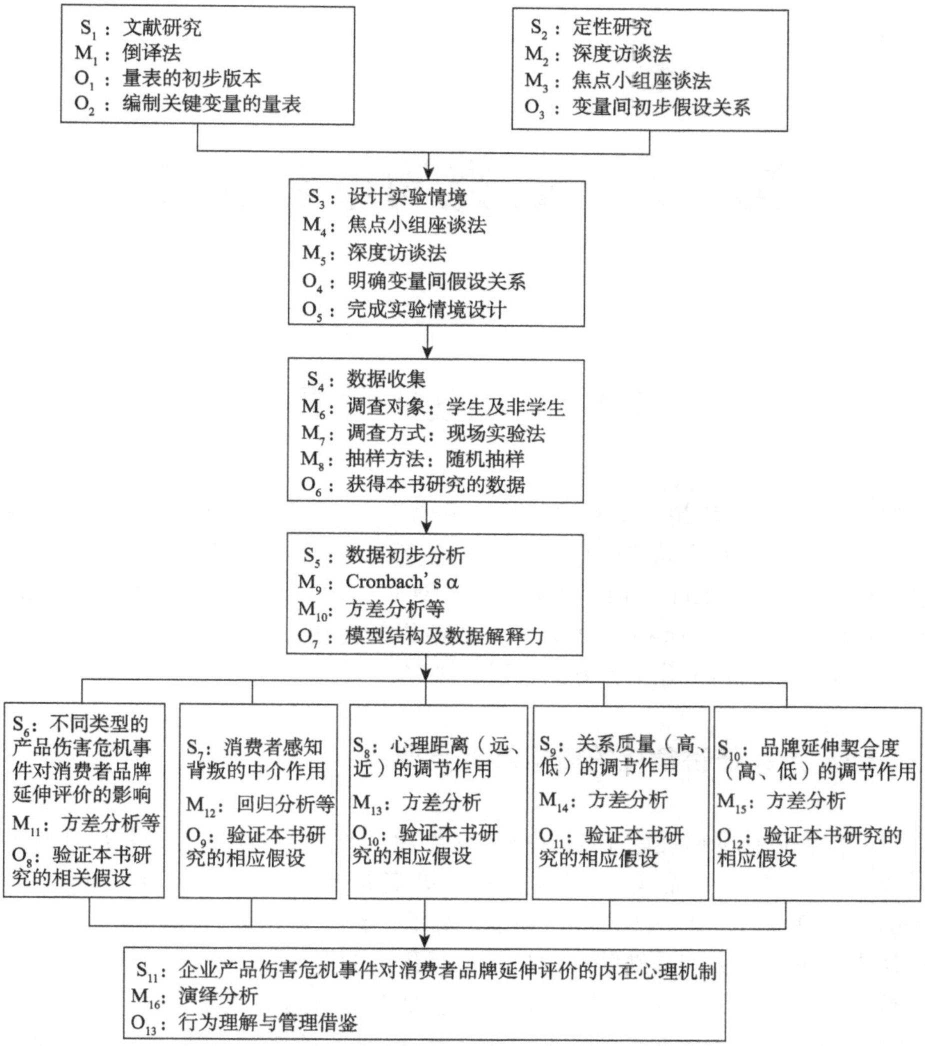

图 1-2　本书研究的技术路线

机制，围绕该问题进行理论推演、研究设计与数据收集、分析等。

第 6 章　不同责任归因的产品伤害危机事件影响消费者品牌延伸评价的心理机制，围绕该问题进行理论推演、研究设计与数据收集、分析等。

第 7 章　总结与展望。主要针对前面章节的内容进行总结，提出本书的研究结论、研究不足以及今后进一步深入研究的问题。

第 2 章　研究的重要变量

2.1　产品伤害危机

20 世纪 90 年代初，学术领域开始出现关于产品伤害危机的研究。Siomkos（1989）较早地针对产品伤害危机展开了研究，之后学者们围绕产品伤害危机的概念（Siomkos and Kurzbard，1994）、类型（方正，2007）、应对策略（Laufer and Coombs，2006；Anwar，2014）、影响以及溢出效应（van Heerde et al.，2007；方正等，2013）等多个方面进行了研究。

2.1.1　产品伤害危机的概念及其类型

产品伤害危机的研究始于 20 世纪 90 年代。产品伤害危机是偶尔出现并被广泛传播的关于某个产品有缺陷或是对消费者造成危害的事件（Siomkos and Kurzbard，1994），这一概念已得到学术界的广泛认可（方正和杨洋，2009）。产品伤害危机是有关产品缺陷或危机被广泛传播的事件，是企业生产的产品出现缺陷或存在危险时面临的复杂情境，是企业最常遭遇的威胁之一（Dawar and Pillutla，2000），分为企业产品伤害危机和行业产品伤害危机（任金中和景奉杰，2013）。产品伤害危机的特征主要有以下几点（井淼和周颖，2013）：一是产生原因和造成结果不清晰；二是危机发生概率相对较低，但是一旦发生就会对企业构成极大威胁；三是企业反应时间很短，考察企业应变能力；四是危机突发性，有时连企业都感到意外；五是结果难以预测，企业面临决策困境。很多原因可能导致产品伤害危机发生，如制造商疏忽、产品滥用、产品损坏等（Vassilikopoulou et al.，2009）。

虽然 Siomkos 和 Kurzbard（1994）对产品伤害危机进行了定义，但是两位学者并没有对产品伤害危机及其相关概念加以区分，使得不少研究者混淆了产品伤害危机、产品责任和产品召回的界限（方正，2007）。研究表明，产品伤害危机、产品责任、产品召回三者之间虽有很多相似之处，但也存在着明显的区别（方正，2007），其中，产品责任是指制造商、批发商和零售商对其生产和销售的产品给消费者所造成的伤害和损失而应该负担的责任（Kaikati，1978），它源于民法和合同法的相关研究（Siomkos and Kurzbard，1994）。产品伤害危机是营销领域的研究问题，产品责任属于法律领域和营销领域（O'Connell，1977），两者既有共同之处也有不同之处（方正，2007）。产品伤害危机和产品责任的区别在于影响范围和法律责任两个方面（方正，2007）：从影响范围来看，产品伤害危机涉及的是一个消费者群，甚至整个社会人群，而产品责任则不一定；从法律责任来看，产品责任会牵涉到法律责任，而产品伤害危机则不一定。从产品召回来看，产品召回是企业对已出售的，但是出现了或可能出现质量、技术问题的产品实行公开或者隐蔽的回收措施（方正，2007）。根据产品召回的决策者不同，产品召回通常分为主动召回和强制召回两种。强制召回通常是政府的决策结果，而主动召回则是企业的自发行为。通常来讲，需要召回的产品通常有以下四种产品缺陷（Chu et al.，2005）：会对消费者造成事实伤害；含有容易被消费者接触到的有害物质；存在因消费者使用不当而导致严重伤害甚至死亡的危险因素；违反了某些产品安全标准和法规。可见，产品召回是产品伤害危机可能导致的后果之一，产品召回是某些产品伤害危机发生以后企业和政府管制机构采取的应对措施（方正，2007），即通常导致产品召回的事件一定是产品伤害危机，但是产品伤害危机并不一定会导致产品召回。

针对企业产品伤害危机，学者们从不同视角对产品伤害危机的类型进行了识别和划分。例如，基于危机严重性视角，根据危机造成财产损失程度、人员伤亡程度及危害持续的时间，将其分为轻微和严重两类（Coombs，1998）或高、中、低三类（Park，2008），即低（对消费者产生微小伤害且时间较短）、中（对消费者产生较大伤害或时间较长但未导致死亡）、高（导致消费者死亡），以及实质性和非实质性产品伤害危机（张璇和张红霞，2013）。以汽车召回事件为例，2004 年美国轿车克莱斯勒的召回事件并未造成任何伤亡，属于低严重性的产品伤害危机事件；2010 年丰田汽车召回事件造成了超过 20 人死亡，多人受伤的严重后果，属于高严重性的产品伤害危机事件（王汉瑛，2016）。Vassilikopoulou 等（2009）的研究则描述了如下虚拟场景：某移动通信公司所生产的移动手机中，一款特殊型号的锂离子电池由于过热而引起爆炸，其中，高严重性的产品伤害危机事件被描述为爆炸引起了包括 3 人死亡和 2 人重伤的严重伤害；低严重性的产品伤害危机事件被描述为爆炸造成了 3 个消费者的财务损失，无人员伤亡发生。

基于法律视角，以危机是否违反产品法规和安全标准为依据，分为可辩解型和不可辩解型产品伤害危机（方正，2007），其中，可辩解型产品伤害危机是指产品可以被澄清或者证明是无害且无缺陷的；而不可辩解型产品伤害危机是指公司无法澄清和证明产品是无害的、没有缺陷的，产品面临召回或退出市场，公司可能遭受大量的民事诉讼。

基于归因视角，根据危机由企业内部或外部引发的责任归因分为受害型、过失型和蓄意型产品伤害危机（Coombs，2007；段桂敏和余伟萍，2012），其中，受害型产品伤害危机包括自然灾害、流言等；过失型产品伤害危机包括技术方面的失误导致的产品伤害等；蓄意型产品伤害危机包括人为产品伤害危机等。

基于事件原因视角，即因技术失误或是因企业违背社会道德伦理而引发的产品伤害危机，分为性能型和价值观型（Pullig et al.，2006）或能力欠缺型与道德缺失型（Votola and Unnava，2006），以及产品性能型、公司道德型和道德–性能型（庄爱玲和余伟萍，2011），其中，产品性能型产品伤害危机事件指技术失误、标准偏差等客观因素或意外操作失误等导致的具体产品属性缺陷或伤害，引起消费者对品牌是否能够满足功能性需求的怀疑；公司道德型产品伤害危机指因忽视安全健康等问题导致的劳动事故、与社会或伦理问题相关的企业犯罪和管理层不端行为等，不影响具体产品属性及功能性产品的使用；道德–性能型产品伤害危机事件指因企业或员工个人违背基本的社会和伦理道德准则而引发的具体品牌或产品属性缺陷或伤害，同时影响品牌功能性利益以及满足其象征性需求的能力。

以事件责任是否清晰为标准，产品伤害危机事件可以被分为责任模糊型和责任清晰型事件。例如，Klein 和 Dawar（2004）在实验研究中描述了一起润滑油造成发动机故障的事件。事件中盛放该润滑油的塑料壶与润滑油相互反应，致使润滑油增稠从而引起发动机损坏。润滑油制造企业发言人宣称，所有问题都是由于贩卖该润滑油的杂货店在包装瓶标注的截止日期后出售造成的，如果润滑油在截止日期前使用则不会出现任何问题。在该场景中，事件涉及包括润滑油制造企业、零售商、消费者和塑料壶供应企业在内的多方当事人，事件责任并不清晰（王汉瑛，2016）。Laufer 等（2009）设计的责任模糊型产品伤害危机事件场景同样被后续研究广泛使用（Whelan and Dawar，2016）。该实验场景描述了消费者在驾驶某品牌的新车后造成了一系列的背部损伤，资料并未明确指出损伤是由汽车还是由顾客自身的原因造成的。与责任模糊型产品伤害危机事件相比，责任清晰型产品伤害危机事件较为常见。

随着产品伤害危机事件涉及企业数量的增多，学者们开始关注行业产品伤害危机，即行业中两家及两家以上企业涉及其中的产品伤害危机事件（汪兴东等，2012；任金中和景奉杰，2013）或者某个品类中多个品牌卷入的危机（张璇和张红霞，2013；杨国亮和卫海英，2014）。行业产品伤害危机也被称为“群发型”或“行业潜规则型”产品伤害危机，因为其发生源于行业内存在的“潜规则”

（阎俊和佘秋玲，2010；崔保军和余伟萍，2015）。20世纪90年代西方开始研究产品伤害危机至今，学者们更多地关注的是企业产品伤害危机的研究，对其研究已渐趋成熟，较企业产品伤害危机（单发型产品伤害危机），群发型产品伤害危机的研究起步较晚，研究文献相对较少且多是沿袭企业产品伤害危机（单发型产品伤害危机）的研究范式，致使对其认识还不够深入和全面（崔保军和余伟萍，2015；崔保军，2016）。

此外，一些学者还从其他角度对产品伤害危机事件进行了分类，如按照企业对危机事件的控制度，Coombs 和 Holladay（2002）将危机事件分为三种类型，受害事件、意外事件和不当管理事件；按照危机事件的可预测性及受影响程度，Gundel（2005）将危机分成四种类型，常规型（易预测且易受影响）、始料未及型（难预测且易受影响）、难以应对型（难预测且难受影响）和基本型（易预测且难受影响）；按照责任企业所在国家的发达程度，可以分为发展中国家企业的产品伤害危机和发达国家企业的产品伤害危机（Carvalho et al.，2015）。

结合以上分析，本书从严重程度、发生规模、事件归因等三个方面，对产品伤害进行分类，具体分析不同类型的产品伤害危机对消费者品牌延伸评价的影响，其中，根据严重程度将产品伤害危机分为严重、轻微；根据发生规模将产品伤害危机分为单发、群发；根据事件发生归因将产品伤害危机分为产品性能型、公司道德型。

2.1.2　产品伤害危机的影响

产品伤害危机直接的影响是对消费者的身心造成伤害，如2008年发生奶粉行业危机事件，导致 29.4 万名婴幼儿患上泌尿系统疾病，并造成6名婴儿死亡（崔保军和余伟萍，2015），引起消费者以及社会公众对焦点企业的质疑、不满以及信任丧失。因此，产品伤害危机对企业来讲是一场可怕的梦魇（van Heerde et al.，2007），因为它严重影响企业的经济利益甚至危及企业存在的合法性（Ulmer and Sellnow，2000）。

总结起来，产品伤害危机的影响主要集中在三个方面：从企业角度来看，产品伤害危机事件会影响到企业声誉、品牌声誉、品牌资产和品牌偏好（Dawar and Lei，2009；Dawar and Pillutla，2000；方正等，2011；Liu and Shankar，2015），降低企业品牌绩效（马宝龙等，2010），并会引起消费者对品牌的认知、情感以及行为等产生衰减、恶化、脱离、终止等一系列消极变化，最终导致消费者-品牌关系的断裂（徐小龙和苏勇，2012）。产品伤害危机还会影响企业市场表现（Roehm and Tybout，2006；van Heerde et al.，2007；Chen et al.，

2009）、销售和市场份额等绩效措施（van Heerde et al.，2007；Cleeren et al.，2013），影响到分销商反应方式及渠道氛围（王晓玉和夏茵，2012）、企业营销工具的效率（Stammerjohan et al.，2005）、营销效果（Cleeren et al.，2013）、股票市场表现（Chen et al.，2009）和股票价格（Laufer and Coombs，2006；Chen et al.，2009）。

从消费者角度来看，产品伤害危机引发消费者的愤怒、失望等负面情绪（涂铭等，2013），提高消费者感知到风险（Siomkos and Kurzbard，1994；Cleeren et al.，2008；方正，2007）的能力、增加顾客抱怨（Laufer and Gillespie，2004；Laufer and Coombs，2006）、降低消费者品牌忠诚（Cleeren et al.，2008）、影响消费者考虑集（王晓玉等，2006）、降低消费者购买意愿（Siomkos and Kurzbard，1994；Vassilikopoulou et al.，2009；Cleeren et al.，2013；方正，2007）、引发消费者强烈的负面态度（Siomkos and Kurzbard，1994；Siomkos et al.，2001；王晓玉和晁钢令，2008）。

从行业角度来看，企业产品伤害危机还会产生负面溢出效应（Dahlén and Lange，2006；Roehm and Tybout，2006；Lei et al.，2008），影响到企业内部其他品牌及组合品牌（Lei et al.，2006），甚至影响整个行业的发展（Lei et al.，2008；庄爱玲和余伟萍，2011）。

特别是与企业产品伤害危机相比，群发型产品伤害危机对行业的负面溢出效应更大（汪兴东等，2012），增加消费者对企业的负面感知，如品牌信任（Gao et al.，2012）、购买意愿（汪兴东等，2012）等。此外，群发型产品伤害危机还负面影响消费者的宏观层面信任（Grayson et al.，2008），包括行业信任（Hansen，2012）以及政府监管的制度信任（Lewis and Weigert，1985）。一旦消费者和公众对某个行业和监管制度失去信任，消费者会“用脚投票”，从而导致整个行业的长期低迷并逐步萎缩（崔保军和余伟萍，2015），如奶制品危机之后，消费者对食品质量的标签和以往的知名品牌也开始持怀疑态度，最终形成对国外品牌的追捧甚至乳制品行业出现了“奶粉战”（王永钦等，2014）。

2.1.3　产品伤害危机的溢出效应

1. 溢出效应的类型

溢出效应是一个主体的某一特征或行为，会影响到与该主体有一定关系、但本身不具有这一特征或行为的其他主体的现象（Ahluwalia et al.，2001）。在产品伤害危机事件研究中，溢出效应即一个品牌或产品发生了危机事件，从而影响了与这个品牌或产品有一定关系但没有发生产品伤害危机事件的其他品牌或产品的现象（庄爱玲和余伟萍，2011）。产品伤害危机事件的溢出效应研究表明，产品伤害危机事件不仅会给处于危机中心的品牌带来灾难性的破坏，还有可能影响到整个品类、行业或其他相关的品牌，因为在产品伤害危机事件中，消费者在购买与丑闻品牌相关的产品时会变得更加投入和小心（Dahlén and Lange，2006）。针对产品伤害危机事件产生的溢出效应，学者们主要从两个方面进行了探讨（王晓玉和晁钢令，2009），一个是探讨产品伤害危机事件对企业内部其他品牌及组合品牌的溢出效应；另一个是探讨产品伤害危机事件对竞争品牌及行业的溢出效应。

对于企业内部溢出效应，产品伤害危机事件会在品牌联合战略、产品品牌组合中使得危机扩散到其他子品牌。研究表明，产品伤害危机事件在企业内部的溢出效应中，除了直接带来溢出影响之外，还会受到一些外在因素的影响。例如，Ahluwalia等（2000）研究了营销沟通信息在品牌属性间的溢出效应和品牌承诺对溢出效应的调节作用。研究表明，当遇到强烈的负面信息时，对于熟悉但低承诺的消费者来说，由于没有足够的辩驳动机，负面信息仍然具有较高的可诊断性，会产生溢出效应；而高承诺的消费者由于保护动机的存在，会辩驳负面信息，从而降低其可诊断性，其溢出效应也较少。此后，Votola 和 Unnava（2006）率先探讨了能力型丑闻与道德型丑闻两种负面事件对公司联盟和代言人联盟的影响差异。研究发现，能力型丑闻的负面溢出效应比道德型丑闻的负面溢出效应要强，但仅仅表现在代言人低过失代言情境下，在高过失情境下无差异。Lei 等（2006）以产品伤害危机事件的严重程度和责任归因来体现信息特征，研究了产品伤害危机事件的信息特征对溢出效应的调节作用。研究表明，产品伤害危机事件的严重程度及责任归因能够调节品牌的负面事件在品牌组合中的溢出效应，而且责任归因信息更具主导作用。王海忠等（2009）基于认知心理学的可接近-可诊断理论（accessibility-diagnosticity theory），把组合中的产品分为旗舰产品（公司品牌的典型代表，在产品组合中居于主导地位）和非旗舰产品（与主品牌联系不紧密，市场占有率不高，消费者对此类产品认识薄弱）。研究发现，在纵向溢出（公司层到产品层）中存在非对称效应，旗舰产品评价受社会责任信息的影响效应更大，非旗舰产品评价受公司能力信息的影响效应更大。在横向溢出（产品到产品）中存在旗舰产品对非旗舰产品评价的影响，但不存在非旗舰产品对旗舰产品的影响，该研究成果为产品伤害危机事件发生后解释不同负面信息在不同产品之间的溢出效应提供了很好的理论基础。王海忠等（2010）以社会心理学中的选择通达机制为基础，从消费者的认知加工层面研究了品牌联合中的负面溢出效应。研究表明，品牌联合中的负面溢出效应是否发生，取决于消费者选择相似性检验还是相异性检验。如果选择相似性检验，负面溢出效应较大。如果选择相异性检验，负面溢出效应较小。同时进一步指出，品牌承诺会影响消费者采用的假设检验过程，高承诺消费者采用相异性检验，低承诺消费者采用相似性检验。段桂敏和余伟萍（2012）借助信息加工及情感迁移理论，以消费者负面情感为中介因素，分析了副品牌的伤害危机不同类型（受害型、过失型、蓄意型）对主品牌评价的溢出效应。分析发现，受害型产品伤害危机事件副品牌激发的消费者负面情感强度最低，主品牌评价变动最小。而过失型、蓄意型产品伤害危机事件副品牌引发的负面情感强度以及主品牌评价变动没有显著性差异。

除了研究产品伤害危机事件在企业内的溢出效应外，还有学者关注了产品伤害危机事件对品类、行业和竞争对手的溢出效应。例如，Dahlén 和 Lange（2006）研究发现，产品伤害危机事件提高了品牌丑闻信息的可接近性、可诊断性和关联性，会影响到消费者对整个品类属性的评价，而且也会影响到消费者对竞争品牌的评价，同时这一过程会受到品牌相似性的调节：当产品伤害危机事件品牌与竞争品牌具有较高相似性时，会产生同化效应，从而使竞争品牌受到负面影响，其品牌评价会降低。相反，当产品伤害危机事件品牌与竞争品牌具有较低相似性时，会产生对比效应，竞争品牌非但不会受到负面影响，反而会带来正面的影响，其品牌评价反而会提升。在此基础上，Roehm 和 Tybout（2006）研究发现，一个品牌的产品伤害危机事件能否对市场上的整个产品大类产生溢出效应，取决于这个品牌是否是这个产品大类的代表性品牌，以及被曝光产品的属性是否与整个产品大类有较强的联系。而关于竞争对手间的溢出效应，他们也发现产品伤害危机事件只会对拥有相似品牌的竞争对手产生溢出效应。Janakiraman 等（2009）也证实了竞争品牌间的外溢效果，其结果发现仅当竞争品牌间相似性比较高的时候，才会产生强烈的负面外溢效果。在已有研究基础上，王晓玉（2012）从消费者感知和行为（意向）、竞争对手营销策略效果和竞争对手股市价值三个视角探讨了产品危机这一负面事件对危机竞争对手的溢出效应，并借助可接近-可诊断理论、启发理论和同化-对比理论等相关理论剖析了其中的影响机理。此外，Lei 等（2008）研究指出，以往对产品伤害危机事件溢出效应的研究主要考虑了品牌间联想强度（strength of association），而体现品牌间联系特征的不限于联想强度，还包括联想方向（directionality of association）。同样两个品牌之间，品牌联想的方向不同，联想的强度也不一样，最终会导致负面溢出效应的差异。庄爱玲和余伟萍（2011）引入消费者认知需求，分析了道德关联的两类品牌负面曝光事件（公司道德型、道德引致产品性能型）对品类和竞争品牌溢出效应的差异性。研究显示，对低认知需求者，道德引致产品性能型负面曝光事件对品类态度和竞争品牌购买意愿的负面溢出效应强于公司道德型事件；对高认知需求者，两类事件溢出效应没有显著差异。道德引致产品性能型负面曝光事件对低认知需求者品类和竞争品牌评价的影响大于高认知需求者，而公司道德型产品伤害危机事件溢出效应对不同认知需求水平消费者的影响无显著差异。总结起来有关产品伤害危机事件的溢出效应的研究成果见表 2-1。

表 2-1 产品伤害危机事件溢出效应研究成果一览表

溢出对象	学者（年份）	关键因素	主要结论
属性之间	Ahluwalia 等（2001）	品牌承诺	低承诺品牌的负面溢出效应较大；高承诺品牌的负面溢出效应较小
品类	Dahlén 和 Lange（2006）	可接近性、可诊断性	负面事件会降低人们对整个品类属性的评价
行业	Roehm 和 Tybout（2006）	代表性品牌、共同属性	当丑闻品牌是行业的典型品牌，当发生丑闻的属性是行业共有属性时，更容易溢出到整个行业
竞争品牌	Dahlén 和 Lange（2006）	整体相似性	高相似性品牌由于同化作用会产生负面溢出；低相似性品牌由于对比作用会带来积极的影响
	Roehm 和 Tybout（2006）	属性相似性	当竞争品牌跟丑闻品牌在丑闻属性上相似的时候，负面溢出效应更容易发生
品牌组合	Lei 等（2008）	联想方向、联想强度	品牌组合中的负面溢出效应，不仅取决于品牌间的联想强度，还取决于联想方向
品牌联合	Votola 和 Unnava（2006）	丑闻类型、联盟类型	如果合作伙伴是公司，那么能力型丑闻的影响更大；如果合作伙伴是代言人，那么道德型丑闻的影响更大
	王海忠等（2010）	相似性检验、相异性检验、品牌承诺	品牌联合中的负面溢出效应大小取决于消费者相似性检验或相异性检验；品牌承诺会影响到消费者选择相似性检验或相异性检验，进而影响到负面溢出效应

资料来源：田阳（2010）

文献研究显示，2000 年之后，负面溢出效应的研究逐渐得到了学者们的关注，成为产品伤害危机事件研究领域的一个重要分支。研究的重点集中在探讨负面溢出效应产生的作用机制和条件，并以此为依据为那些本身没有发生产品伤害危机事件但与产品伤害危机事件相关联的品牌消除负面溢出效应提供对策（田阳，2010）。目前产品伤害危机事件溢出效应研究尚不成熟，有关产品伤害危机事件对品类/行业及竞争品牌外部溢出影响机理的实证研究 2006 年才开始出现（王晓玉和晁钢令，2009）。进一步分析发现，有关产品伤害危机事件溢出效应的研究主要集中在产品伤害危机事件对竞争品牌、品类、子品牌的溢出效应，少有学者探讨产品伤害危机事件对品牌延伸的影响，产品伤害危机事件如何在品牌延伸中形成外溢效应的探讨仍处起步阶段（王妙真和杨俊明，2011）。虽然部分研究表明，企业产品伤害危机事件会改变消费者对于品牌延伸的评价，产生负面溢出效果，导致消费者对于延伸产品的评价或反应不佳（Roehm and Tybout，2006），但少有人研究产品伤害危机事件如何影响到消费者品牌延伸的评价以及其内在心理机制。因此，本书选择品牌延伸评价这一视角，分析产品伤害危机事件对品牌延伸的外溢效应，并重点分析其可能存在的内在心理机制，以完善已有研究成果。

2. 溢出效应的内在机制

研究发现，企业产品伤害危机事件引发的影响及其溢出效应会通过消费者的态度和反应产生作用，消费者态度的变化往往通过认知或情感，或者通过两者共同产生影响（Hawkins et al.，2001）。在产品伤害危机事件中，外部信息能够影响消费者对目标品牌或产品的感知风险，进而影响到消费者的后续态度或行为（Siomkos and Kurzbard，1994）。在企业产品伤害危机事件溢出效应的研究过程中，感知风险是被提及的重要中介变量，即产品伤害危机事件通过消费者感知风险产生影响，消费者感知风险在一定程度上能够解释产品伤害危机事件带来的影响和溢出效应。

在产品伤害危机事件中，产品伤害危机会形成感知风险（王晓玉和晁钢令，2008）。一般说来，产品伤害危机越严重，消费者的感知危险越高，负面影响就越大（Laufer et al.，2005a）。同时进一步研究发现，产品伤害危机事件越严重，消费者越容易将责任归结于危机企业，进而对危机企业及其产品产生更大的感知风险（Laufer and Coombs，2006）。而且，消费者的个体差异也会影响到消费者的感知风险。从年龄来看，老年消费者对产品伤害危机的感知危险明显高于中年消费者和青年消费者（方正，2007）；从性别来看，女性认为自己更容易受类似危机的威胁，她们对企业的责任归因也更多，感知危险也更大（Laufer and Gillespie，2004）；从品牌忠诚来看，消费者的品牌忠诚度越高，损失感知就越小，损失感知越小，感知风险就越小（曾旺明和李蔚，2008）；从使用量来看，消费者使用同类产品越多，感知风险越小（Cleeren et al.，2008）。此外，企业的品牌声誉或声望、社会责任感、应对方式都会影响消费者的感知风险。良好的品牌声誉/声望能够在产品伤害危机事件发生时起到保护作用（Coombs，2007），品牌声誉/声望影响消费者对缺陷产品感知到的不确定性（Laufer and Coombs，2006）。当产品伤害危机事件发生时，消费者对伤害企业的信任和态度降低，感知风险上升，高企业品牌声誉/声望能够增加消费者的信心，降低其感知风险（Keh and Xie，2009），企业声誉/声望也能够缓解顾客的感知危险，减少顾客购买意愿下降的程度（Siomkos and Kurzbard，1994）。企业的社会责任感水平亦有类似的效果，企业的社会责任感水平越高，消费者的感知风险就越小（Klein and Dawar，2004；Vassilikopoulou et al.，2009），公司应对方式、外界舆论等方面也会影响消费者感知风险的大小（Siomkos and Kurzbard，1994；方正，2007）。

此外，情绪变化也是导致消费者态度变动的重要原因（王晓玉和晁钢令，2008），在产品伤害危机事件中，消费者会对目标品牌或产品产生负向情绪，从而引发消费者不同的反应。因此，除了从认知视角中的感知风险探讨产品伤害危机事件的影响及其溢出效应外，一些学者亦从情感视角进行了一些初步的讨论，如从负面情绪来看，无论是生活经验还是相关研究都表明，企业产品伤害危机事件会引发消费者的负面情绪，特别是当产品伤害危机事件对消费者的影响更直接时，负面情绪会更高，这种情绪变动是导致态度变动的重要原因（王晓玉和晁钢令，2008），并影响到消费者对产品伤害危机事件企业的认知，进而影响产品伤害危机事件的影响及其溢出效应。同时，王晓玉和晁钢令（2008）的实证研究也证实了负面情绪在产品危机中的口碑方向对消费者态度的影响中存在部分中介作用。在此基础上，段桂敏和余伟萍（2012）引入信息加工及情感迁移理论，验证了副品牌伤害危机对主品牌评价影响过程中消费者负面情感的中介作用。研究表明，副品牌伤害危机事件引发的消费者负面情感强度越高，消费者对主品牌评价负向变动越大，消费者负面情感存在中介作用。虽然部分学者开始从消费者情感角度探讨产品伤害危机事件的影响及其溢出效应，但由于情感的反应相对于认知的变化更复杂，从情感视角研究产品伤害危机事件的影响的研究并不是很多。

3. 溢出效应的理论基础

激活扩散理论是被国内外学者广泛应用于溢出效应研究的理论。激活扩散理论是由 Collins 和 Loftus 于 1975 年提出的，该理论主要阐述的是，在一个人的大脑中，接触到的每一个事物就是一个节点，每一个节点相互连接组成一个网络。同样地，在产品领域，每一个产品品类或具体某一个产品都是一个节点，而每一个产品与其他产品都是互相关联，存在于一个网络中。当且仅当这种连接关系十分紧密时，某一产品品类发生危机，其他产品品类便会被激活，危机信息将会从危机品类扩散到另一产品品类。在理论上，激活扩散理论为溢出效应提供了研究的可行性。但是，溢出效应怎样发生、是否会发生还需要可接近-可诊断理论来具体阐述。

可接近-可诊断理论是用来评价信息对消费者认知判断是否有效及有效程度的理论。信息的可接近性是指消费者获得信息的频繁程度。信息经常被消费者接触或者反复被消费者接触，也就是说消费者获得信息更加容易，因此这样的信息可接近性程度高；在对某一事物形成评价的过程中，消费者会主观地提取与之相关的信息，一旦搜索的信息足够时，就会停止搜索。所以，信息的可接近性在信息提取过程中并最终形成消费者品牌态度和评价时发挥至关重要的作用。信息的可诊断性是指消费者根据接触到的信息对自己认知需求和行为做出判断的有效程度，信息之间获取共享知识越多，相互关联的程度越高，信息可诊断性就越高。当消费者根据获得的甲品牌信息联想到乙品牌时，乙品牌对于甲品牌来说具有可接近性；当消费者根据甲品牌信息对乙品牌做出认知判断时，甲品牌对乙品牌来说具有可诊断性。因此，Roehm 和 Tybout（2006）、Feldman 和 Lynch（1988）认为，信息的可接近-可诊断理论不仅可以作为消费者对产品伤害危机感知和行为意向做出评判的标准，还可以用来阐释产品伤害危机怎样对竞争品牌产生溢出效应。

此外，根据王汉瑛（2016）的研究，在受众接收和处理信息的过程中会产生同化-对比效应（assimilation-contrast effect）（Sherif and Hovland，1961），其中，同化效应是指个体在接收启动信息之后，其态度和行为受到参照信息潜移默化的影响，同化效应是一种不自觉“接近”的调试过程；而对比效应是指个体接收启动信息之后，其判断会转离由启动所激活的认知构念，从而呈现出与参照信息相反的态度和行为，对比效应是一种不自觉“背离”的调试过程。借鉴同化-对比效应理论，Grégoire和Fisher（2006）研究表明，在模糊不清的服务失败情形中，同化效应产生的同化偏见会使消费者忽视或低估与以往感知不一致的信息，因此高关系质量的消费者在失败服务中感知到的不适程度较低。在信息传播程序中，围绕信息处理理论和传播过程理论，学者们对信息“溢出效应”给予了较多关注。信息溢出是指信息在处理过程中，其适用范围被人为扩大，导致受众对某一主体特征或行为的评价影响到他们对另一相关主体特征或行为的评价（Ahluwalia et al.，2001）。在产品伤害危机主题下，对信息“溢出效应”的研究一方面侧重于探讨企业内“溢出效应”，即危机事件的涉事品牌对同一企业内部的其他品牌及组合品牌的“溢出效应”；另一方面则侧重于探讨行业内“溢出效应”，即危机事件的涉事品牌对行业中竞争性品牌的“溢出效应”（王海忠等，2009）。

2.1.4 产品伤害危机中的企业响应策略

发生产品伤害危机后，企业需要在第一时间内迅速做出反应，最大限度地降低事件对企业的负面影响（万广圣和晁钢令，2014）。现有研究主要从两个方面展开，一是危机发生时的响应策略，二是危机过后的修复策略。

从危机发生时的响应策略来看，一些学者提出了不同的响应策略，如自愿召回、采取补救措施、否认责任、不采取补救措施或不做任何沟通（Dawar and Pillutla，2000），在四种危机应对方式中，最好的应对方式是自愿召回，而最不应该被考虑的方式是坚决否认责任（Rouvaki et al.，2015）。而且针对不同的产品伤害危机，企业所采取的响应策略亦存在差别，如对于不可辩解型产品伤害危机，坚决否认、强制召回是较差的应对方式，对消费者购买意愿的消极影响较大（Siomkos and Kurzbard，1994），主动召回、积极承担责任是较好的应对方式，能降低消费者的感知风险，并提升其购买意愿（Siomkos and Kurzbard，1994），积极承担责任是最优的应对方式（Dawar and Pillutla，2000）。结合企业自身情况，知名有正面声誉的企业宜采用主动召回的应对方式、不知名有负面声誉企业宜采取积极承担责任的应对方式（Laufer and Coombs，2006）。针对可辩解型产品伤害危机，企业积极澄清是最优的策略选择（方正，2007），而且积极的专家应对能增加品牌进入消费者考虑集的机会（王晓玉等，2006）。此外，和解策略（企业承担责任、采取修复行动）、辩解策略（企业否认存在问题、拒绝承担责任）和缄默策略（不应对或声称无可奉告、无法评论）（方正等，2011）、超级努力（Laufer and Coombs，2006）、加强沟通（Coombs，1998），并根据产品伤害危机威胁企业声誉的具体情况采取反应策略，如主要策略（否认策略、降低策略和重建策略）和补充策略（Coombs，2007），也是企业可采取的危机响应策略。另外，面对产品伤害危机，一些企业也会通过促销手段缓解危机的影响，如增加广告投放、降低产品价格（Cleeren，2015）。同时，不同的促销手段对产品伤害危机的影响也存在差异，如对于低深度促销，捐赠比价格折扣更有效（Xie and Keh，2016）。

从危机发生后的修复策略来看，危机发生后的企业反应策略主要体现在市场修复上，重点在于消费者信任的修复（万广圣和晁钢令，2014），因为危机发生后的信任修复策略是危机企业的当务之急，不但对于挽回企业乃至整个行业的声誉至关重要（青平等，2012）。而且信任会催化一系列动态的社会过程，包括经济交换、组织效率（Rousseau et al.，1998）、经济发展（Tabellini，2010）和制度质量（Robbins，2012）。许多学者认为信任是现代社会的基石，它积极影响社会互动（van Lange，2015），驱动社会期望的行为，如合作意愿（Balliet and van Lange，2013）、信息与知识分享（Matzler and Renzl，2006）、避免冲突（Rotter，1980）和亲社会性（van Ingen and Bekkers，2015）。

研究表明，否认（Gaurav and Mariam，2015；熊焰和钱婷婷，2012）、找借口（Tomlinson et al.，2004）、解释（Bottom et al.，2002；Gillespie et al.，2014）、承诺（Schweitzer et al.，2006）、道歉（Gaurav and Mariam，2015）、赔款（Bottom et al.，2002）、辩解（张正林和庄贵军，2010）、无任何回应或沉默（Ferrin et al.，2007；张正林和庄贵军，2010）、主动召回并加强政府的监管（冯蛟等，2015）等沟通策略对于危机发生后的信任修复具有重要的影响。此外，在危机事件过后，企业也会通过自身的营销努力修复消费者信任，如对于强势品牌，通过广告手段恢复顾客信心（Cleeren，2015）；知名度高、声誉好的企业，通过产品替代来改变危机产品的形象（Kabak and Siomkos，1991），也有企业通过时间来影响消费者购买，认为时间会冲淡负面事件的影响（Vassilikopoulou et al.，2009）。

同时，为了进一步明确消费者信任修复的效果，在探讨信任修复策略的基础上，一些学者对影响信任修复效果的因素也进行了探索。研究表明，不同的信任修复手段（信息性修复、情绪性修复和纠正性修复）（Xie and Peng，2009；青平等，2012）、不同信任违背情景（基于道德的违背、基于能力的违背）（熊焰和钱婷婷，2012）、危机严重程度、媒体效用（熊焰和任丽莉，2012）、企业社会责任（崔泮为等，2015）等均对信任修复效果具有显著影响。此外，在信任修复过程中，相关策略往往通过消费者满意和原谅（崔泮为等，2015）、感知风险（Yannopoulou et al.，2011）、信任信念（张正林和庄贵军，2010）等消费者认知层面的中介变量以及危机类型（崔泮为等，2015）、信任违背类型（青平等，2012）、消费者的信任倾向（青平等，2012）等调节变量对信任修复效果产生作用。

2.1.5 产品伤害危机中的企业响应策略的影响因素

研究表明，产品伤害危机产生的负面影响在不同的情境下会有所不同，影响的强度会受到许多因素的调节，大体可概括为消费者的责任归因、危机自身特征以及企业因素（冯蛟等，2015）。

从消费者的责任归因来看，产品伤害危机发生后会对消费者的感知风险、负面情绪、态度、购买意愿以及选择集等产生影响。但这种影响的存在会因消费者对产品伤害危机的责任归因结果不同而有所差异。因为消费者对危机事件的责任归因会影响其对危机的认知、对责任的判别和对危险的感知，进而会影响他们的购买行为（方正和杨洋，2009）。当危机事件发生后，消费者会对导致事件发生的原因和责任方进行归因判断，这是消费者判断导致某事件或行为的原因和责任方的过程，被认为是连接危机情境和危机处理策略的向导（Coombs，2004）。一般来说，消费者对某事件或行为的归因涉入度越高，其心理或行为就越容易受该事件或行为的影响（Mizerski，1982）。归因理论（Weiner，1986）从稳定性、原因归属、可控制性等三个维度分析发生某一事件或行为的原因。当事件发生后，人们会从这三个维度进行归因，而归因的结果会影响人们的认知、情绪和行为（王晓玉和晁钢令，2009；李婷婷和李艳军，2012）。Jorgensen（1994）较早运用归因理论来解释产品伤害危机事件对消费者的影响，研究发现，由企业内部可控原因以及内部可控原因与外部不可控原因构成的混合原因所导致的产品伤害危机事件会使消费者更加气愤，并对企业产生更多的责备心理，因此对消费者的态度和购买意愿有更大的负面影响。Lee（2004）研究也发现，由内部可控原因引发的产品伤害危机事件，会令消费者对企业形成更深的负面印象，而且由外部不可控原因引发的相同事件之所以不会对消费者产生很大的负面影响，是因为外部不可控原因会激起消费者对企业的同情及信任感。另外，危机发生的原因和责任归属越不清晰，消费者对危机的风险感知就越严重，从而把责任归结于危机企业的可能性就越大（Laufer et al.，2005b）。首先，消费者归因很好地解释了消费者在产品伤害危机事件中的行为选择，但消费者归因会受到一些因素的影响，如消费者对产品伤害危机的责任归因在不同性别与年龄的消费者群体中存在差异。

Laufer 和 Gillespie（2004）认为，相对于男性消费者而言，女性消费者在危机原因不明时更容易归因于危机企业。老年人与年轻人在产品伤害危机归因问题上也存在差异，由于老年人具有更多的阅历，在发生产品伤害危机以及原因不明时，相对于年轻人而言，他们不会轻易地归因于危机企业，对企业的责备等行为也相对较少（Laufer et al.，2005a）。其次，不同国家之间的文化差异（个人\集体主义、权力距离、不确定性回避、男\女性化）也会影响消费者对危机事件的归因。例如，个人主义倾向较强的国家的消费者更容易将产品危机归因于企业，而集体主义倾向较强的国家的消费者则更倾向归因于企业以外的其他因素。Laufer 和 Coombs（2006）发现，在不确定性回避高的国家消费者对产品伤害危机反应更加敏感，更多地归因于危机企业。此外，对于消费者不熟悉的危机品牌，原产地的负面形象会强化消费者危机企业归因；而对于熟悉的产品品牌，原产地的负面形象则不会产生影响（Laufer et al.，2009）。其他方面，如消费者思考方式（Monga and John，2008）、消费者信仰（Puzakova et al.，2013）、内隐人格特质（Yin et al.，2016）、消费者依恋风格（Whelan and Dawar，2016），以及企业声誉（Laufer and Coombs，2006）、企业社会责任感（Klein and Dawar，2004）、危机爆发频率（Lei et al.，2012）等因素也会影响消费者的责任归因。

从危机自身特征来看，研究表明，不同类型的产品伤害危机产生的负面影响以及消费者对其的风险感知、态度等存在差异，如产品伤害危机涉及企业越多，消费者感知风险越高（景奉杰等，2012）；产品伤害危机事件越严重，消费者感知损失越大，则消费者感知风险越高（Vassilikopoulou et al.，2009）。

从企业因素来看，企业响应方式、企业声誉、企业社会责任等因素都会给企业产品伤害危机策略选择带来影响。Shrivastava 和 Siomkos（1989）、Siomkos 和 Kurzbard（1994）指出，企业应对产品伤害危机主要有四种方式，即否认（企业简单地否认其对缺陷产品的任何责任）、非自愿召回（在政府机构强制要求之下企业召回缺陷产品）、自愿召回（企业主动召回缺陷产品）和超级努力（企业向公众努力传达自己负责任的形象，如立即召回有害产品和补偿受害者等）。一般来说，与公司自愿召回缺陷产品相比，公司非自愿召回缺陷产品，消费者的感知风险更高（Siomkos and Kurzbard，1994）。企业声誉是企业的重要竞争优势，在企业发生产品伤害危机时，企业声誉对于危机缓解具有重要作用（冯蛟等，2015）。Siomkos 和 Kurzbard（1994）研究发现，如果企业具有良好声誉，在产品伤害危机发生后，消费者感知的风险较小，消费者对危机企业其他产品的购买意愿并不会受到影响。也就是说，良好的企业声誉能够有效减轻产品伤害危机所造成的伤害，而低声誉或不知名的企业结果则相反。因此，那些具有良好声誉的知名企业往往能够更快地赢得公众谅解，更容易平稳渡过危机。与企业声誉一样，企业社会责任感也是产品伤害危机负向影响的重要调节因素，因为消费者在进行购买决策时越来越关注企业的社会责任（Assiouras et al.，2013），企业在社会责任方面的表现越差，消费者对该企业产品的认同度越低（Brown and Dacin，1997）。在产品伤害危机发生后，若企业有高度的社会责任感，消费者更容易“忘记”危机，降低对危机企业产品的感知风险（Vassilikopoulou et al.，2009），即企业社会责任水平越高，消费者感知风险越低（Dawar and Pillutla，2000）。此外，企业声誉和企业社会责任感在消费者的责任归因的过程中也具有重要作用。研究表明，如果危机企业具有良好的企业声誉，消费者则不会把产品伤害危机归因于企业（Laufer and Coombs，2006），对于高声誉的企业，消费者倾向于将责任推到用户身上（Laczniak et al.，2001）。而且，企业社会责任会给消费者带来判断上的晕轮效应，从而影响消费者对产品伤害危机的责任归因（Klein and Dawar，2004）。

2.2 品牌延伸

2.2.1 品牌延伸的概念及分类

品牌延伸是现今许多公司常使用的品牌策略之一，它是指将原品牌的名称视为品牌权益，将已建立起知名度的原品牌运用到其他产品上（Lassar et al.，1995）。Tauber（1981）则认为将现有的品牌名称用于推出同一种类的产品属于产品线延伸（line extension），而将现有的品牌延伸应用于推出不同的产品类别称为品牌延伸。品牌延伸的定义可以分为狭义和广义两种，狭义的品牌延伸是指在产品改良或推出其他产品时沿用已成功的品牌名称（Kotler，1997），而广义的品牌延伸指将一个已经存在的品牌名称用于新的或修正的产品上（Tauber，1981；Aaker and Keller，1990）。Aaker 和 Keller（1990）也将品牌延伸定义为利用目前已经存在的品牌，推出不同产品类别的新产品，试图提升新产品成功率的方式。品牌延伸的研究一直受到学者们的重视，最早研究主要着重在原品牌和计划延伸的相似性和契合度方面（Aaker and Keller，1990；Park et al.，1991），即相似性和契合度较高者，延伸成功的可能性较高，而相似性和契合度较高者，通常是相关或相似的产品类别。从发展策略来说，品牌延伸是对品牌评价持续关注的来源（Milberg et al.，2010）。品牌延伸的策略能有效导入新产品和降低成本，并帮助活化品牌（Supphellen et al.，2004）。根据苏孟洵（2012）的研究，品牌延伸主要有两种分类标准，即以品牌与产品为分类标准和以“原品牌与延伸产品属性”为分类标准。

1. 以品牌与产品为分类标准

对于以品牌与产品间关系来界定品牌延伸的形式，Tauber（1981）认为，现有品牌在相同类别的延伸属于产品线延伸，而使用现有品牌进入不相同的产品类别则属于品牌延伸。Tauber（1981）以“产品类别”与“品牌名称”为二构面形成企业的成长机会矩阵，发展出四种品牌延伸策略。

产品线延伸：企业以既有品牌在既有产品类别中推出改良后的产品。Tauber（1981）认为，产品线延伸的目的在于扩大产品线的深度，当既有品牌存在一定的知名度时，可搭配同性质的改良产品，提供给消费者更多样化的选择。也就是说，当企业要扩大营运规模时，以目前成熟的技术在相同类别下去增加相关的产品系列。

直接延伸（franchise extension）：企业以既有品牌名称推出与旧有产品类别不同的新产品。当推出新产品时，会有风险存在，企业为了降低风险，会运用企业既有品牌来保护新产品的推出，但是并不是任何既存品牌都可以为新产品带来帮助，即企业必须评估该品牌是否已具有一定程度上的价值，消费者对品牌有信任感，该品牌使用到新产品上才可以发挥其优势。

防御品牌（flanker brand）：企业以新品牌（new brand）在既有产品类别中推出新产品。也就是说，在既有产品市场上推出新品牌，此目的是防止其他竞争者瓜分市场，因此提供更多品牌让顾客有更多的选择，进而增加企业的市场占有率。

新品牌：企业以新品牌推出与旧有产品类别不同的新产品。也就是说，当企业推出与原有产品类别不同的新产品时，必须考虑到新产品的诉求是否与既有品牌产生的信息相一致，若是有冲突，企业建立另一种符合新产品诉求的新品牌信息是比较恰当的。

Tauber（1981）所论述的品牌延伸概念也影响后续的许多学者，其中 Kotler（1994）所提出的概念与其最为相似。Kotler（1994）认为，品牌延伸是利用已成功的品牌名称，推出改良的产品或其他种类的产品。因此，亦以“品牌名称”与“产品类别”发展出品牌延伸矩阵，可分成四种策略类型。

产品线延伸：现有产品类别延伸，即在同一产品类别下改变大小、包装、味道等，延用核心品牌名称。此类与 Tauber（1981）提出的“产品线延伸”相同，都是运用既有品牌在同一个产品类别下发展，扩大产品线的深度及广度。

品牌延伸：推出不同的产品类别，并将核心品牌名称延用至新产品类别。Kotler（1994）的“品牌延伸”与 Tauber（1981）的“直接延伸”是相同的概念，也就是运用企业既有的品牌去推出不同类别的产品，当既有品牌在顾客心中有一定的知名度时，也可降低新产品上市的风险。

多品牌（multi-brand）：现有产品不用延伸，推出新品牌名称引用到相同的产品类别。此概念与 Tauber（1981）所提出的“防御品牌”相同。Kotler（1994）认为，公司推出多品牌策略的目的在于拓展新市场，针对不同消费市场的消费者动机与特性，创造适当的品牌特色，扩大吸引力，以满足不同消费者的需求，增加市场的占有率。

新品牌：推出不同的产品类别，并推出新品牌引用到新产品类别。Kotler（1994）与 Tauber（1981）认为，当企业推出的新产品所要表达的信息与企业既有品牌所提供的信息不一致时，对新产品来说，应用新品牌策略是比较适当的做法。

20 世纪 90 年代初期，Farquhar（1990）提出品牌延伸策略可以分为两种：一是产品线延伸，指现有品牌的现有产品经过不同风格、要素、外型、大小的改变后，运用在不同的市场，此概念与 Tauber（1981）提出的“产品线延伸”是相同的；二是类别延伸，指现有品牌运用在不同产品类别中，此概念与 Tauber（1981）所论述的“直接延伸”是相同的。换言之，Farquhar 简化了 Tauber 的策略类型，只强调企业在使用既有品牌至产品线中进行延伸，还是在类别中进行延伸。另外，Keller（2001）认为可以将品牌延伸分成两类：产品线延伸与种类延伸（category extension），当现有品牌被使用于原产品种类的一项新产品时，此新产品可能是针对新市场所产生的需求，即产品线延伸；若现有品牌被使用于一个与现行产品完全不同的产品种类中时，即种类延伸。

2. *以“原品牌与延伸产品属性”为分类标准*

受到 Tauber 影响的另一个学者 Aaker（1996）曾表示，将原品牌的名称运用在相同种类的产品上为产品线延伸；而将原品牌运用在不同种类的产品上视为品牌延伸。Keller 和 Aaker（1992）提出，企业可依原品牌产品和延伸产品间彼此相同属性的多寡，将品牌延伸区分为相近延伸（close extension）、适度延伸（moderate extension）以及远程延伸（far extension）。

相近延伸：当企业既有品牌产品与延伸产品之间属性相似度高时，则为相近延伸。也就是说，在相近延伸下，企业推出新产品时容易让消费者接受，风险程度较其他两者低。

适度延伸：当企业既有品牌产品与延伸产品之间属性相似度处于不高不低的情形时，则为适度延伸。有时候企业使用适度延伸发展新产品时，目的是希望新产品拥有创造联想的空间，此外，又希望转移原品牌的知名度至新产品上。

远程延伸：当企业既有品牌产品与延伸产品之间属性相似度低时，则为远程延伸。当企业所欲延伸之产品与原品牌下既有产品的相关程度低时，就必须考虑到新产品的问世是否能让消费者联想到原有品牌，若是原有品牌的影响力大，这种方式能够让企业快速进入另一个不同的产品类别市场。

Keller 和 Aaker（1992）的观点影响了后续研究的学者，Rangaswamy 等（1993）提出了相似的概念，也就是同样探讨原品牌产品与延伸产品之间的产品类别相似性，简化了 Aaker 和 Keller 的品牌延伸类型，仅将品牌延伸区分为相似性延伸（similar extension）与远程延伸两种。

相似性延伸是指延伸到与原品牌产品相似的产品类别，又称典型品牌延伸；远程延伸则是延伸到与原品牌产品不相似的产品类别，又称非典型品牌延伸。品牌延伸的成功与否，可由相似性、利益诊断和接近性来解释（Meyvis and Janiszewski，2004）。当原品牌和延伸产品类别的联想非常相似时，通过利益诊断理论易将原品牌的属性与态度的联想直接概念化到新延伸产品之中（Boush and Loken，1991），延伸成功的可能性较高。但 Broniarczyk 和 Alba（1994）认为，利益诊断在品牌延伸中的影响力比产品类别相似性的影响力高，利益诊断也依其接近性而有所不同，即非典型品牌延伸下，原品牌的利益联想对于延伸产品是有诊断作用的；而在典型品牌延伸下，原品牌的利益联想对于延伸产品不会有诊断的作用。

相对于典型品牌延伸，非典型品牌延伸更复杂，种类更多，其延伸方式大致分为三种类型：①直接品牌延伸，指运用某一成功的品牌名称，改良产品或产品线，以推出新产品（Kotler，2003）。影响品牌延伸成功的因素包括原品牌的知觉质量、原品牌与延伸产品的契合度和消费者对延伸产品知识的了解（Simonin and Ruth，1998）。②序列品牌延伸或中介延伸。Keller 和 Aaker（1992）研究指出，对已做过品牌延伸的品牌而言，消费者会通过对原品牌以及先前延伸产品的了解来评估后续品牌延伸的好坏，且认为成功的中介延伸，会让相似性较低的产品延伸评估较好，且可提升对品牌的信任。所以当原品牌和延伸产品的相似性非常低以及不相关时，原品牌的特质联想无法和延伸产品有关联性的评价，因此对于延伸的评价将不会太好（Boush and Loken，1991）。故可考虑由原品牌先进行相似性中等的延伸之后再进行相似性低的品牌延伸（中介延伸），此时消费者会综合对整体公司的评估、延伸产品与公司现有产品的契合性而形成对后续延伸产品的评估。③复合品牌延伸。复合品牌延伸是指将两个现有品牌名称结合起来成为新产品的名称，这种方式可以使消费者从复合品牌新名称之中获取更多产品信息，并提升新产品在消费者心中的价值（Park et al.，1991）。当单一品牌无法有效强化产品形象或让消费者察觉其产品的优良质量信号时，通过两种品牌或两种以上的品牌结合在一个产品上，可以提供比单一品牌更强烈的保障信号（Washburn et al.，2004）。

2.2.2　品牌延伸影响因素

品牌延伸最大的好处在于企业可以利用公司最有价值的品牌，降低开发新市场的难度，刺激消费者并唤起其对母品牌产品的记忆（Tauber，1981），有利于强化母品牌在消费者心目中的地位。近年来，围绕品牌延伸的研究众多，且大都围绕影响消费者评价品牌延伸的要素展开，形成了很多有影响力的成果。总结起来，目前影响品牌延伸认知评价的因素主要有以下几种。

1. 契合度（匹配性）因素

契合度是品牌延伸领域中最早被关注的一个影响因素，品牌研究中最重要的发现之一就是消费者以母品牌与延伸产品之间的感知匹配性为基础来评价品牌延伸（Kim and John，2008），母品牌与延伸产品之间的匹配程度是品牌延伸成功与否的关键（Buil et al.，2009）。研究表明，品牌延伸成功与否在很大程度上取决于消费者对延伸产品的评估，而延伸产品评估又取决于消费者对延伸产品与母品牌的契合程度的感知，二者之间存在正向影响（Völckner and Sattler，2006）。绝大部分针对有形产品的研究都支持了感知匹配性对品牌延伸评价的关键性影响，但一些特殊产品类别，感知匹配性表现出了不同的影响机制。Sood 和 Drèze（2006）在探讨电影品牌延伸的研究中就得出了与以往研究截然相反的结论，即相比高匹配性的续集电影，消费者对低匹配性的续集电影的评价更高。在以上研究基础上，一些学者开始探讨可能影响契合度这个变量重要程度的调节变量，如文化因素（Bottomley and Holden，2001）、自我调节导向因素（Yeo and Park，2006）、竞争因素（Oakley et al.，2008）和解释水平高低等（Kim and John，2008）。

2. 母品牌因素

研究表明，母品牌产品的感知质量对消费者的品牌延伸评价具有显著的直接影响（Bottomley and Doyle，1996）。另外，一些研究者亦对母品牌的产品组合特征如何影响消费者的品牌延伸评价进行了研究。研究发现，母品牌产品组合中包含的产品数量越多，消费者对品牌延伸越具信心，对其的评价也越高，而且产品质量变化会调节产品组合数量对品牌延伸质量的信心及延伸评价的影响，并且母品牌现有产品组合之间的相关性也会影响消费者对新品牌延伸的信心和评价（Dacin and Smith，1994）。

3. 消费者个人因素

作为品牌延伸评价的主体，消费者个人因素也会影响他们对品牌延伸的评价，一些学者从不同视角对消费者个人因素的影响进行了探讨。研究表明，消费者的品牌知识会调节品牌具体联想对消费者品牌延伸评价的影响（Broniarczyk and Alba，1994），同时消费者心情会影响消费者的品牌延伸评价（Barone and Miniard，2002），而且进一步研究发现，在高卷入度条件下，消费者心情会通过感知匹配性的中介作用影响消费者对中等匹配性延伸的品牌延伸评价，但是在低卷入度条件下，消费者心情作为一种直觉推断，直接影响其对品牌延伸的评价（Barone，2005）。另外，消费者的新产品采用倾向对品牌延伸评价亦具有影响，随着消费者创新性（早期采用者为高创新性消费者，晚期采用者为低创新性消费者）的增加，感知匹配性对延伸评价的影响随之降低（Klink and Smith，2001），但消费者创新性只对服务类别的品牌延伸评价具有显著的影响，对快速消费品和耐用品类别的延伸影响则不显著（Hem et al.，2003）。然而 Völckner 和 Sattler（2006）的研究却发现，消费者创新性对品牌延伸评价的直接影响是显著的，只是其影响相比感知匹配性等因素要弱一些。此外，Yeo 和 Park（2006）研究发现自我调节导向是感知匹配性对品牌延伸评价的重要调节因素，具有规避型调节聚焦属性的消费者更趋于选择母品牌质量相对高的品牌延伸，而趋进型调节聚焦属性的消费者更趋于选择母品牌与延伸产品匹配程度高的品牌延伸；吴川等（2012）、符国群和丁嘉莉（2008）研究了拥有者效应对品牌延伸评价的潜在影响；等等。此外，在评价品牌延伸时，不同调节聚焦属性的消费者对于母品牌质量、母品牌与延伸产品匹配程度两个因素的相对重要性的判断存在差异，即趋进型调节聚焦属性的消费者更加重视母品牌与延伸产品之间的匹配；规避型调节聚焦属性的消费者更加重视母品牌质量（吴川等，2012）。同时，分类思维的差异可能是影响品牌延伸评价的一个重要变量（林升栋和方向，2011），习惯于情境分类的东方消费者，在感知品牌延伸的新旧产品门类时主要依其情境匹配度进行评价；而习惯于属性分类的西方消费者，在感知品牌延伸的新旧产品门类时主要依其属性匹配度进行评价。

4. 营销刺激因素

研究表明，匹配性并非是特定品牌延伸的固有特征，而是消费者对品牌延伸的一种主观感知，因此母品牌与品牌延伸之间的匹配性会因外部刺激而发生改变。具体来说，Bridges 等（2000）在探讨营销沟通在改善品牌延伸评价中的作用时发现，相比无外部信息提示的情形，关系沟通和描述性沟通都显著改善了消费者对匹配性的感知，并提高了其对品牌延伸的评价。另外，增加广告重复展露次数和根据感知匹配性水平适当安排广告内容可以有效改善消费者对品牌延伸的评价（Lane，2000）。进一步研究发现，随着感知匹配性的降低，消费者对品牌延伸广告的态度对品牌延伸评价的影响会增加，在匹配性很低的情况下，消费者对品牌延伸广告的态度主导了品牌延伸评价，且广告态度在品牌延伸评价中的作用受个体认知需求的调节，具有低认知需求的人更喜欢通过对广告的态度来形成品牌延伸评价（Nan，2006）。此外，Han 和 Schmitt（1997）研究发现，文化差异对品牌延伸评价具有影响，这种影响主要通过对消费者思维方式的影响实现（Monga and John，2007）。另外，品牌延伸的进入次序对消费者品牌延伸评价也具有影响，追随者品牌能通过与延伸类别中具有更低匹配性的先锋品牌（首个通过品牌延伸进入特定产品类别的品牌）的比较而获益（Oakley et al.，2008）。

综上分析可见，品牌延伸给企业所带来的好处使得有关品牌延伸的研究成果日益丰富，这些研究成果为进一步理解品牌延伸提供了很好的借鉴。这些研究影响品牌延伸评估的成果从本质上更多是基于“契合程度或匹配性”这一视角，即延伸产品与母品牌的契合程度是最核心的概念和最重要的变量（Aaker and Keller，1990；Völckner and Sattler，2006），“契合度”因素在品牌延伸研究中扮演了非常重要的角色，而母品牌的一些特征、消费者个人等方面的因素亦会影响到消费者的品牌延伸评价。此外，社会情境对品牌延伸评价可能存在一定的影响，因为消费者在不同的情境下对品牌的评价存在差异，这种差异会影响到品牌延伸产品的评价差异，同时在不同的社会情境下，消费者对契合程度的重视程度也存在差异等（李颢等，2009）。因此，产品伤害危机事件作为一个重要的社会情境，无论是从产品伤害危机事件溢出效应角度研究品牌延伸评价，还是从品牌延伸评价影响因素角度研究品牌延伸评价，都值得进一步探讨，所以本书选择了从产品伤害危机事件溢出效应角度研究品牌延伸评价，并深入分析其内在的机制。

2.2.3 品牌延伸评价

1. 品牌延伸评价的内涵

虽然研究表明，品牌延伸最主要的好处在于使公司利用核心品牌在消费者心中建立的认知和印象，帮助公司进入新市场（Tauber，1981），但品牌延伸亦存在一定的风险（Tauber，1981），它可能会减损品牌资产的价值（Aaker and Keller，1990），即采用品牌延伸可能会稀释掉原本的品牌定位与形象，也可能因为失败的品牌延伸进而伤害了原品牌（Aaker and Keller，1990）。那么什么样的品牌延伸才能算是一个成功的品牌延伸？基于“品牌延伸本身会带来效率与风险”的讨论，能为公司带来最大效率、最小风险的品牌延伸即“成功的品牌延伸”。由此可见“品牌延伸的获利能力”成为衡量品牌延伸绩效的合理指标，然而，各品牌延伸的获利指标很难获得，成本分摊方式也不同，不便进行品牌延伸之间的比较。Boush 和 Loken（1991）研究指出，一般而言，消费者面对某一品牌推出的新产品时，往往会依据本身对产品的知识或消费经验来评估延伸产品。

Aaker 和 Keller（1990）最早对品牌延伸进行定性的评价，作为衡量品牌延伸是否成功的标准。消费者品牌延伸评价是消费者对延伸产品态度的评价，衡量消费者对延伸产品的接受程度（Bottomley and Doyle，1996）。Park 等（1991）认为品牌延伸评价是评估消费者对延伸策略本身的知觉态度。在以上基础上，Boush 和 Loken（1991）、Broniarczyk 和 Alba（1994）、Sheinin 和 Schmitt（1994）则认为，消费者品牌延伸是消费者对延伸产品和延伸策略本身的态度。

2. 品牌延伸评价的测量

目前学者关于延伸评价的测量主要分为三类：一是对延伸产品本身的测量，一般通过知觉品质、购买意愿等指标测量（Aaker and Keller，1990）；二是对该品牌延伸策略的评价，一般用喜欢不喜欢、满意不满意等指标测量（Park et al.，1991）；三是上升到对公司的评价，用对公司的信任度来测量（Kim et al.，2001），且学者多以消费者对品牌延伸的“偏好态度”、“购买意愿”与“主观价值”进行消费者对品牌延伸评价的测量（Aaker and Keller，1990；Boush and Loken，1991；McCarthy et al.，2001；Kim et al.，2001）。本书将学者们对品牌延伸评价的测量角度和测量指标整理如表 2-2 所示。

表 2-2　品牌延伸评价测量构面一览表

学者（年份）	测量角度	测量指标
Aaker 和 Keller（1990） Bottomley 和 Doyle（1996）	对延伸产品进行评价	整体知觉品质 试购延伸产品的可能性（购买意愿）
Boush 和 Loken（1991）	对延伸产品进行评价	偏好—不偏好（偏好态度） 想拥有—不想拥有（购买意愿）
Park 等（1991）	对延伸策略进行评价	好构想—坏构想（偏好态度） 喜欢—不喜欢 令人满意—令人不满意
Dodds 和 Romeo（1991）	对延伸产品进行评价	感知质量 感知价值 货币牺牲 购买意向
Keller 和 Aaker（1992）	对延伸产品进行评价	高品质—低品质（主观价值） 非常可能尝试—绝无可能尝试（购买意愿） 劣质产品—优质产品（主观价值）
Roth 和 Romeo（1992）	对延伸产品进行评价	购买意愿
Broniarczyk 和 Alba（1994）	对延伸策略进行评价 对延伸产品进行评价	对延伸策略的评价：最适当—最不适当 对延伸产品的评价：喜爱—不喜爱 想尝试—不想尝试 偏好程度排序（开放性问题）

续表

学者（年份）	测量角度	测量指标
Sheinin 和 Schmitt（1994）	对延伸策略进行评价 对延伸产品进行评价	对品牌延伸策略的评价：喜欢这个想法—不喜欢这个想法 对延伸产品的评价：感兴趣—不感兴趣 感觉好—感觉不好 尝起来好—尝起来不好 愿意购买—不愿意购买
Kirmani 等（1999）	对延伸产品进行评价	态度（偏好态度） 名望 主观价值 购买意愿
Lane（2000）	对延伸产品进行评价	高质量—低质量 满意—不满意 有吸引力的—无吸引力的
McCarthy 等（2001）	对延伸产品进行评价	正负向态度（偏好态度） 喜好度 偏好度
Lee 等（2001）	对延伸产品进行评价	购买意愿
Kim 等（2001）	对延伸产品进行评价	认知品质（主观价值） 购买意愿 品质较优—品质较劣
Grime 等（2002）	对延伸产品进行评价 对母品牌（公司）进行评价	对延伸产品的评价：喜爱—不喜爱 对母品牌的评价：增强—稀释
Taylor 和 Bearden（2002）	对延伸产品进行评价	知觉品质 知觉价值 购买意愿
Meyvis 和 Janiszewski（2004）	对延伸产品进行评价	喜欢—不喜欢 购买的可能性
Lahiri 和 Gupta（2005）	对延伸策略进行评价	同意—不同意 喜欢—不喜欢 想尝试—不想尝试
银成钺和于洪彦（2006）	对延伸产品进行评价	感知质量
符国群和丁嘉莉（2008）	对延伸产品进行评价	喜爱—不喜爱 有吸引力的—无吸引力的 购买意向
Taylor（2009）	对延伸产品进行评价	感知质量 感知价值

资料来源：作者整理

2.2.4 品牌延伸契合度

契合度是指母品牌与延伸产品间有形、无形的相似程度，关于品牌延伸的研究已有很多，而其中关于契合度对品牌延伸的影响的研究最多（萧至惠等，2011）。因为品牌延伸与母品牌契合度的高低与否，会直接影响到消费者对品牌延伸的评价（Völckner and Sattler，2006）。当消费者对母品牌与品牌延伸产品间的契合度认知越高时，消费者对品牌延伸的态度越正面（Aaker and Keller，1990），品牌延伸越容易成功（Nijssen，1999）。

契合度一直是影响消费者对品牌延伸评估的重要因素。当消费者越能认知到母品牌与延伸产品间具有一致性或高相似度时，母品牌本身的影响力越能转移到延伸产品上（Aaker and Keller，1990；Tauber，1981）。研究表明，契合度的测量主要有如下几种构面，见表 2-3。

表 2-3　品牌延伸契合度测量构面一览表

学者	年份	测量构面
Aaker 和 Keller	1990	延伸产品与既有产品间的替代性 延伸产品与既有产品间的互补性 制造技术转移能力
Park 等	1991	产品特征相似性 品牌概念一致性
Broniarczyk 和 Alba	1994	产品类别相似性 品牌特有联结
Bhat 和 Reddy	1997	产品种类的契合度 品牌形象的契合度

资料来源：作者整理

1. 互补性、替代性与技术转移能力

Henderson 和 Quandt（1980）认为，契合度的测量主要包括互补性、替代性与技术移转能力。互补性，即新旧产品若合并使用将可满足消费者某一特定的需求。替代性则是指新旧产品之间有相同的应用与使用内容，它们可以互相替代对方，来满足消费者相同的需求。技术移转能力的高低反映了消费者对母品牌公司制造新的延伸产品的技术能力可能性认知。Aaker 和 Keller（1990）则用实验方式验证了 Henderson 和 Quandt（1980）的理论，以经济学的需求面提出产品的替代性与互补性的两个观念，并由供给面考虑母品牌公司的制造能力对延伸评价的影响。进一步研究显示，新旧产品间的契合度与消费者品牌延伸的态度之间有显著的正相关关系，尤其当品牌延伸前后的产品契合度越高时，越有助于消费者将对母品牌的认知与态度移转到延伸产品上。

2. 产品特征相似性与品牌概念一致性

Park 等（1991）认为品牌延伸的评价是由产品特征相似性和品牌概念一致性决定的，因此契合度应同时包括产品特征相似性和品牌概念一致性。其中，产品特征相似性是指母品牌的产品类别与延伸产品的产品类别之间所享有共同属性的多寡，品牌概念一致性则是指母品牌的联想与延伸品牌间是否具有相关性或联结。该研究结果显示，顾客在评价品牌延伸时，不仅考量品牌延伸前后的“产品特征相似性”，也将“品牌概念一致性”列入参考。当品牌延伸前后的“产品特征相似性”与“品牌概念一致性”高时，消费者对此品牌延伸会有较高的评价。

3. 品牌特有联结与产品类别相似性

产品类别相似性指原品牌所属的产品种类是否与延伸产品所属的属性一致。Aaker 和 Keller（1990）、Boush 和 Loken（1991）、Broniarczyk 和 Alba（1994）的研究都指出，当母品牌与延伸产品的产品类别相似性越高，消费者对母品牌正面或负面的态度越易转移到延伸产品上，即品牌延伸前后的产品类别相似性越高，消费者对延伸产品的评价越可能受到原品牌态度的影响。

品牌特有联结，指一个品牌与其他竞争品牌相比所拥有的独特属性和利益（Broniarczyk and Alba，1994）。当母品牌与延伸产品具有相同的联结，则不论消费者对母品牌是否喜爱，均易使消费者对延伸产品产生较佳的评价，反之，若母品牌与延伸产品的联结不一致，即使消费者对原品牌有偏好，仍将降低其对延伸产品的评价。换句话说，母品牌与延伸产品间的联结一致与否，要比延伸前后的产品类别的相似性更能对消费者延伸评估造成较大影响。尤其当消费者具有高度的品牌知识时，此时品牌的特有联结将较产品类别相似性对消费者的延伸评价产生更大影响。当品牌延伸前后产品分属不同的产品类别，致使产品类别相似性低时，品牌的特有联结将有助于缓和具有高度品牌知识的消费者其心中产生的品牌情感的落差程度（李雅靖和施凯瑜，2006）。

4. 产品种类契合度和品牌形象契合度

Bhat 和 Reddy（1997）提出，延伸品牌和母品牌的契合度可能包括两个构面，一个和产品本身相关，称为产品种类契合度；另一个构面则和品牌形象相关，称为品牌形象契合度。其中，产品种类契合度指消费者对延伸产品与母品牌间相似性的知觉，而品牌形象契合度则是指在母品牌推出延伸产品时，消费者初次认定的延伸产品形象与母品牌的相似性，其中包括母品牌特殊属性延伸的相似性以及母品牌品质联想延伸的相似性。

2.3 消费者感知背叛

2.3.1 消费者感知背叛的内涵

根据人际关系理论，背叛是一方以牺牲另一方的利益来满足自己的利益的行为（Fitness，2001），是一种打破游戏规则和违反基本准则及期望的行为（Leonidou et al.，2017），它是一方故意或无意违反信任而给另一方带来伤害的行为（Reina D S and Reina M L，2006）。感知背叛被认为是被一个信任的和忠诚的朋友、亲戚、伴侣、同事或同伴的故意行为所伤害的感觉（Rachman，2010）。背叛有可能是偶然的，也可能是故意的，如有意违背另一方的期望（Elangovan and Shapiro，1998），其中后者是背叛的最普遍的形式（Leonidou et al.，2017），而且它更可能出现在交易而非合作关系中（Fitness，2001）。背叛具有多种不同的形式，如不忠、欺骗、未能满足另一方的期望或希望（Fitness，2001）。背叛的研究在各种领域都有，如工作场所背叛（Robinson，1996）、亲密关系背叛（Finkel et al.，2002）、友谊背叛（Feldman et al.，2000）、联盟背叛（Bell et al.，2002）、犯罪相关背叛（Koehler and Gershoff，2003）。商业背叛类似于人际背叛，但也具有独特的特征。与人际背叛一样，商业背叛违反了关系规范（Price et al.，2002）。背叛不但普遍发生，而且产生持续的影响（Elangovan and Shapiro，1998；Rachman，2010）。

一方的行为对另一方带来伤害后，个体会产生不同的反应，如不满、愤怒，但背叛与这些概念有明显的区别。相比于不满，背叛是违反或侵犯一定的规范标准（Elangovan and Shapiro，1998；Ward and O'strom，2006），它涉及更极端的认知与期望不一致（Oliver，1996）。相对于感到背叛的顾客，不满的顾客不倾向于通过报复来恢复公平和坚持要求赔偿（Grégoire and Fisher，2008）。对于愤怒来说，愤怒是强烈的和行动驱动的情绪（Bougie et al.，2003），而背叛涉及违背规范，可能导致愤怒，两者各自的认知和情感特点，并非同义词（Koehler and Gershoff，2003）。

2.3.2 消费者感知背叛的影响

基于社会交换理论，背叛被视为违反隐含的或明确的道德和公平的规范，最终损害相互作用方角色的完整性，并导致消极的情绪和行为反应（Fitness，2001）。背叛引起一系列负面情绪（Fehr and Baldwin，1996），甚至可以唤起各种侵略性行为（Haden and Hojjat，2006），如愤怒（Fehr and Baldwin，1996；Haden and Hojjat，2006）、悲伤、失望和失去自尊（Finkel et al.，2002），影响个体的后续信任（Lee and Selart，2015）。背叛反映了对信任的错误决定，并且经常导致对关系的重新评估（Finkel et al.，2002）。根据公平理论，违背公平准则将在消费者心目中产生背叛感（Elangovan and Shapiro，1998；Koehler and Gershoff，2003），反过来迫使消费者通过两种机制恢复公平：修复和报复（Walster et al.，1973）。Ward 和 O'strom（2006）探讨顾客建立抱怨网站的行为，并发现顾客通过建立抱怨网站，散播负面经验，从而平复其背叛感。Wang 和 Huff（2007）则指出当顾客感知到企业背叛，且当未来这种背叛可能再度发生时，会有比较低的重购意愿与较强的负面口碑意图。

2.3.3 消费者感知背叛的产生原因

违反心理契约会引起背叛感（Robinson and Rousseau，1994），心理契约违背（contract violation）是诱发背叛感的重要因素。虽然心理契约源自于组织行为学的研究，但后来有些学者认为，商家与顾客间也存在着除买卖契约外的心理契约。Roehling（1997）指出，可将心理契约扩展至企业与外部顾客的关系中。Kingshott（2006）提出，顾客心理契约包含顾客感知企业承诺的信任与公平对待，再从社会交换理论的核心原则来看，心理契约可运用于其他互惠交换情境，如电子商务买卖、商家对消费者的服务行为（Pavlou and Gefen，2005）。近年来，利用心理契约违背来探讨消费者相关行为的研究逐渐被重视，这些研究主要利用心理契约违背来探讨消费者的满意度与忠诚度（Liang and Liu，2014）。

Morrison 和 Robinson（1997）认为，当心理契约受到破坏时，其心理状况分为两个部分，即认知和情感，心理契约违反（contract breach）属于一种认知，而心理契约违背为一种因认知到心理契约违反后而产生的情感与情绪反应。心理契约违背的最低层面是因感知的期望未满足而产生的失望等情绪体验，而核心层面是因感知的背叛而产生的愤怒情绪（Morrison and Robinson，1997）。心理契约是人们对自己与另一人之间相互义务的信念，在个人与企业间的关系中，消费者背叛被认为违反了消费者与企业间的心理契约（Gershoff et al.，2004）。例如，当消费者在同一零售商的不同渠道感知到较低的价格，消费者体验到了背叛的感觉。又如，当顾客认为服务提供方或服务企业有意违背了维持关系所必须遵守的规范或标准（Grégoire and Fisher，2008），违背了顾客对企业履行互惠性义务的期望，破坏了顾客心理契约，会感知到背叛。

2.3.4 产品伤害危机事件与消费者感知背叛

许多学者认为企业与消费者之间的关系就如人际关系一样（Aggarwal，2004），因此可以运用人际关系研究上的构念来探讨消费者对企业、品牌的反应以及对于企业与消费者之间互动规范的看法。根据人际关系理论，感知背叛（perceived betrayal）是个体面对与自身有互动关系的其他人所做的不当行为时产生的心理反应（Finkel et al.，2002；Elangovan and Shapiro，1998；Ward and O'strom，2006），它是对一方违反了与信任相关的预期行为或规范的感知

（Elangovan and Shapiro，1998；Reina D S and Reina M L，2006）。感知背叛是信任违背过程中重要的认知变量，故意或无意违反信任或感知违反信任（Reina D S and Reina M L，2006），会损害现存的信任（Rachman，2010）。信任和承诺是影响背叛感的重要因素，背叛感是信任和承诺遭到破坏时产生的心理反应（Jim，2013），而且信任和承诺越强，感知背叛感越强（Tsai et al.，2014）。企业产品伤害危机事件是企业违背与消费者间互动规范的表现，也是违背企业承诺的表现，消费者面对企业产品伤害危机事件往往会产生背叛感，影响到消费者后续的行为（Gao et al.，2012）。Grégoire 和 Fisher（2008）研究发现，感知背叛是消费者报复行为的重要驱力。

2.4　关 系 质 量

关系质量可视为关系强度的整体评估（Smith，1998），是关系营销文献中的核心构念（Smith，1998）。关系质量在研究关系营销中是常被探讨的重要课题，它主要是作为衡量关系程度或强度的重要指标。Crosby 等（1990）对关系质量的定义如下："关系质量是买卖双方关系强度的整体评价，此评价符合双方的需求与期望，而这些需求与期望是以双方过去成功或失败的遭遇或事件为基础。" Smith（1998）将关系质量定义为，一个包含各种正面关系结果的高阶概念，并能反映出关系的总体强度，以及关系人对符合需求与期望的满足程度。简单来说，关系质量能用一些关键构念来理解，即信任、满意度和承诺（Skarmeas and Robson，2008）。Anderson 和 Gerbing（1988）认为，关系质量是顾客与销售人员互动时，顾客可以依赖该销售人员以降低知觉风险并获取长期利益，并经此互动体验的评估所产生的情感状态。Hennig-Thurau 等（2002）则认为，关系质量是企业与消费者之间整体关系的质量，此种关系可以被管理，以建立顾客忠诚（Ballantyne and Varey，2006）。关系质量能反映出公司与顾客间关系的整体本质（Hennig-Thurau et al.，2002），即顾客接受、购买产品或服务后，与企业因为交易而产生的互动关系水平，此水平受到双方的接触强度、坦露程度以及合作意愿高低的影响，上述三种因素，即关系行为（Crosby et al.，1990）。Woo 和 Ennew（2004）提出，关系质量可定义为协同合作、适应、氛围所结成的高阶概念。良好的关系质量可增加顾客的信赖感进而发展长期的互惠关系（Crosby et al.，1990）。本书整理了相关学者对关系质量的看法，具体见表 2-4。

表 2-4 关系质量概念一览表

学者	年份	定义与内涵
Levitt	1986	关系质量是一组无形价值的组合，而这些无形价值可以影响买卖双方交易的结果
Smith	1998	关系质量是一个包含各种正面关系结果的高阶构念，并能反映出关系的总体强度，以及关系人对符合需求与期望的满足程度
Crosby 等	1990	买卖双方关系强度的整体评价，此评价同时符合双方的需求和期望，而这些需求和期望是以买卖过去成功或失败的事件为基础
Kim 和 Cha	2002	关系质量是顾客对服务人员在沟通和行为上的知觉感受和评价，包含顾客与员工间互动所引发的感受和情感状态
Woo 和 Ennew	2004	关系质量可定义为协同合作、适应、氛围所结成的高阶概念
Huntley	2006	顾客对长期整体关系的满意度，体现在产品治理、服务品质与价格支付所获取的价值，并与企业成为某种程度的伙伴关系
Aurier 和 Lanauze	2012	关系质量由信任、仁慈和情感承诺所组成
Swar 等	2012	关系质量是由协同合作、信任、相互理解所构成的关系
Purnasari 和 Yuliando	2015	关系质量是未来能与消费者交易的决定因素，由满意、信任和承诺所组成
Williams 等	2015	顾客关系质量对关系型规则的发展是重要的，包括动态的问题解决、沟通和信任建立
Nyadzayo 和 Khajehzadeh	2016	顾客关系质量是由信任与承诺这两个重要的因素所构成

资料来源：作者整理

目前为止，关系质量尚未出现共通的概念，但在过去研究中学者曾提出的构面包括：合作规范（Baker et al.，1999）、投机主义（Dorsch et al.，1998）、顾客导向（Dorsch et al.，1998；Palmer and Bejou，1994）、销售人员的专业知识（Palmer and Bejou，1994）、冲突、投资意愿、对持续的期望（Kumar et al.，1995）。Lagace 等（1991）建立的关系质量模式认为，关系质量包括信赖与满意，而影响关系质量的前因变量包括道德行为、专业程度、接触频率。Hennig-Thurau 和 Klee（1997）认为关系质量应包括整体质量的认知程度、信赖及承诺三个构面。Smith（1998）指出关系质量至少应包括信赖与满意两个构面。然而，对服务提供者执行业务的“顾客满意度”、对服务提供者的“信任”与对服务提供者的“关系承诺”等为关系质量中公认的关键因素（Baker et al.，1999；Crosby et al.，1990；Dorsch et al.，1998；Palmer and Bejou，1994；Smith，1998）。故在关系质量研究中，满意、信任与承诺被视为三个核心变量，而变量之间关系为相互关联而非独立。根据萧至惠等（2009）的研究，本书将满意、信任和承诺的含义总结如下：

（1）满意。本书的研究对象为消费者，因此本书研究的满意的范围为顾客满意。在关系营销理论里，维持原有顾客满意可提升获利能力，在竞争激烈的市场上，留住顾客通常被视为顾客满意度的产物。诸多学者中，Cardozo（1965）最早提出顾客满意概念，指出顾客满意会增加顾客的再次购买行为，且顾客会购买其他产品并增加口碑传播。Oliver（1980）则采用“失验典范”（disconfirmation paradigm）来定义顾客满意，以购买者对某一种商品或服务的购买前期望与购买后认知是否平衡来衡量。购买前的期望与购买后的产品或服务的绩效出现差异即“失验”，若产品或服务低于期望为“负失验”，产品或服务高于期望则为“正失验”。顾客满意发生在绩效大于或等于期望的情形下；顾客不满意则是发生在绩效比期望差的情形下。Fornell（1992）提出顾客满意度为可直接评估的整体感觉，顾客将知觉到的绩效与期望做比较。Spreng 等（1995）亦主张整体满意度会被顾客知觉的产品绩效所影响，以是否能达到或超越顾客之期望与预期来做判断。Oliver（1999）则认为满意为一种快乐的满足，顾客可以感受到消费行为能满足某些期望、需求与目标等，此种满足令人感到快乐。Nyer（2000）研究顾客满意与顾客抱怨的关系，其发现鼓励顾客抱怨会增加其满意度，尤其是针对最不满意的顾客。Athanassopoulos（2000）则指出产品创新、人员服务、定价、便利性与企业形象都对顾客满意有影响。而Gerpott等（2001）认为满意是基于顾客的经验，以及服务提供者的服务是否能满足顾客的期望。Ranaweera 和 Prabhu（2003）研究顾客满意、信任、顾客保留率与正向口碑之间的关联，认为顾客满意在传统上被视为决定长期顾客行为的基本因素。Bielen 和 Demoulin（2007）在其研究中，对于满意所下的操作型定义则是视满意度为包含情感与认知的经验后评估。

（2）信任。信任是指一方相信另一方的承诺是坚定和可靠的，且在交换关系中对方会负起责任（Schurr and Ozanne，1985），是对其交易伙伴深具信心且愿意依赖对方的意愿（Moorman et al.，1993），也是消费者对供货商之可靠度或可信度的预期，并且相信供货商组织具有诚信或善意的动机（Homburg et al.，2013）。研究表明，信任在营销中扮演着维持长期关系的重要角色（Dwyer et al.，1987），被视为成功的关系的关键因素（Morgan and Hunt，1994），是建立长期关系导向的一个必要元素（Ganesan，1994）。

（3）承诺。文献研究表明，心理学家将承诺定义为根据决策或认知来固定个人的行为意向（Wong and Sohal，2002）。在关系营销文献中，关于承诺有多种解释方法。Dwyer 等（1987）将承诺定义为介于买方与卖方之间，是关系持续明确或含蓄的保证。Moorman 等（1992）则将承诺定义为持续地维持一段有价值的关系，此定义强调，承诺仅存在于关系被认为重要的情况下。关系承诺是伙伴间相互依赖的最高级状态（Scanzoni，1979），是一种持续的意愿，目的是维持彼此间有价值的关系（Moorman et al.，1992），关系中的一方相信与对方继续维持关系是重要的，并愿意付出最大的努力来维持此关系，在此定义中，承诺仅存在于双方皆重视彼此间的关系的情况下（Morgan and Hunt，1994）。Farrelly 和 Quester（2003）则认为承诺涉及交易双方的意愿，期望借由短期投资来获取关系中的长期利益。可见关系承诺是长期关系导向的代名词，关系双方都对未来的愿景有行动的意图与积极互动的态度（Liljander and Strandvik，1995）。总结起来，关系承诺的内涵包括了发展稳定关系的期望，关系双方愿意以短暂的牺牲，换取关系的维持与对关系稳定的信心等要素（Anderson and Sullivan，1993）。

2.5 心理距离

心理距离是行为人在其心理空间中对事件的主观感知距离，主要由时间距离、空间距离、社会距离、假设性距离等四个维度组成（Kim et al.，2008；Trope and Liberman，2010）。近年来，在解释水平理论（Liberman and Trope，1998）的背景下，心理距离的研究进一步深化。

解释水平理论是近年来新兴发展的社会心理学理论之一，其理论的发展起源于时间解释理论（temporal construal theory）（Liberman and Trope，1998）。解释水平理论的主要概念为心理距离，包含四个重要维度：时间距离（如过去与未来）、社会距离（如自我与他人、群体内和群体外、朋友和陌生人等）、空间距离（如距离远和距离近）以及结果的确定程度（Liberman et al.，2007a）。解释水平理论认为，个体会以不同抽象程度的方式去建构与解释信息，而不同程度的考量为解释水平。解释水平理论为连结距离概念和抽象程度（即解释水平）关系的理论架构，心理距离可系统性地影响消费者建构/解释事件的方式，因建构/解释方式的不同，消费者所偏好的信息也会不同（Trope et al.，2007）。Liberman 和 Trope（1998）研究指出，解释水平可分为高解释水平和低解释水平。当个体知觉事件距离较远时会重视为何要进行该事件并探究该事件的本质，且以抽象概略的方式去思考客体，即人们以抽象、概略性、去情境式的方式描述事件，着重在执行事件的原因（高解释水平）；当个体知觉事件距离较近时，个体将重视执行事件的步骤与方式，并重视客体的结构性及具体的属性，即人们以具体、非结构性、情境式的方式描述事件，强调执行事件的步骤与方式（低解释水平）（Trope et al.，2007）。Liberman 等（2007b）研究指出，心理距离可以是时间距离、社会距离、假设性距离、空间距离，以上距离都代表不同的构念，但其相似之处在于，无论是何种心理距离构面，只要距离远，则人们会以抽象、高水平方式建构事件；距离近，则会以具体、低水平方式建构事件。举例来说，Liberman 和 Trope（1998）的研究显示，当受测者在解释时间较远的活动时（如读书），相对于低水平的用语（如读书就是研读课本和讲义），会倾向于使用高水平的用语描述该活动（如读书会增进学业上的表现）。Liviatan 等（2008）的研究指出，社会距离也会影响人们对同一事件的解释，当受测者在想象不熟悉的人所从事的活动时（如刷牙），会倾向于使用高水平的用语描述该活动（如预防蛀牙）；而在想象熟识的人所从事活动的过程中，会倾向于使用低水平的用语描述该活动（如使用牙刷来回地在牙齿上移动）。

产品伤害危机发生后，消费者面临不同的心理距离，心理距离对消费者决策仍然存在影响（汪兴东等，2013）。考虑到本书研究中的产品伤害危机事件已经发生，且结果已经确定，所以本书研究只探讨时间距离、空间距离、社会距离带来的影响。

（1）时间解释理论认为，未来事件距离现在的时间距离会影响事件在人们心中的建构方式（Trope and Liberman，2003）。人们对于远期未来的事件（即事件发生的时间距离现在较为遥远），通常会采取高解释水平，即以简单、抽象、层次较高的方式来描述，比较强调事件会带来何种价值或是事件主要、核心的特征；而对于近期未来的事件（即事件发生的时间距离现在较近），则会采取低解释水平，即以较复杂、具体、层次较低的方式来描述，强调达成事件的详细步骤或是事件次要、表面的特征（Trope and Liberman，2003）。例如，Liberman 等（2002）请受测者想象将在“下周”或“数个月后”去露营，请受测者将露营所需携带的38项物品进行分类，结果发现：若露营发生于远期未来，则受测者在分类物品时，所形成的分类类别较少，且每一类别涵盖的内容较广；但若发生于近期未来，则受测者形成的分类较多，且较为详细，另外，Liberman 和 Trope（1998）请受测者想象将阅读一本科幻小说并加以描述，结果发现：若是“明年”阅读，则受测者会以高水平方式描述行动，层级较高（如我阅读科幻小说是为了“扩大视野”）；若是“明天”阅读，则受测者会以低水平方式描述行动，层级较低（如我阅读科幻小说时要“翻页”）。时间距离除了影响信息的建构，也会影响人们形成决策、偏好、预测或行为的方式。Sagristano 等（2002）证实，当面对远期未来的事件时，人们常依据事件的核心特征或事件的目的来进行决策；但是当面对近期未来的事件时，则主要依据事件的次要特征或达成事件的方法进行相关决策。

（2）依据解释水平理论，事件的空间距离也会影响人们建构/解释事件的方式。Fujita 等（2006）认为，当事件的空间距离较远时，人们会呈现事件核心、抽象、整体性的特征（高解释水平）；而当事件的空间距离较近时，人们则呈现事件边缘、具体、局部性的特征（低解释水平）。Fujita 等（2006）的实验一，请受测者描述在帮朋友搬家的过程中，可能从事的行动。结果发现：如果是搬到距离较远的新家时，受测者的描述着重在行动的目的；但如果是搬到距离较近的新家时，则其描述着重在行动的过程。而 Fujita 等（2006）的实验二，则是请受测者看完电影后加以描述，结果亦证实：若电影是在较远的地方所拍摄的，则受测者会以较抽象的语言来描述电影中的事件。空间距离同样可影响人们形成判断、偏好和预测的方式。Henderson 等（2006）在其实验一中，请受测者观看一段露营的影片，片中场景发生在距离受测者 1.5 千米远的东岸，或是 1 500 千米远的西岸，请受测者将影片中人物的一系列动作，自行分割出几个有意义的动作区块。结果发现：在空间距离远的情况，由于人们以较概略式、抽象的方式进行判断，因此所分割出的动作区块较少，各区块中包含的动作较多。在其实验二中，则是请受测者阅读一篇文章后（操控文章写作者在较远或较近的地方），预测作者的行为是否会与其文章一致。实验结果证实：若空间距离较远，则受测者的预测较依赖抽象的人格倾向，而非特定的情境条件。

（3）在解释水平理论针对社会距离做探讨之前，一些学者对社会距离进行了探讨，如家庭成员间的关系为近社会距离，犯罪分子与受害者之间的关系为远社会距离（Houston et al.，1987）。对于亲近的对象（社会距离近的人），人们有较多关于此对象的低水平知识。因为有较多的机会得以观察亲近的他人，因此拥有较多有关此对象的特定和细节信息（Jones and Nisbett，1972）。此外，亲近的关系通常意味着双方有亲密的互动并且熟知对方的想法和感受，较了解对方的个性（Andersen et al.，1998）。因此，相对于社会距离远的人，人们对于社会距离近的他人会用低水平的描述方式，并且在评估亲近的他人时会采用低水平的相关信息，如个人特征（Idson and Mischel，2001）。个体会以不同的水平解释去描述他人的差异，不仅是因为人们对亲近的他人拥有较多的信息和了解，也在于针对不同社会距离的他人的信息处理过程存在差异，即对社会距离远的他人的行为会以抽象和高层次的特征描述，如他的个性很外向或者他的心思十分细腻；但针对社会距离近的他人去描述相同的行为时，则会偏向采用具体和低层次的方式。

因此，根据解释水平理论，当人们在预测社会距离远的对象的喜好或想法时，会以抽象和高水平解释去评估；在辨别社会距离近的对象的喜好或想法时，会以低水平和具体的解释去衡量。研究表明，个体依据亲近性和共同性评估社会距离的远近，即社会距离近的对象与自己的关系较亲近，并且拥有较多的共同性，社会距离面向包括自己相对于他人、同团体相对于外团体等距离差异（Liberman et al.，2007b；Liviatan et al.，2008）。很多研究证实了该结论，如 Libby 和 Eibach（2002）的研究中，请受测者描述一项活动（如攀岩）。结果显示，想象自己在从事此活动的受测者，会有较多生动和具体的描述（高水平解释）去形容该活动（如攀岩时需要准备的装备，当天的天气状况以及协同参与活动的其他友人的情境均详细描述）；当受测者以第三者的角度去假想时，则以较抽象的概念（低水平解释）去描述该活动（如攀岩活动有助于训练肌耐力和保持健康）。社会距离不仅会影响人们的预测和态度，而且 Carolyn 和 Malhotra（2006）研究表明，社会距离还会对选择决策产生影响。Carolyn 和 Malhotra（2006）以受测者自己购买洗洁精和替好友购买洗洁精两种情境进行实验，探讨消费者替不同社会距离的对象做决策时如何进行选择。研究表明，当受测者替社会距离近的对象做决策时，将会更重视低水平面向的可行性属性，而忽略高水平面向的想获取性面向（如低价但低品质的洗洁精）；当受测者替社会距离远的对象做决策时，将更重视想获取性属性，而忽略可行性的面向（如高价但高品质的洗洁精）。

第 3 章　研究的理论基础与理论框架

3.1　归 因 理 论

3.1.1　归因理论的内涵

归因理论是心理学领域的理论，与其相关的理论很多，除了 Heider 的自然心理学（Native Psychology）之外，还有 Jones 和 Davis 的相当推论说（theory of correspondent inference）、Kelley 和 Michela（1980）的归因理论与 Bem 的自我知觉理论等。

Weiner 等（1972）的归因理论结合心理学，认为个人对自己或他人行为结果的分析，可从两个方面来讨论，即将行为结果归因于行为者本身或是环境因素。行为者本身可分成两方面，一是“能”，即将行为结果归因于能力；二是“为”，即将行为结果归因于努力。而无论归因于能力或是努力，都是将行为的结果归因于行为者本身。环境因素方面，也可以将行为结果归因于工作难度或是机会与运气等外在因素。在此基础上，Weiner 等（1972）将归因架构分为两个维度：第一个维度为“内外控”，即事件成败的内在或外在因素。内控者会把原因归诸自己，而外控者则把原因归诸外在或未知因素。第二个维度为事件过程的“稳定性”，即事件发生的过程及结果是否会因时间变动而改变。作稳定性归因的人认为事件的原因是长期的，不会随时间而改变；作不稳定归因的人，认为事件的原因是短期的，会随时间而改变。Weiner（1979）在对其归因模式进行系统性研究之后，认为两个维度的归因不足以解释个体复杂的归因历程，因此，提出“控制性”维度，即事件或行为结果是否能为个人所控制或超乎个人所控制的范围，此种归因维度的效果会影响一个人未来的成就动机、期望及表现。

归因理论的目的是分析事件发生的起因和缘由，以理论来说明个体如何解释事件的发生、行为反应以及责任如何归属。许多学者对于归因的构面都有不同的看法，以服务失误的文献为例，最重要且最常被用于探讨失误原因的就是 Folkes（1984）、Weiner（1986）、Wirtz 和 Mattila（2004）提出的三种归因构面：责任归属，即服务失误的原因是服务提供者、顾客本身或是外在因素；稳定性归因，即服务失误是偶然发生的，或以后还会持续发生；可控制性归因，即服务失误是服务提供者可以控制或不可以控制的。Folkes 等（1987）研究指出，若顾客确定责任方能控制失误原因，他们将会生气，导致较低的再购意图及较高的抱怨行为。Bitner（1990）发现，相较于企业无法控制失误的发生时，当顾客知觉企业对失误事件具有控制性时，他们会有较高的不满意度。

3.1.2 归因的前置因素及对归因的影响

归因的前置因素可归纳为下列三大构面（Folkes，1988）。

1. 动机面

维持自己的尊严是最常见的动机，人比较容易将好的结果归诸自己，坏的结果归诸外在或环境因素。当公司经营不善，面对股东时，管理者常将原因归诸环境、暂时性及非公司可以控制的理由，这些是利己的目的。虚假的齐一性效应（the false consensus effect）是另一种偏差的归因动机：顾客比较倾向于相信其他人有跟自己同样的喜好或消费行为；相较于特异的行为，人们对共同的行为比较喜爱及认为合理。例如，与非吸烟者比较，吸烟者总高估吸烟者的数量。虚假的齐一性会受到信息的影响，如果消费者了解其想法是与众不同的，则其虚假的齐一性认知就会降低或消除；但如果得知其虚假的齐一性是情势的特性导致的，则相关认知不会降低或消除。不完整的信息、享乐的目的及认知的过程，都可能导致归因的偏差。

2. 信息面

Kelley（1967）的共变量理论（covariation）提出齐一性（consensus）、一致性（consistency）、差异性（distinctiveness）的信息影响人对人、事、物的归因。消费者购买物品是受齐一性（其他消费者对此产品的反应）、一致性（消费者个人长期对此产品的反应）、差异性（消费者个人对特殊产品与其他人不同的反应）的影响。而且对于高齐一性的信息（多人经历产品缺失的情况），消费者容易将原因归诸产品（产品不佳），对于低齐一性的信息（只有少数人遇到缺失），消费者则会归因于自身（消费者自己不小心）（Folkes and Kotsos，1986）。

3. 信仰面

信仰面包括折扣原则及信息传递者可靠性问题：推荐者如果以外在的理由推荐产品，顾客会认为该产品较无价值，当推荐者有明显意图时，其推荐的效果会打折扣。此外顾客对负面的意见会比正面意见看得重，但一些负面意见有时反而会增进顾客对正面意见的信任。

除了上述外，影响归因的前置因素尚有其他。Bitner（1990）探讨员工行为对顾客归因的影响时发现，员工解释的方式、有无提供补偿以及服务环境的好坏会影响顾客的归因：若员工能给予外在因素的解释，较之给予内在因素或没有解释，顾客较会认为商家无法控制缺失；有无补偿会影响顾客对控制性（可否控制）及稳定性（是否经常发生）的归因，因为赔偿会被顾客解读为商家对服务缺失有悔意，而认为商家较能管理或控制情况，也会让顾客认为商家在意与顾客建立关系，或者让顾客觉得这只是偶然发生或者不是商家所能控制的，否则商家不会这么郑重其事；服务环境的好坏会是影响顾客对服务缺失的控制性及稳定性的归因，有组织、有管理的环境会让顾客觉得商家具有竞争力、效率、关怀及其他正面的归因，因此当服务缺失发生时，顾客会认为这是因为某些特殊的原因，且是短暂性的。若是环境杂乱，则顾客认为此商家管理差劲、服务不佳，且更会认为未来同样的问题会再发生。行业的特性也可能对归因造成影响，如果是二手车抛锚，顾客会将事情归咎于售车员，认为售车员早就知道这辆二手车是不好的。但如果吃药没效，则很少有人会认为是药师的错，较不会认为这是药师可以控制的（Folkes，1984）。

3.1.3　归因的构面及对后续行为的影响

早期学者研究归因时，对于归因的构面多采用单纯的两分法，即内在归因和外在归因。例如，Heider（1958）将人类行为的原因归为个人（内在归因）或环境及情势（外在归因），另外本质性或非本质性、技术或机运、有意图或无意图等也可能是归因的构面。当归因运用到顾客的抱怨行为时，则外在因素通常是指销售产品的商家或制造商，内在因素则是指顾客本身。一般而言，产品缺失如果是外在因素引起的，则顾客较会向商家或第三团体提出抱怨，并将不满意向朋友倾诉。

目前较成功的分类是 Weiner（1986）提出的三个构面理论，即稳定性（问题是暂时性或永久性的，经常发生或偶然发生）、责任归属（消费者或商家的因素）及控制性（可以控制和可选择的或者无法控制和被迫发生的），这三种构面互相交叉，产生了八种情况。研究表明，归因理论的不同构面具有不同影响。

稳定性归因的影响：稳定性归因会影响补救方式及对未来商品的期待，对于经常发生的缺失，顾客喜欢退款甚于更换，对于偶发性的缺失，顾客喜欢更换甚于退款，这是因为稳定的缺失会使顾客认为未来发生缺失的可能性很大，对未来的产品没有信心，所以希望将钱要回来，反之如果是偶然性，未来发生缺失的机会较少，顾客愿意接受更换（Folkes，1984）；稳定性归因会影响顾客的再购买意愿，飞机误点如果是经常性的，则顾客认为未来也会是如此，而不愿意再搭乘此航空公司的飞机（Folkes et al.，1987）；稳定性归因会影响顾客的满意度，当服务缺失发生时，顾客认为缺失是经常发生，则相较于偶然发生，不满意度偏高（Bitner，1990）；稳定性归因会影响顾客的口碑，顾客若认为问题经常发生，则无论是补偿前或补偿后，都比较容易有负面口碑，并且再购意愿较低（Blodgett et al.，1995）。

责任归属归因的影响：责任归属会影响顾客的公平性知觉，如果缺失与商家有关，则顾客会要求退款及道歉，如果缺失与顾客有关，则顾客较不会要求退款及道歉（Folkes，1984）；责任归属会影响顾客的满意度，缺失归因于员工较诸归因于机构（商家），则顾客的不满意度会较低，因为员工行为与机构行为相比较，会被认为是不经常发生的（下次可能换别人服务）（Bitner，1990）。

控制性归因的影响：控制性归因会影响顾客的情绪，顾客对商家可以控制的缺失比无法控制的缺失更为愤怒，且更会抵制商家的生意（Folkes，1984）；控制性归因会影响顾客的行为反应，因缺失而让顾客承受负面的结果，若顾客认为商家可以控制，则相比无法控制，顾客更会以惩罚的态度对待（Hamilton，1980）；控制性归因会影响顾客的再购买意愿，如果飞机误点是因为可控制的因素（管理不佳），则相比无法控制的因素（气候恶劣），顾客更不愿意再搭乘此航空公司的飞机。另一个考虑是造成缺失的问题的解决是否是可以控制的，如飞机误点是因为不可控制的机械故障所引起的，但顾客若认为公司可以解决这个问题（如更换飞机），可能不会再选择这家航空公司（Folkes et al.，1987）；控制性归因会影响顾客的满意度，当服务缺失发生时，顾客认为公司能够控制发生原因相较于不能控制发生原因，不满意度偏高（Bitner，1990）；控制性归因会影响顾客的口碑，顾客若认为问题是可以控制的，则无论是补偿前或补偿后，比较容易产生对商家的负面口碑，并且再购意愿较低（Blodgett et al.，1995）。

3.1.4　产品伤害危机研究中的归因理论

产品伤害危机发生后会对消费者的感知风险、负面情绪、态度、购买意愿以及选择集等产生影响，但这种影响的存在以及后续的信任修复策略选择会因消费者对产品伤害危机的归因结果不同而有所差异。因为消费者对危机事件的归因会影响其对危机的认知、对责任的判别和对危险的感知，进而会影响他们的行为选择。归因是消费者判断导致某事件或行为的原因和责任方的过程，它被认为是连接危机情境和危机处理策略的向导（Coombs，2004）。一般来说，消费者对某事件或行为的归因涉入度越高，其心理或行为就越容易受该事件或行为的影响（Mizerski，1982）。归因理论（Weiner，1986）从稳定性、原因归属、可控制性等三个维度分析发生某一事件或行为的原因。当事件发生后，人们会从这三个维度进行归因，而归因的结果会影响人们的认知、情绪和行为（王晓玉和晁钢令，2009；李婷婷和李艳军，2012）。Jorgensen（1994）较早运用归因理论来解释产品伤害危机事件对消费者的影响。研究发现，由企业内部可控原因、内部可控原因与外部不可控原因构成的混合原因所导致的产品伤害危机事件会使消费者更加气愤，并对企业产生更多的责备心理，因此这类事件对消费者的态度和购买意愿有更大的负面影响。Lee（2004）研究发现，由内部可控原因引发的产品伤害危机事件，会令消费者对企业形成更深的负面印象，而且由外部不可控原因引发的相同事件之所以不会对消费者产生很大的负面影响，是因为外部不可控原因会激起消费者对企业的同情及信任感。另外，如果危机发生的原因和责任归属越不清晰，消费者对危机的风险感知就越严重，从而把责任归结于危机企业的可能性就越大（Laufer et al.，2005b）。

消费者归因很好地解释了消费者在产品伤害危机事件中的行为选择，但消费者归因会受到一些因素的影响，如消费者的自身特征，如性别（Laufer and Gillespie，2004）、年龄（Laufer et al.，2005a）、消费者思考方式（Monga and John，2008）、消费者信仰（Puzakova et al.，2013）、内隐人格特质（Yin et al.，2016）、消费者依恋风格（Whelan and Dawar，2016）。此外，企业声誉（Laufer and Coombs，2006）、企业社会责任感（Klein and Dawar，2004）、危机爆发频率（Lei et al.，2012）、文化差异（Laufer et al.，2005b；Laufer and Coombs，2006）等因素也会影响到消费者的责任归因。

3.2 可接近-可诊断模型

3.2.1 可接近-可诊断模型内涵

记忆与判断之间的关系为何一直是学者关注的问题之一，Feldman 和 Lynch（1988）所提出的可接近-可诊断模型用以解释人们对事物记忆与判断之间的关系，该理论主要观点：记忆中的特定信息能否被用来作为实际生活中做判断的基础取决于信息的可接近性和可诊断性，其中，可接近性是指信息可以容易地从记忆中被搜索出来，可诊断性则是指消费者相关信息可用来协助完成判断的程度。可接近性是使用信息的必要条件，只有在脑海中记得起来的信息才有机会用来做判断。但记得起的信息若与判断的需要无关或无法诊断出是否具有利用价值，则该项信息便无法被使用（Feldman and Lynch，1988；Lynch et al.，1988）。信息的可诊断性体现在它被从脑海中搜集出来做决策时，如果使用单一的信息便被认为足够做判断时，则搜寻信息的动作就会停止，仅利用单一信息进行判断（Wyer and Srull，1989）。

3.2.2　可接近–可诊断模型的类型及应用

文献研究表明，可接近–可诊断模型发展至今，对于该模型的解释，学者们形成了不同的观点，主要有以下三种类型：模型Ⅰ的概念在于可接近性的基础是否容易从记忆中搜寻出来；模型Ⅱ认为可接近性的基础在于事情发生的频率，使其立即可从记忆中提取的程度；模型Ⅲ主要的架构在于信息的可接近性与可诊断性相联结，其呈正相关。表 3-1 为可接近–可诊断模型的概念一览表。

表 3-1　可接近–可诊断模型的概念一览表

内容		模型Ⅰ	模型Ⅱ	模型Ⅲ
提出的学者		Feldman 和 Lynch（1988）；Lynch 等（1988）	Menon 等（1995）	Menon 和 Raghubir（2003）
概念	可接近性	信息容易从记忆中被搜索出来	人们评估发生的频率、概率或事件可能的原因，其立即可从记忆中提取的程度	可接近的信息本身就具有可诊断性的线索
	可诊断性	消费者相信信息可用来协助完成判断的程度	通过所提取的信息进行判断，借此解决问题的程度	
信息处理模式		1.记忆信息记得且具有可诊断性：采用记忆信息； 2.记忆信息记得但可诊断性不足：搜寻其他信息直到足以判断为止； 3.记忆信息记得但不具有可诊断性或其他信息更具有可诊断性：不采用记忆信息	1.记忆信息记得且具有可诊断性：采用记忆信息； 2.记忆信息记得但可诊断性不高：结合记忆信息及脉络信息； 3.记忆信息记得且不具有可诊断性：视脉络信息的可诊断性； 4.记忆信息不记得：采用脉络信息	从记忆中提取的信息会影响相关的判断

资料来源：贺恩溢（2008）

1. 模型Ⅰ及其应用

Feldman 和 Lynch（1988）提出的可接近–可诊断模型认为，可接近性是使用信息的必要条件，只有在脑海中记得起来的信息才有机会被用来做判断。但记得起的信息若与判断的需要无关或无法诊断出是否具有利用价值，则该项信息便无法被使用（Feldman and Lynch，1988；Lynch et al.，1988）。信息的可诊断性体现在它被从脑海中搜集出来做决策时，如果使用单一的信息便被认为足够判断时，则搜寻信息的动作就会停止，仅利用单一信息进行判断（Wyer and Srull，1989）。如果找到的信息不够充分，搜寻动作会持续到累积足够的信息做判断为止。

Broniarczyk 和 Alba（1994）认为较具说服性的推论线索可能会遮蔽掉资料的效果，而且如果以资料为基础的线索真的具有说服性，则会立即产生推论。因此，当个体在选择信息时，可诊断性的考量会胜过可接近性，即具有较高可诊断性的信息相对于较低可诊断性的信息会经常被采用，而不论其可接近性的高低。Ahluwalia 和 Gürhan-Canli（2000）以产品线延伸信息的可接近性作为干扰变量，探讨了其对于不同性质的扩大信息的效果与扩大产品类别对品牌的评价影响。研究发现，在高度可接近性的情况下，无论是扩大相近还是不相近的产品类别，负面的产品扩大信息会稀释家族品牌，正面的产品扩大信息会强化家族品牌；在低度可接近性的情况下，针对产品类别进行扩大信息的诊断，相近的产品类别的负面扩大信息会稀释家族品牌，不相近产品类别的正面扩大信息会强化家族品牌。

2. 模型Ⅱ及其应用

对可接近-可诊断理论的解释，一些学者提出了不同的观点。这些观点认为，可接近性的基础意味着人们评估发生的概率、频率或事件可能的原因，其立即可从记忆中提取的程度。可诊断性指通过提取的信息进行判断，借此解决问题的程度（Menon et al.，1995）。因此，信息的可接近性对于在判断时使用信息的决定是一个重要的因素。根据可接近性的基础，在选择信息时，可接近性是必要条件而可诊断性是充分条件。消费者只有在信息是可被修正时，才会去评估信息的可诊断性。一旦无法修正信息，则不会采用该信息。因此，信息的可诊断性只有在该信息跨过可接近性的门槛时才发挥作用。

Menon 等（1995）认为，影响消费者决策的信息包括以记忆为基础的信息和以脉络效果为基础的信息。当以记忆为基础的信息是记得的且具有可诊断性时，脉络效果的信息将会被忽略。然而，当以记忆为基础的信息是记得的但不具有可诊断性时，脉络效果的信息的使用将视其是否具有可诊断性而定。此外，当以记忆为基础的信息无法记起时，脉络效果的信息将被使用，即使其可诊断性备受质疑。因此，消费者会优先从记忆中去修正所有可能的推论信息。如果无法从记忆中获取，则会根据脉络效果信息去收集。当有许多信息来源可接近时，它们的使用与否则视其知觉的可诊断性而定。

3. 模型Ⅲ及其应用

在可接近-可诊断模型基础上，一些学者提出仅可接近性（mere-accessibility）

架构。与先前模型不同的是，Menon 和 Raghubir（2003）认为，可接近性的信息本身就是具有可诊断性的线索，从记忆中提取的内容会影响相关的判断。Raghubir 和 Menon（1998）研究发现，当越容易从记忆中提取与 AIDS（acquired immune deficiency syndrome，获得性免疫缺陷综合征）相关的行为时，受测者认为他们感染 AIDS 的风险越高。

3.2.3 可接近-可诊断模型与产品伤害危机

可接近-可诊断理论认为，某一信息多大程度上用于认知判断主要取决于三个条件。一是可接近性，即消费者从记忆中提取相关信息的难易程度（Collins and Loftus，1975）。最近接触、反复接触和频繁接触的信息处于大脑“存贮箱”顶部，最易被提取，其可接近性也最高。人们在对随后与之联系的事件或行为进行解释时会倾向于使用这些可利用的信息，使得对这些事件或行为的判断等同于被激活的构念，这可能会导致对目标判断的同化效应。二是可诊断性，即用该信息进行认知判断的有效程度（Broniarczyk and Alba，1994）。概念或信息之间共享知识越多，关联性越高，信息用于判断的作用就越突出，可诊断性就越强。人们更会用它去解释所面对的环境，这样就会导致判断出现同化效应。三是相对可诊断性，即该信息相对于其他信息的可诊断性程度。基于有限的注意力，当两个乃至更多可提取的信息出现时，一个信息可诊断性的提高会导致其他信息可诊断性的降低。当相关事物（A 和 B）的品牌、产品属性、类型等之间的联系较紧密时，消费者更有可能激活和提取 A 的信息用到对 B 的判断上。当存在两个或两个以上的可提取信息时，一个信息的可诊断性提高，会降低其他信息的可诊断性（Lynch et al.，1988）。当产品伤害危机事件发生时，不同层次、不同性质信息的可接近性和可诊断性是存在差别的（王海忠等，2009）。产品伤害危机存在负面信息效应（Maheswaran and Meyers-Levy，1990），而且负面信息比正面信息更容易作为判断质量的依据（Herr et al.，1991），溢出效应也更易发生（Ahluwalia et al.，2001）。

根据方正等（2013）的研究，当消费者能够由 A 品牌联想到 B 品牌时，B 品牌对 A 品牌具有可接近性；当消费者能够根据 A 品牌评价 B 品牌时，A 品牌对 B 品牌具有可诊断性。当可接近性和可诊断性同时满足时，消费者才可能根据危机品牌判断非危机的竞争品牌。在产品伤害危机中，如果某品牌信息可以作为品类信息来处理，并且消费者认为发生在该品牌的产品伤害危机同样可以在该品类中发生，那么就可能发生产品伤害危机对品类的溢出效应；同样，如果危机品牌对竞争品牌具有可接近性、危机对危机品牌具有可诊断性，就可能发生产品伤害危机对竞争品牌的溢出效应。相反，如果某品牌对品类或竞争对手不具有可接近性，或是产品伤害危机对品类或竞争对手不具有可诊断性，那么产品伤害危机对品类和竞争品牌的溢出效应就难以发生。

产品伤害危机溢出效应出现受信息可接近性和可诊断性的影响。从产品伤害危机信息的可接近性来看，品类代表性品牌出现的产品伤害危机信息具有可接近性。Kotler和Keller（2012）将品牌知识看作由品牌节点与品牌联想组成的网络。危机品牌与品牌或竞争品牌节点在记忆网络中关联性越高，则信息的可接近性越强，相连节点激活的可能性越大（Keller and Lehmann，2006）。当品牌是品类的代表性品牌时，品牌与品类的关联性更强（Ng and Houston，2009）。当品类中代表性品牌发生产品伤害危机时，在消费者处理危机信息时，品类节点也可能被激活，即代表性品牌信息对品类具有可接近性。一般来说，有关代表品牌的信息对品类具有可诊断性（Joiner，2007），代表性品牌的产品危机信息对品类具有可接近性和可诊断性，溢出效应便会发生（方正等，2013）。产品伤害危机信息可能同时激活竞争品牌在记忆网络中的节点，即信息具有可接近性。但是，信息的可诊断性依赖于品牌与竞争品类的相似性。有学者研究发现，品牌间属性层面的相似性比整体层面的相似性更具可诊断性（Broniarczyk and Alba，1994；Dwivedi et al.，2010）。

3.3 心理契约理论

3.3.1 心理契约的内涵

心理契约源自社会交换理论，Rousseau和Parks（1993）认为心理契约具有社会交换的内涵，其建构于诱因与报偿的互惠交换基础上（Millward and Hopkins，1998）。心理契约的概念最早来自 Argyris（1960）提出的“心理工作契约”，而后 Levinson 等（1962）将心理工作契约定义为“两个团体间对于对方的预期，此预期是不可言喻的，但会影响个人与组织的关系”。Schein（1965）根据心理工作契约的定义，将心理契约定义为“个人对组织的各种预期以及组织对个人的各种预期”。在组织中，员工和组织间有一种不成文的期望影响着彼此，这些期望可能是有形的经济要求（如薪资、福利等），也可能是无形的心理期望（如工作满意、升迁机会等）。而 Schein（1965）的定义中明确指出，心理契约需要个体及组织两个层面才能构成心理契约的条件，更指出心理契约建立在个人和组织之间，且强调在交换关系中期望的相互性。Rousseau（1989）将心理契约定义修改为“心理契约是一种信念，这个信念是个人对于与另一方彼此互惠条件的认知与解释”，这里的互惠条件指雇佣关系中的相互义务。通常这些义务不会出现在任何正式的书面文件上，它是个人单方面的认知，并无法约束关系中的任何一方（Argyris，1960；Levinson et al.，1962）。Rousseau（1989）的心理契约定义打破了早期心理契约定义的两项设限：将心理契约的焦点由双方关系的层级转移至个人层级；强调心理契约是个人知觉、员工知觉到组织的义务以及自己本身的义务，并且将对彼此的期望转换成义务。后续的许多研究（Robinson and Rousseau，1994；Rousseau and Parks，1993）对心理契约的定义基本上与Rousseau（1989）的一样。

依上述定义可归纳出心理契约的三个重要特点：

（1）心理契约为非书面形式，是受雇员工个人与组织之间在有形的文件规范之外，彼此之间的权利义务关系。

（2）承诺是形成心理契约内涵的主体，承诺包含明示及暗示（Rousseau and Parks，1993），当个人认知组织承诺以某特定酬偿形式回报其贡献时，心理契约即发生。

（3）心理契约是个人的认知（Rousseau and Tijoriwala，1998），心理契约的满足或落差皆取决于个体主观的认知。

另外，心理契约不等于期望（Robinson and Rousseau，1994；Rousseau and Tijoriwala，1998），期望是单方面的，而心理契约是一种相互关系，存在于个人及组织的社会交换关系中（Turnley and Feldman，2000）。

3.3.2　心理契约的形成

许多心理契约的相关研究主要侧重于员工发觉心理契约被破坏时的反应（Robinson，1996；Robinson and Morrison，1995；Robinson and Rousseau，1994；Guzzo et al.，1994；Turnley and Feldman，1998），然而心理契约在员工即将进入企业或进入企业时就产生了。Rousseau（2000）提出心理契约内容的形成，可以从几个阶段观察到：进入职场前、招募过程中、早期的社会化历程、进入公司后的经验等，这反映了心理契约的动态特征。

心理契约是由员工和组织在互动经验中不断修正累积而形成的，最后成为员工对组织义务履行或违反的认知，其中应涉及两个认知阶段：一是对组织信息的取得，可能是亲身的经历，也可能是通过他人取得的相关信息；二是员工个人对所接受到的信息做出何种理解与解释，最后再由所解释的结果，形成所认知的心理契约。Rousseau（1995）指出个人的心理契约在建立时，会依组织或社会标准，以及个体对咨询的诠释偏好来解读外部信息，即个人所接收到的信息，会因个人特质而产生不同的解释，同时也会受到社会因素的影响，最后才建构出个人的心理契约。由此可见，信息的建构到信息的解码是心理契约内容形成的主要影响因素。而雇佣双方可能对心理契约的内容以及其在交换中相互义务被实践的程度有不同的见解，这样的差异对日后是否产生心理契约违反或违反的程度有极大的影响。而且，由于个人在认知、价值观及接受信息方面的不同导致其对心理契约有不同的解读，从而造成交易双方对彼此有不同的期望，进而对彼此的义务有不同的见解。

3.3.3 心理契约的类型

心理契约常被分为交易型心理契约和关系型心理契约（MacNeil，1985）。交易型心理契约指在一固定期间内，通常为短期，相关团体之间的特定的与金钱的交换，这种类型的心理契约缺乏长期承诺，属于狭窄的义务和短期的雇佣期间，交换的内容较为明确且可衡量；关系型心理契约指开放式的未指定利害关系的合约，建立和维持在相关团体之间的关系和情谊上，这种契约同时涉及金钱与非金钱的交换。关系型心理契约的奖励包括在公司内训练发展的机会和长期生涯发展的途径。

Rousseau（2000）认为心理契约具有连续性的特质，任何心理契约皆介于交易型及关系型契约之间。Guzzo 等（1994）则认为心理契约的本质偏向关系型契约，因为交易型心理契约本身的含义偏向经济契约。除以上分类外，Rousseau（2000）提出交易型与关系型契约之间的过渡型形态为平衡型契约或混合型契约。

3.3.4 心理契约违反与心理契约违背

心理契约既然是一种契约，就可能有心理契约达成与心理契约破坏（psychological contract breach）的情形产生，而当人们认为有心理契约破坏产生时，进而就会产生心理契约违背。学者们之所以对心理契约感兴趣，主要是因为雇主履行心理契约的结果是影响员工态度与行为的关键因素（Rousseau，1995；Coyle-Shapiro and Kessler，2000）。依据心理契约的动态特征，员工的心理契约随着与组织内部成员的互动而改变，心理契约使员工对组织将来资源的提供产生预期（Robinson，1996）。如果企业没有能力实现承诺，将会导致员工心理契约的违反。

心理契约是一种认知模式，如果员工知觉组织所提供的诱因条件不能够有效实现以满足其需求时，将会使员工的行为出现平衡、放弃及修改个体的心理契约等三种知觉后果（Schalk and Freese，1997）。Morrison 和 Robinson（1997）认为，员工知觉到组织没有实现承诺后的心理状况分为认知及情感两个层面。心理契约违反属于情感层面，心理契约违反造成的情绪反应为心理契约违背，它属于情感层面。进一步分析，心理契约违反指员工主观地认知到雇主无法执行应有的义务与责任（Rousseau，1989），即员工认知的心理契约与雇主真正执行之间存在着缺口，一旦心理契约遭受破坏，将会使组织蒙受极大的损失（Robinson，1996）。Morrison 和 Robinson（1997）认为，当一方察觉另一方已经不能履行其义务或者承诺时，便会导致心理契约的破坏，同时伴随着其他痛苦、愤怒、愤恨等负向情绪知觉产生。Morrison 和 Robinson（1997）认为造成心理契约违反的因素主要有背信与不一致两种因素。其中，背信指组织故意违背承诺，但这可能是因为组织无法实现承诺。另外，组织可能基于成本、利益考量，以及员工的绩效表现，而不愿意实现承诺。不一致是组织与员工所知觉的内容不同或者由于沟通不良造成组织与员工的心理契约不一致。Morrison 和 Robinson（1997）进一步研究发现，心理契约违反发生后不一定造成员工心理契约违背的情绪反应。这主要在于当员工归因于组织背信时，则容易产生情绪上的反应，感到气愤、被背叛。反之，当员工归因于是自己与组织认知上的不一致时，则较不会产生情绪上的反应（Morrison and Robinson，1997）。

Morrison 和 Robinson（1997）指出，心理契约违背将使个人经历失望、挫折、悲痛、愤怒等情绪，尤其当个人无法排除此经验时，将引起个人表现不合宜的行为（Rousseau，1989）。心理契约违背会让员工感受到失落及挫败，并让员工对企业产生不信任、对工作不满意以及萌生离职意图（Morrison and Robinson，1997；Robinson and Morrison，1995；Robinson and Rousseau，1994）。研究表明，当个人知觉心理契约违背时，仍有近 52% 的人员会选择留在组织（Robinson and Rousseau，1994），而个人继续留在组织的原因，包含积极正面地看待事件（Robinson and Rousseau，1994）、人格特质对不合理结果较能接受（Rousseau，1995）以及担忧离开组织后失去经济能力（Hoobler and Brass，2006）。为了消除挫败事件所产生的不满，个人会以离职或是表现不当的行为予以回应。然而，若对上级进行报复，可能让自己蒙受更严重的后果，如被公司降级或是行政惩处（Hoobler and Brass，2006）。

可见，心理契约的信任本质遭到破坏，影响员工的态度与行为，导致工作满意度及组织承诺的降低（Lucero and Allen，1994），进而伤害到组织与个人间的关系。而且，不同类型的心理契约违反也会造成程度不一的后果。首先，员工会寻求维持经济交换关系中的公平（Adams，1965），这是因为当交易型契约被违反时，员工会产生一些心理成本，如觉得他们的利益减少，并因此而感到不公平及觉得遭受背叛（Rousseau，1989）；其次，心理契约的违反也会对其关系型契约下的社会情感产生影响，如不再信任对方（MacNeil，1985）。因此，员工会觉得不应再对其雇主忠诚或者进行角色外的行为（Robinson and

Rousseau，1994）。以往研究显示，雇主履行义务不但会得到员工对组织承诺的回报，而且契约被履行得越多，越会正向地影响员工的组织承诺与组织公民行为（Coyle-Shapiro and Kessler，2000）。因此，心理契约违反的结果，是员工借由降低他们的承诺与从事组织公民行为的意愿，来修正劳雇关系间的平衡。由此可知，平衡的心理契约是延续组织与员工双方和谐关系的必要条件。心理契约是否平衡则依赖于员工与组织各自对彼此交换关系的期望和相互配合的程度，以及双方对于实际上交换内容的约定。组织与员工双方对彼此交换关系的期望若能够相吻合，将有助于工作士气的提升、员工对组织的承诺及在组织中的表现提高。相关实证研究普遍认为，心理契约违反对员工态度及行为有负面影响，如 Robinson 和 Rousseau（1994）以 MBA（master of business administration，工商管理硕士学位）毕业的新进人员作两年的纵向研究，发现心理契约违反与流动率呈正向关系，与留任意图呈负向关系。Turnley 和 Feldman（1998）以管理者为研究对象，研究公司重整期间的违反所产生的影响，结论为员工的因应行为有另谋高就、发出不满以求改进双方对等关系、降低忠诚度、降低组织公民行为以及疏忽本分工作。Turnley 和 Feldman（2000）的研究也证实，违反与离职意图呈正向关系，与忽视分内工作的程度呈正向关系，与执行组织公民行为的意愿呈负向关系。

总之，心理契约违背是一个主观的经历，当一方认识到另一方没有实现自己的诺言，不管心理契约违背是否真的发生，只要感知到心理契约违背，对行为的负面影响就会产生。过去在组织研究领域，利用心理契约违背来探讨员工之间的关系、员工的工作满意度与员工的绩效（Hekman et al.，2009；Robinson，1996；Robinson and Rousseau，1994；Rousseau，1989，1995）。这些研究主要的论述在于员工和组织之间没有正式的书面契约，双方之间的期望是无形的且模糊的，所以存在着对相互期待的心理默契，这种期待的默契影响他们之间的行为和关系。当心理契约获得满足不一定会导致员工有高绩效的表现，但是心理契约被违背就会带来不满、离职等负面影响。雇主如果理解和支持员工的心理契约，员工就会有高水平的工作满意度、组织承诺和留职倾向。而若雇主使员工感知心理契约违背，则会挫伤员工积极的工作态度，还可能降低留职的可能性，并增加怠工的可能性（洪郁雯等，2015）。

3.3.5 心理契约违背与消费者感知背叛

虽然心理契约源自于组织行为学的研究，但后来有些学者认为，商家与顾客间也存在着除买卖契约外的心理契约。Roehling（1997）指出可将心理契约扩展至企业与外部顾客的关系中。Kingshott（2006）提出顾客心理契约包含顾客感知企业承诺的信任与公平对待。再从社会交换理论的核心原则来看，心理契约可运用于其他互惠交换情境，如电子商务买卖、商家对消费者的服务（Pavlou and Gefen，2005）。近年来，利用心理契约违背来探讨消费者相关行为的研究逐渐被重视，这些研究主要是利用心理契约违背来探讨消费者的满意度与忠诚度（Hsieh，2012；Liang and Liu，2014）。

根据人际关系理论，背叛是一方以牺牲另一方的利益满足自己的利益的行为（Fitness，2001），是一种打破游戏规则、违反基本准则和期望的行为（Leonidou et al.，2017）。基于社会交换理论，背叛被视为违反隐含的或明确的道德和公平的规范，最终损害相互作用方的角色的完整性，并导致消极的情绪和行为反应（Fitness，2001），如愤怒（Haden and Hojjat，2006）、悲伤、失望和失去自尊（Finkel et al.，2002），同时侵蚀信任和对未来违规的期待（Chan，2009；Finkel et al.，2002）。感知背叛是个体面对与自身有互动关系的其他人所做的不当行为时产生的心理反应（Finkel et al.，2002；Elangovan and Shapiro，1998；Ward and O'strom，2006），是消费者与互动关系中某些互动规范遭受到企业有意违背时的信念程度（Koehler and Gershoff，2003），它是对一方违反了与信任相关的预期行为或规范的感知（Elangovan and Shapiro，1998；Reina D S and Reina M L，2006）。企业产品伤害危机事件是企业违背与消费者间互动规范的表现，也是违背企业承诺的表现，消费者面对企业产品伤害危机事件往往会产生背叛感，影响到消费者的信任（Gao et al.，2012）。

研究表明，心理契约是人们对自己与另一人之间相互义务的信念，违反心理契约会引起背叛感（Robinson and Rousseau，1994），因为来自互惠信念的信任被违反。背叛可定义为被另一个人认为违反心理契约（Morrison and Robinson，1997）。根据心理契约理论，企业产品伤害危机事件可以理解成违反了顾客与企业之间的关系规范，违背了顾客对企业履行互惠性义务的期望，破坏了顾客心理契约，从而导致消费者产生感知背叛，并影响到消费者后续的行为。可见，心理契约理论对解释本书的关键变量——消费者感知背叛如何产生提供了很好的理论依据。

3.4 本书的理论框架

本书主要研究产品伤害危机事件在品牌延伸评价中的外溢效应，具体来说，本书将探讨不同类型的产品伤害危机事件如何通过消费者感知背叛影响到消费者品牌延伸评价，以及在这一影响过程中心理距离、关系质量和品牌延伸契合度等因素可能存在的调节作用。为此，本书将从产品伤害危机事件严重程度（严重、轻微）、规模程度（单发、群发）以及责任归因（产品性能型、公司道德型）等三种情形入手，重点分析“产品伤害危机事件严重程度（严重、轻微）对消费者品牌延伸评价的影响”、“产品伤害危机事件发生规模（单发、群发）对消费者品牌延伸评价的影响”和“产品伤害危机事件责任归因（产品性能型、公司道德型）对消费者品牌延伸评价的影响”，同时探讨心理距离（远、近）、关系质量（高、低）、品牌延伸契合度（高、低）等变量的可能调节作用。本书的理论框架如图 3-1 所示。

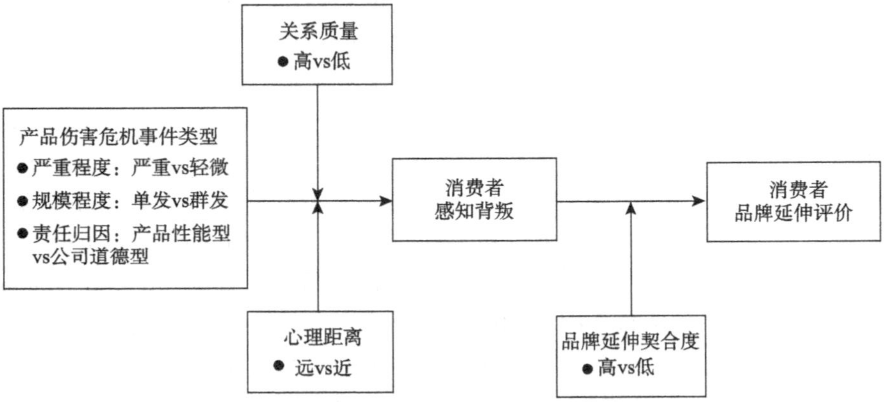

图 3-1　本书的理论框架

为了达到研究的目标，本书将通过以下三个研究完成：

研究一：主要探讨不同严重程度（严重、轻微）的产品伤害危机事件对消费者品牌延伸评价的影响，在该研究中除了探讨不同严重程度的产品伤害危机事件对消费者品牌延伸评价是否存在显著影响之外，还将探讨消费者感知背叛是否在该研究中存在中介作用以及心理距离（远、近）、关系质量（高、低）、品牌延伸契合度（高、低）等变量是否存在调节作用，以明确在该情形下产品伤害危机事件对消费者品牌延伸外溢效应发生的内在机制。

研究二：主要分析不同发生规模（单发、群发）的产品伤害危机事件对消费者品牌延伸评价的影响，在该研究中除了探讨不同规模的产品伤害危机事件对消费者品牌延伸评价是否存在显著影响之外，还将探讨消费者感知背叛是否在该研究中存在中介作用以及心理距离（远、近）、关系质量（高、低）、品牌延伸契合度（高、低）等变量是否存在调节作用，以明确在该情形下产品伤害危机事件对消费者品牌延伸外溢效应发生的内在机制。

研究三：主要验证不同责任归因（产品性能型、公司道德型）的产品伤害危机事件对消费者品牌延伸评价的影响，在该研究中除了探讨不同责任归因的产品伤害危机事件对消费者品牌延伸评价是否存在显著影响之外，还将探讨消费者感知背叛是否在该研究中存在中介作用以及心理距离（远、近）、关系质量（高、低）、品牌延伸契合度（高、低）等变量是否存在调节作用，以明确在该情形下产品伤害危机事件对消费者品牌延伸外溢效应发生的内在机制。

第 4 章　不同严重程度的产品伤害危机事件影响消费者品牌延伸评价的心理机制

4.1　研究假设推演

4.1.1　不同严重程度的产品伤害危机事件对消费者感知背叛的影响

一般来说，产品伤害危机事件从本质上来看可以按照危机事件的严重程度进行分类，如 Coombs（1998）以财产损失数额和人员伤亡程度将危机事件分为轻微和严重两类。其中，轻微的是没有什么财产损失且伤亡不严重的危机事件，严重的是造成大量财产损失、有需要住院治疗的受伤人员或致死的危机事件。Park（2008）将危机事件按严重程度分为三类。其中，低严重程度指对消费者产生微小伤害且时间较短，中等严重程度指对消费者产生较大伤害或时间较长但未导致死亡，而高严重程度指导致消费者死亡。同时，产品伤害危机事件严重程度越高、伤害时间越长或与健康息息相关，所激发的负面情感越高，并引发消费者负向口碑、转换品牌等行为以缓解其负面情绪并惩罚企业的这种无良行为，即负面情绪依赖于事件的严重性，事件越严重，就会产生越多的负面情绪（Laufer，2002），并可能会影响消费者在产品伤害危机后的态度和行为。

在人际关系的研究中，根据人际关系理论，感知背叛是个体面对与自身有互动关系的其他人做出不当行为时产生的心理反应（Ward and O'strom，2006），它被认为是导致人际关系受损的重要心理因素（Finkel et al.，2002），当互动双方感受到另外一方的蓄意行为可能会对其福利产生影响时，便会产生被对方背叛的感受，使得个体失去对另外一方的信任（Grégoire and Fisher，2008）。背叛感是难以忍受与原谅的（Finkel et al.，2002），且会导致各种负面反应。研究表明，产品伤害危机事件是企业违背与顾客间互动规范的表现，当企业与顾客互动关系中某些互动规范遭受企业有意违背时，消费者就会产生背叛感（Ward and O'strom，2006；Koehler and Gershoff，2003），它是消费者报复行为的重要驱力（Grégoire and Fisher，2008）。Ward 和 O'strom（2006）探讨顾客建立抱怨网站的行为，并发现顾客通过建立抱怨网站散播负面经验，从而平复其背叛感。Wang 和 Huff（2007）则指出，当顾客知觉到企业背叛，且未来这种背叛可能再度发生时，会有比较低的重购意愿与较强的负面口碑意图。

根据心理契约理论，心理契约是人们对自己与另一人之间相互义务的信念，违反心理契约会引起背叛感（Robinson and Rousseau，1994）。背叛可定义为被另一个人认为违反心理契约（Morrison and Robinson，1997）。企业产品伤害危机事件可以理解成违反了顾客与企业之间的关系规范，违背了顾客对企业履行互惠性义务的期望，破坏了顾客心理契约，从而导致消费者产生感知背叛，并影响到消费者后续的行为。可见，产品伤害危机事件会导致顾客产生背叛感，顾客为了平复这种负面感受会产生较负面的态度。此外，背叛感的强烈程度，则会随着产品伤害危机事件的严重程度而不同，产品伤害危机事件越严重，消费者的背叛感越强烈。基于以上分析，本书提出如下研究假设：

$H_{4\text{-}1}$：相对于轻微产品伤害危机事件，严重产品伤害危机事件引发消费者较高的感知背叛感。

4.1.2　不同严重程度的产品伤害危机事件对消费者品牌延伸评价的影响

消费者对母品牌的态度是品牌延伸的基础，而母品牌代表了一种信号或信息线索，无论是根据劝说情境模型还是晕轮效应，消费者对母品牌的既有态度是影响其对延伸产品评价的重要因素（Aaker and Keller，1990）。品牌延伸的基本原理也是利用了消费者对母品牌的偏好和态度（Bottomley and Holden，2001），母品牌的认知质量直接影响消费者对延伸产品的评价（Aaker and Keller，1990）。一般而言，当品牌进行延伸时，消费者会根据对母品牌的认知和情感对延伸产品进行评价，消费者在初次接触一个品牌的延伸产品时，对这种产品并不熟悉，在缺乏外在信息输入的情况下，消费者对延伸产品的态度和评价完全是从母品牌推断而来的（雷莉和马谋超，2003），而且情感迁移理论也表明，消费者对母品牌的态度和感知质量通过情感迁移到延伸产品，对延伸评价产生影响（吕荣胜和李璨，2009）。同时，根据联想网格理论（Collins and Loftus，1975），母品牌与延伸品牌之间存在一系列的联想以及刺激的泛化，母品牌的相关信息会通过联想和刺激影响消费者对延伸品牌的评价，产品伤害危机事件不同属性所涵盖的信息会引发消费者不同的联想和刺激，进而引发消费者不同的态度。

从产品伤害危机事件严重程度来看，产品伤害危机事件会引起个体的恐惧情绪，而恐惧唤起会影响说服效果和个体随后的态度变化，且据此改变个体处理问题的过程，并影响到个体的态度（Keller and Block，1996）。面对高恐惧唤起，个体将提高处理信息的精细化水平，并强化防御行为。这些防御行为包括控制负面事件的发生、降低事件的威胁以及减少个人的相关性等（Eagly and Chaiken，1993）。相反，面对低恐惧唤起，由于没有足够的动机精细化处理这些事件，个体不会产生防御行为（Keller and Block，1996）。因此，恐惧唤起作为产品伤害危机事件的一部分将使得个体更仔细和系统地处理产品伤害危机事件的内容。根据恐惧唤起的相关研究成果可以推论，面对高恐惧唤起的产品伤害危机事件，个体将提高精细化处理水平和采取防御行动，从而显示更负面的态度变化；而面对低恐惧唤起的产品伤害危机事件，个体缺乏精细化处理的动机，他们将不采取防御行动，并引起较少的负面态度改变。而且，产品伤害危机事件的严重性体现了危机的性质，同时也是危机负面后果的重要影响因素，会影响消费者对危机情境中其他信息的关注与推断（Gorn et al.，2008）。当危机严重程度较低时，消费者的感知风险和对危机的涉入程度都较低，此时消费者对信息的加工可能走外围加工路线（张琦和余伟萍，2012）。而当危机严重程度较高时，消费者的感知风险和涉入程度会提高，消费者对信息的加工可能走中心加工路线，更关注危机这一信息，破坏消费者对高资产品牌所形成的高质量、低风险期望，从而使消费者态度有较大程度的下降（张琦和余伟萍，2012）。由此，产品伤害危机事件越严重，消费者恐惧情绪越高，个体的态度变化越大，负面影响也越大（Laufer et al.，2005a），将破坏消费者对高资产母品牌所形成的高质量、低风险期望，使消费者对母品牌的正面态度有较大程度的下降（张琦和余伟萍，2012），从而导致消费者对品牌延伸的评价下降较多。

此外，根据可接近-可诊断模型，某一信息是否以及多大程度上用于认知判断主要取决于三个条件。一是可接近性，即消费者从记忆中提取相关信息的难易程度（Collins and Loftus，1975）。最近接触、反复接触和频繁接触的信息处于大脑存贮箱顶部，最易被提取，其可接近性也最高。人们在对随后与之联系的事件或行为进行解释时会倾向于使用这些最容易接近的信息，这可能会导致对目标判断的同化效应。二是可诊断性，即用该信息进行认知判断的有效程度（Broniarczyk and Alba，1994）。概念或信息之间共享知识越多，关联性越高，信息用于判断的作用就越突出，可诊断性就越强。人们更会用它去解释所面对的环境，这样就会导致判断出现同化效应。三是相对可诊断性，即该信息相对于其他信息的可诊断性程度。基于有限的注意力，当两个乃至更多可提取的信息出现时，一个信息可诊断性的提高会导致其他信息可诊断性的降低。当产品伤害危机事件发生时，不同层次、不同性质信息的可接近性和可诊断性是存在差别的（王海忠等，2009）。而且，与正面信息相比，负面信息的可诊断性更高（Ahluwalia et al.，2001），可以作为消费者评价的依据（Herr et al.，1991）。可见，负面信息越严重，信息的可接近性越高，信息的可诊断性越强，母品牌的信息越容易溢出到延伸产品，母品牌产品伤害信息对延伸产品的影响越大。基于以上分析，本书提出如下研究假设：

$H_{4\text{-}2}$：相对于轻微产品伤害危机事件，严重产品伤害危机事件引发消费者较低的品牌延伸评价。

4.1.3　消费者感知背叛对消费者品牌延伸评价的影响

基于社会交换理论，背叛被视为违反隐含的或明确的道德和公平的规范，最终损害相互作用方的角色的完整性，并导致消极的情绪和行为反应（Fitness，2001）。背叛引起一系列负面情绪（Fehr and Baldwin，1996），甚至可以唤起各种侵略性行为（Haden and Hojjat，2006），如愤怒（Fehr and Baldwin，1996；Haden and Hojjat，2006）、悲伤、失望和失去自尊（Finkel et al.，2002），同时侵蚀信任和对未来违规的期待（Chan，2009；Finkel et al.，2002），影响个体的后续信任（Lee and Selart，2015）。背叛反映了对信任的错误决定，并且经常导致对关系的重新评估（Finkel et al.，2002）。根据公平理论，违背公平准则将在消费者心目中产生背叛感（Elangovan and Shapiro，1998；Koehler and Gershoff，2003），反过来迫使消费者通过两种机制恢复公平：修复和报复（Walster et al.，1973）。

研究表明，产品伤害危机事件是企业违背与消费者间互动规范的表现，消费者面对与企业互动关系中某些互动规范遭受企业有意违背时，就会产生背叛感（Ward and O'strom，2006；Koehler and Gershoff，2003）。面对背叛，消费者往往会产生悲伤、自我怀疑、愤怒等情感反应（Rachman，2010），并产生情绪调节障碍（Goldsmith et al.，2013）。消费者会通过一定的行为或手段进行自我调整，如产生报复欲望或行为（庞隽等，2014；Grégoire et al.，2009；Grégoire and Fisher，2008）。部分研究也显示，消费者在面对企业背叛时，会通过一些具体的行动平复这种背叛感。Ward 和 O'strom（2006）发现，消费者通过架设攻击企业的网站散布负面经验平复背叛感；Wang 和 Huff（2007）也指出，当消费者感知到企业的背叛时，会有较低的再购意愿和较强的负面口碑。Grégoire 和 Fisher（2008）则通过直接测量背叛感，验证了感知背叛感是消费者报复行为的重要驱力。因此，可以推断负面感受反应越强烈，消费者感知背叛感越强，同时消费者为了平复这种负面情感，越会对品牌延伸给予较低的评价。基于以上分析，本书提出如下研究假设：

$H_{4\text{-}3}$：消费者感知背叛感对品牌延伸评价存在显著影响，即消费者感知背叛感越高，消费者品牌延伸评价越低。

4.1.4 不同严重程度产品伤害危机事件、消费者感知背叛和消费者品牌延伸评价：消费者感知背叛的中介作用

根据心理契约理论，违反心理契约会引起背叛感（Robinson and Rousseau，1994），消费者感知背叛是企业违背心理契约后消费者的心理状态。不同的心理契约违背会引发不同消费者不同的反应，如心理契约违背的最低层面是因感知的期望未满足而产生的失望等情绪体验，而核心层面是因感知的背叛而产生的愤怒情绪（Morrison and Robinson，1997）。一般来说，心理契约违背越严重，引发的消费者情绪反应越强烈，并进一步影响消费者后续的态度和行为。产品伤害危机事件是企业违背对消费者的承诺（Gao et al.，2012），它违反了顾客与企业之间的关系规范与公平准则，违背了顾客对企业履行互惠性义务的期望，破坏了顾客心理契约，从而导致消费者产生感知背叛。反过来，消费者为了改变这种状况，会采取修复和报复等手段（Walster et al.，1973）。

产品伤害危机事件的严重程度是衡量产品伤害危机影响的重要变量。根据Laufer（2002）的研究，产品伤害危机事件可能会影响消费者在产品伤害危机后的态度和行为。因此，可以进一步推论，产品伤害危机事件越严重，消费者的背叛感越强烈，消费者为了修复背叛感会对延伸产品产生较低的评价；相反，如果产品伤害危机事件越轻微，消费者的背叛感越小，消费者对延伸产品的评价越高。基于以上分析，本书提出如下研究假设：

$H_{4\text{-}4}$：消费者感知背叛在不同严重程度产品伤害危机事件影响消费者品牌延伸评价中存在中介作用。

4.1.5 心理距离（远、近）的调节作用

心理距离是行为人在其心理空间中对事件的主观感知距离，主要由时间距离、空间距离、社会距离、结果的确定程度等四个维度组成（Kim et al.，2008；Trope and Liberman，2010）。考虑到本章研究中的产品伤害危机事件已经发生，且结果已经确定，所以本章研究只探讨空间距离、社会距离带来的影响。其中，

空间距离指的是行为人对事件或目标物进行评价时，个体对空间远近的感知。不少研究已经发现空间距离对事件或目标物评价的影响，认为事件或目标物距离行为人越近，空间距离对事件或目标物评价的影响就越大（Fujita et al.，2006）。社会距离是社会客体与个体自我差异的大小（如自我-他人、朋友-陌生人）。Liviatan 等（2008）的研究指出，当个体与我们相似时，心理距离（社会距离）较近，而当个体与我们不相似时，心理距离（社会距离）较远。研究表明，产品伤害危机事件发生后，当受影响者由陌生人转变为好朋友时，心理距离（社会距离）感知将会由远到近发生变化；同理，产品伤害危机事件发生的地点不同，也会影响消费者心理距离（空间距离）感知的变化（黄静等，2011）。

近几年，在解释水平理论（Liberman and Trope，1998）的背景下，心理距离的研究进一步深化。根据解释水平理论，心理距离通过影响个体对事物的表征来影响个体对事物的心理加工。人们倾向于用更抽象的心理模型，即高水平解释，来表征距离远的事物；用更具体的心理模型，即低水平解释，来表征距离近的事物。高水平解释是简单、抽象、去情境化的，而低水平解释则是复杂、具体、情境相关的（Liberman et al.，2002；Nussbaum et al.，2003）。进一步研究表明，心理距离越遥远，人们越倾向于用高水平解释来表征行为，之所以存在这样的差别主要在于距离远近不同的事物其信息的可得性和完备性存在差异，而且不同距离还会导致卷入度的差异（陈海贤和何贵兵，2014），即心理距离越远，事物及其背景的具体信息越不可靠甚至不易得，消费者的卷入度越低；而当心理距离近时，具体信息变得详细、清晰、可靠，同时消费者卷入度亦将提高。具体到产品伤害危机事件这一情境，产品伤害危机事件发生地越远（空间距离远），消费者对产品伤害危机事件信息的解读往往是简单、抽象、去情境化的（高水平解释），产品伤害危机事件的信息变得模糊、不可得，而且消费者卷入度较低往往会产生“与己无关”的认识。根据认知心理学理论，越抽象的事物越不易引起人们感知的敏感性，越难建立情感关系（Dhar and Kim，2007），个体受到的影响较小。因此，可以推断产品伤害危机事件空间距离越远，消费者受到的影响越小，由此产生的感知背叛感越小。相反，如果消费者距离产品伤害危机事件发生地较近（空间距离近），产品伤害危机事件的信息变得详细、清晰、可靠，同时消费者卷入度将提高，消费者对产品伤害危机事件信息的解读往往是复杂、具体、情境相关的（低水平解释），会更具体、清晰地认识产品伤害危机事件，空间距离对产品伤害危机事件评价的影响就越大（Fujita et al.，2006），由此产生的感知背叛感越大。同理，在产品伤害危机事件情境下，消费者社会距离（远、近）亦会对消费者产生不同影响。例如，产品伤害危机事件发生在朋友或家人身上（社会距离近），消费者卷入度较高，对信息的解读往往是复杂、具体的（低水平解释），能够更加详细、清晰地认识产品伤害危机事件，产品伤害危机事件对消费者产生的刺激增强，消费者感知背叛感增加。相反，若产品伤害危机事件发生在陌生人身上（社会距离远），消费者则不会产生较大的背叛感。基于以上分析，本书提出如下研究假设：

$H_{4\text{-}5}$：心理距离（远、近）在不同严重程度产品伤害危机事件影响消费者感知背叛中存在调节作用。

$H_{4\text{-}5a}$：空间距离（远、近）会调节不同严重程度产品伤害危机事件对消费者感知背叛的影响，即空间距离越远，不同严重程度产品伤害危机事件对消费者感知背叛的影响越小；空间距离越近，不同严重程度产品伤害危机事件对消费者感知背叛的影响越大。

$H_{4\text{-}5b}$：社会距离（远、近）会调节不同严重程度产品伤害危机事件对消费者感知背叛的影响，即社会距离越远，不同严重程度产品伤害危机事件对消费者感知背叛的影响越小；社会距离越近，不同严重程度产品伤害危机事件对消费者感知背叛的影响越大。

4.1.6　关系质量（高、低）的调节作用

关系质量是指消费者对其与企业间关系满足自身期望、预测、目标和欲望程度的感知评价（Kim and Cha，2002），关系质量可视为关系强度的整体评估（Smith，1998），是关系营销文献中的核心构念（Smith，1998）。研究表明，发生产品伤害危机事件之后，顾客对于企业的认同感、忠诚度与承诺对企业产品伤害危机事件所造成的影响具有缓冲效果（Ahluwalia，2002；Ahluwalia et al.，2000，2001；Liu et al.，2010；Grégoire and Fisher，2006，2008），这主要在于高关系质量的顾客在面对产品伤害危机事件时会启动心中的防御机制（Ahluwalia et al.，2001），将产品伤害危机事件扭曲成与心中既有的信念一致（Ahluwalia et al.，2000），以避免认知失调，此类化过程会使得高关系质量顾客认为产品伤害危机事件的信息可诊断性不高，消费者负面感受反应不强烈。可见，高关系质量顾客关系在一定程度上可以舒缓产品伤害危机事件对情感反应带来的影响，降低产品伤害危机事件后消费者感知背叛的强度。但是，如果企业频繁发生产品伤害危机事件，影响消费者对企业能力的认识（Grégoire and Fisher，2008；Wan et al.，2011），或者发生的负面事件非常严重（Liu et al.，2010），或顾客有时间仔细思考产品伤害危机事件情境时，高关系质量的顾客反而会产生较强烈的负面感受，产生更大的感知背叛感（Roehm and Brady，2007）。Grégoire 和 Fisher（2008）、Grégoire 等（2009）针对顾客报复与服务补救评价的研究也证实高关系质量的顾客反而会更倾向于做出报复企业的行为。之所以出现这样矛盾的结果，和产品伤害危机事件发生的情境有很大关系。当企业对于服务失败的控制

力较低时，高关系质量的顾客会持续产生较为正面的反应（Grégoire and Fisher，2006）。但当服务补救明显不符合公平规范（Wan et al.，2011）、企业的行为严重（Liu et al.，2010）时，高关系质量反而会扩大产品伤害危机事件的影响，使消费者产生较强烈的感知背叛。

由以上分析可知，高关系质量的顾客在面对严重的企业产品伤害危机事件等情境时，会强化这些顾客对企业违背企业-顾客互动关系中的规范强度的认识，会带来更高的感知背叛感。而对于低关系质量的顾客来说，本身就倾向于在不同品牌或供货商之间转换或者是缺乏消费经验，产品伤害危机事件的发生可能只会给这类顾客终止互动关系提供一个借口，并不会因为产品伤害危机事件而产生较大的感知背叛感。换句话说，在严重的产品伤害危机情境下，相对于低关系质量，高关系质量会引发更强烈的感知背叛感；相反，在轻微产品伤害危机情境下，相对于低关系质量，高关系质量会对产品伤害危机产生一定的舒缓作用，高关系质量顾客会产生较弱的感知背叛感。基于以上分析，本书提出如下研究假设：

$H_{4\text{-}6}$：关系质量（高、低）会调节产品伤害危机事件严重程度对消费者感知背叛的影响。

$H_{4\text{-}6a}$：对高关系质量的顾客而言，企业不同严重程度产品伤害危机事件所导致的消费者感知背叛差异大于低关系质量的顾客。

$H_{4\text{-}6b}$：对低关系质量的顾客而言，企业不同严重程度产品伤害危机事件所导致的消费者感知背叛差异小于高关系质量的顾客。

4.1.7　品牌延伸契合度（高、低）的调节作用

品牌研究中最持久的发现之一就是，消费者以母品牌既有产品与延伸产品之间的感知匹配（契合）性为基础来评价品牌延伸（Kim and John，2008），它用来描述母品牌既有产品与延伸产品间的相似度或母品牌既有产品与延伸产品的概念一致性程度（Aaker and Keller，1990），母品牌与延伸产品之间的匹配（契合）程度是品牌延伸成功与否的关键（Buil et al.，2009；Milberg et al.，2010）。

研究表明，母品牌与延伸产品愈相似，消费者愈容易回想母品牌与延伸产品之间的关联性，进而感知到母品牌与延伸产品间较高的感知契合度，在面对与母品牌延伸相似性低的产品时，消费者不易对母品牌与延伸产品产生联想，所感觉到的知觉契合度亦较低（Lane，2000）。因此，契合程度高意味着母产品与延伸产品之间在技术、知识、质量、形象等方面具有很强的一致性，而契合程度低则指母产品与延伸产品之间在技术、知识、质量、形象等方面存在很大差异。研究发现，品牌延伸契合程度会调节负面信息对消费者的影响，品牌延伸契合程度越

低负面信息影响越小（Ahluwalia and Gürhan-Canli，2000）。Lei 等（2008）的研究也指出，企业内母品牌与子品牌之间的联结强度对子品牌产品伤害危机事件的外溢效果有显著的影响。当母子品牌之间的联结越强时，则外溢效果越强，即母品牌与子品牌之间的相似程度影响到产品伤害危机事件的外溢效果。这主要在于当消费者发现母品牌既有产品与延伸产品之间有契合，消费者会通过品牌联想将母品牌知觉移转到延伸产品上（Schmitt and Dubé，1992），而且一般来说，相似性越高，母品牌信息被转移可能性越高，对延伸评估的影响也越大（Aaker and Keller，1990）。可见，当消费者面对企业产品伤害危机事件时，品牌延伸契合程度会影响母品牌信息向延伸产品的转移。品牌延伸契合程度越高，母品牌信息转移的可能性越高，品牌延伸契合程度越低，母品牌信息转移的可能性越低。而且，品牌延伸契合程度高的产品伤害危机事件会被视作具有比较高的可诊断性（Ahluwalia and Gürhan-Canli，2000；Lei et al.，2008）。因此可以推断，在企业发生产品伤害危机事件之后，会引发消费者的感知背叛，但消费者感知背叛与品牌延伸评价之间的关系会受到品牌延伸契合程度的调节。基于以上分析，本书提出如下研究假设：

$H_{4\text{-}7}$：品牌延伸契合度（高、低）会调节消费者感知背叛对品牌延伸评价的影响。

$H_{4\text{-}7a}$：当品牌延伸契合度高时，消费者感知背叛对品牌延伸评价的负面影响大于品牌延伸契合度低时的影响。

$H_{4\text{-}7b}$：当品牌延伸契合度低时，消费者感知背叛对品牌延伸评价的负面影响小于品牌延伸契合度高时的影响。

根据以上分析，本章研究的理论框架如图 4-1 所示。

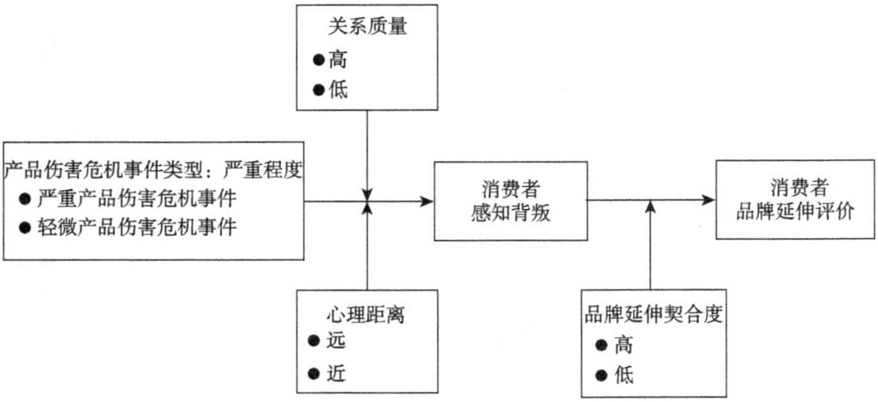

图 4-1　本章研究的理论框架

4.2 研 究 设 计

根据研究一的研究框架，本章将安排四个实验进行研究：

实验一：不同严重程度的产品伤害危机事件对消费者品牌延伸评价的影响。

实验二：心理距离（远、近）的调节作用。

实验三：关系质量（高、低）的调节作用。

实验四：品牌延伸契合度（高、低）的调节作用。

4.2.1 实验一：不同严重程度的产品伤害危机事件对消费者品牌延伸评价的影响

1. 实验目的与设计

实验一的目的在于，验证不同类型的产品伤害危机事件对品牌延伸的负面溢出效应（H_{4-1}、H_{4-2}、H_{4-3}）和消费者感知背叛的中介作用（H_{4-4}）。实验一是单因子二水平组间设计，操控自变量为产品伤害危机事件的类型，分为严重产品伤害危机事件和轻微产品伤害危机事件。

2. 研究样本

实验一主要探讨不同类型的产品伤害危机事件（严重产品伤害危机、轻微产品伤害危机）如何通过消费者感知背叛感影响消费者品牌延伸评价，研究的目的主要在于探讨这些变量之间的关系。Calder 和 Tybout（1999）的研究亦指出，当研究的重点是使用理论去解释一些现象，并着重探讨变量之间的因果关系时，为求样本的同质性，可使用大学生作为样本。因此，为了减少外生变量带来的干扰，达到较好的内部效度，实验一使用武汉市的大学生作为实验样本。

3. 产品选择

考虑到实验一的一般性，实验选择的产品应该是被试熟知，且经常使用的产品。在参照许绮芬（2011）的研究基础上，实验一选择手机作为实验产品。而且就实验一选择的实验样本来看，现在的大学生基本上都拥有至少一部手机，能够很便利地接触实验一的实验产品。

4. 实验刺激及操控

实验一需要操控的是严重产品伤害危机事件和轻微产品伤害危机事件，实验一通过采用虚拟新闻以形成不同严重程度的产品伤害危机事件。

产品伤害危机通常被界定为偶然出现并被广泛宣传的某种产品存在缺陷或是对顾客产生伤害的事件（Siomkos and Kurzbard，1994）。Coombs（1998）以财产损失数额和人员伤亡程度将危机事件分为轻微和严重两类。其中，轻微的是没有什么财产损失且伤亡不严重的危机事件，严重的是造成大量财产损失、有需要住院治疗的受伤人员或致死的危机事件。Park（2008）认为低严重程度指对消费者产生微小伤害且时间较短，中等严重程度指对消费者产生较大伤害或时间较长但未导致死亡，而高严重程度指导致消费者死亡。实验一研究结果认为严重产品伤害危机事件体现在产品伤害危机事件引发“人员伤亡”，而轻微产品伤害危机事件则没有导致人员伤亡。在以上研究基础上，实验一参照许绮芬（2011）的研究，进行严重与轻微产品伤害危机事件的前测，测试方式为请受测者阅读“某企业是一家以生产手机为主要产品的企业，最近市场上反映该品牌手机在使用过程中电池发生不明原因的爆炸，造成了人员伤亡”和“某企业是一家以生产手机为主要产品的企业，最近市场上反映该品牌手机在使用过程中输入汉字时显示速度慢，影响消费者信息发送速度”；接着询问受测者，让其对阅读的材料是否为“严重产品伤害危机事件”与“轻微产品伤害危机事件”等 2 个问题进行评价，以利克特七点尺度量表（1 表示非常不同意，7 表示非常同意）进行衡量。前测共发放、回收 80 份问卷，透过配对样本 t 检验显示，对于“手机在使用过程中电池发生不明原因的爆炸，造成了人员伤亡”，受测者认为其为“严重产品伤害危机事件”的均值大于认为其为“轻微产品伤害危机事件”的均值（$M_{严重}$=5.440>$M_{轻微}$=3.720，t=7.179，p<0.05）；对于“手机在使用过程中输入汉字时显示速度慢，影响消费者信息发送速度”，受测者认为其为“轻微产品伤害危机事件”的均值大于认为其为“严重产品伤害危机事件”的均值（$M_{轻微}$=5.140>$M_{严重}$=3.640，t=5.570，p<0.05）。可见，实验一选择的“手机在使用过程中电池发生不明原因的爆炸，造成了人员伤亡”属于严重产品伤害危机，“手机在使用过程中输入汉字时显示速度慢，影响消费者信息发送速度”属于轻微产品伤害危机，在被试心中存在差别，能够在被试心中形成一定的区分。因此，实验一采用“手机在使用过程中电池发生不明原因的爆炸，造成了人员伤亡”作为严重产品伤害危机事件的操控，采用“手机在使用过程中输入汉字时显示速度慢，影响消费者信息发送速度”作为轻微产品伤害危机事件的操控。

5. 实验场景设计

实验一在实验材料中虚拟出“某企业”“A 品牌的手机”等信息，并将严重产品伤害危机事件和轻微产品伤害危机事件的操控融入材料中。同时考虑到品牌延伸契合度对消费者品牌延伸评价的影响，本实验在进行实验场景设计时只强调 A 品牌在生产手机的基础上，开始生产、销售 A 品牌的 B 产品，具体实验场景设计如下：

实验场景一：严重产品伤害危机事件

某企业是一家以手机为主要产品的企业，主要生产 A 品牌的手机。最近根据《中国质量报》的消息，该品牌手机在使用过程中电池发生了不明原因的爆炸，造成了人员伤亡。目前，该企业正在开展多元化经营，在手机生产的基础上，开始生产、销售 A 品牌的 B 产品。

实验场景二：轻微产品伤害危机事件

某企业是一家以手机为主要产品的企业，主要生产 A 品牌的手机。最近根据《中国质量报》的消息，该品牌手机在使用过程中输入汉字时显示速度慢，影响消费者信息发送速度。目前，该企业正在开展多元化经营，在手机生产的基础上，开始生产、销售 A 品牌的 B 产品。

6. 实验操控检验

本章研究中对于产品伤害危机事件类型（严重、轻微）使用操控手段对被试进行了刺激，为了了解这些操控是否成功，本实验进行了操控检验设计，具体题项如下：

您认为材料中描述的产品伤害危机：

轻微 1　2　3　4　5　6　7　严重

7. 实验方法与程序

学者们对消费者行为的研究往往借鉴心理学和经济学方面的成果，而这两个学科越来越重视现场实验（Cialdini，2009）。国内外学者在研究营销问题中常常通过现场实验进行数据的收集（Baca-Motes et al.，2013）。具体到产品伤害危机事件的研究中，现场实验也是学者们主要采取的研究方法之一，如 Vassilikopoulou 等（2009）、汪兴东等（2013）、方正等（2011）均使用现场实验进行产品伤害危机事件相关主题的研究。现场实验相对于其他实验方法能够使实验主体感到更接近现实，外部效度更高（Malhotra and Spss，2009），实验一采用现场实验法进行数据收集。同时，实验一的自变量在实验材料中具有明确的表述，因变量测量也有具体的量表。被试在进行填答过程中安排专门的访问员进行陪同，以减少现场实验的不可控性。这些手段在一定程度上弥补了现场实验因缺乏必要的控制导致现场实验内部效度低等问题。

实验前，被试通过校园拦截等方式获取，即在校园人员流动比较多的位置，选择某一固定参照物，要求调查人员每隔 10 个人拦截下 1 个人作为实验调查对象，以尽量保证被试选择的随机性。然后，在确定被拦截对象愿意参与实验一的基础上，将这些被试随机分配到不同的实验组中，完成数据收集工作。实验中，第一步，向被试说明本次研究的目的以打消被试的顾虑；第二步，要求被试阅读背景材料，阅读完材料之后，要求被试对该事件进行评价，以一题七点尺度问项来评价其严重程度（1=轻微，7=严重）（这些打分用于检验操控是否成功）；第三步，要求被试填写消费者感知背叛测量量表和消费者品牌延伸评价测量量表（这些分数用于假设检验）；第四步，被试填写人口统计信息（用于描述样本）。填答完毕后，表示感谢。

8. 变量测量

（1）消费者感知背叛。背叛感是个体面对与自身有互动关系的其他人做出不当行为时产生的心理反应（Ward and O'strom，2006），是消费者与互动关系中某些互动规范遭受到企业有意违背时的信念程度（Koehler and Gershoff，2003），是对被信任的人的故意行为产生的感觉（Rachman，2010）。对于该变量的测量，实验一借鉴 Grégoire 和 Fisher（2008）的消费者感知背叛测量量表，该量表包含“我觉得这家企业故意利用我”等五个题项，采取利克特七点尺度，从 1（非常不同意）到 7（非常同意）供被试作答，具体测量量表见表 4-1。

表 4-1　消费者感知背叛测量量表

题项	非常不同意	不同意	稍微不同意	一般	稍微同意	同意	非常同意
我感到被欺骗了							
我感到被出卖了							
我觉得企业说谎							
我觉得这家企业故意利用我							
这家企业试图虐待我							

（2）消费者品牌延伸评价。消费者品牌延伸评价是消费者对延伸产品态度的评价，衡量消费者对延伸产品的接收程度（Bottomley and Doyle，1996）。过去文献关于品牌延伸评价的构面主要有 Aaker 和 Keller（1990）的整体知觉质量及购买可能性，Boush 和 Loken（1991）的偏好态度及购买意愿，Park 等（1991）的偏好态度及购买意愿，Kim 等（2001）的知觉质量与购买意愿，Taylor 和 Bearden（2002）的知觉质量、知觉价值与购买意愿以及 Kumar（2005）的知觉质量、知觉价值、偏好态度与购买意愿，等等。在以上研究的基础上，实验一将消费者品牌延伸评价分为“知觉质量”、“知觉价值”、“偏好态度”和“购买意愿”等四个构面来衡量消费者对于品牌延伸的评价，该量表包含“我认为这个延伸产品质量会很好”等七个题项，采取利克特七点尺度，从 1（非常不同意）到 7（非常同意）供被试作答。消费者品牌延伸评价测量量表见表 4-2。

表 4-2　消费者品牌延伸评价测量量表

题项	非常不同意	不同意	稍微不同意	一般	稍微同意	同意	非常同意
我认为 A 品牌的 B 产品质量会很好							
我觉得 A 品牌的 B 产品会很实用							
我觉得 A 品牌的 B 产品值得信赖							
我会喜欢 A 品牌的 B 产品							
A 品牌的 B 产品对我很有吸引力							
如有需要，我可能会考虑购买 A 品牌的 B 产品							
如有需要，我会推荐朋友购买 A 品牌的 B 产品							

9. 实验一的问卷设计

根据以上实验材料设计和变量测量量表，实验一形成研究过程中使用的问卷。

亲爱的朋友：

您好！

我是******大学的教师，在进行一项有关消费者行为的研究工作。这是一份学术问卷，您对本问卷所做出的选择，仅做学术研究之用，没有对错之分，且不用记名，请放心作答。恳请您在百忙中拨冗填答，谢谢！

敬祝 万事如意

第一部分：背景材料

请先阅读下面的背景材料，设想您自己就是材料中的主角，读后请您根据自己的判断进行选择与回答。

某企业是一家以手机为主要产品的企业，主要生产 A 品牌的手机。最近根据《中国质量报》的消息，该品牌手机在使用过程中电池发生了不明原因的爆炸，造成了人员伤亡。目前，该企业正在开展多元化经营，在手机生产的基础上，开始生产、销售 A 品牌的 B 产品。

根据以上材料，请对以下问题做出判断。

问题 1：您认为材料中描述的产品伤害危机事件：

轻微 1　2　3　4　5　6　7　严重

第二部分：请回答下列问题

问题 1：结合以上材料回答对下面的评价做出判断：

题项	非常不同意	不同意	稍微不同意	一般	稍微同意	同意	非常同意
我感到被欺骗了							
我感到被出卖了							
我觉得企业说谎							

续表

题项	非常不同意	不同意	稍微不同意	一般	稍微同意	同意	非常同意
我觉得这家企业故意利用我							
这家企业试图虐待我							

问题2：请对该企业生产的A品牌的B产品的评价做出判断：

题项	非常不同意	不同意	稍微不同意	一般	稍微同意	同意	非常同意
我认为A品牌的B产品质量会很好							
我觉得A品牌的B产品会很实用							
我觉得A品牌的B产品值得信赖							
我会喜欢A品牌的B产品							
A品牌的B产品对我很有吸引力							
如有需要，我可能会考虑购买A品牌的B产品							
如有需要，我会推荐朋友购买A品牌的B产品							

第三部分：个人资料

1.请问您的性别：

A. 男　　B. 女

2.请问您的年龄：

A. 20岁及以下　B. 21~25岁　C. 26岁及以上

3.请问您的学历水平：

A. 本科及以下　B. 硕士研究生　C. 博士研究生

问卷到此结束，再次感谢您对实验一的支持！

4.2.2　实验二：心理距离（远、近）的调节作用

1. 实验目的与设计

实验二一共有两个主要目的，第一个目的在于重复验证实验一所得到的结果，包括不同严重程度的产品伤害危机事件对消费者品牌延伸的负面外溢效果，以及消费者感知背叛的中介效果。第二个目的是验证心理距离（远、近）在不同类型的产品伤害危机事件影响消费者感知背叛中的调节作用（$H_{4\text{-}5}$）。实验二采取2（产品伤害危机事件类型：严重产品伤害危机事件 vs 轻微产品伤害危机事件）×2（空间距离：远 vs 近）/（社会距离：远 vs 近）组间设计。

2. 研究样本

实验二主要探讨不同类型的产品伤害危机事件（严重产品伤害危机事件、轻微产品伤害危机事件）如何通过消费者感知背叛感影响消费者品牌延伸评价，以及在这一影响过程中心理距离（远、近）可能存在的调节作用，研究的目的主要在于探讨这些变量之间的关系。为了减少外生变量带来的干扰，达到较好的内部效度，实验二使用武汉市的大学生作为实验样本。

3. 产品选择

与实验一相同，实验二仍选择手机作为实验产品。

4. 实验刺激及操控

（1）产品伤害危机事件。按照实验一研究的结果，实验二在实验材料设计中将严重产品伤害危机事件描述/操控成“该品牌手机在使用过程中电池发生不明原因的爆炸，造成了人员伤亡”，轻微产品伤害危机事件描述成“该品牌手机在使用过程中输入汉字时显示速度慢，影响消费者信息发送速度”。

（2）心理距离（远、近）。心理距离是行为人在其心理空间中对事件的主观感知距离，主要由时间距离、空间距离、社会距离、结果的确定程度等四个维度组成（Kim et al.，2008；Trope and Liberman，2010）。根据实验二的设计，实验二只探讨空间距离、社会距离带来的影响。其中，空间距离指的是行为人对事件或目标物进行评价时，个体对空间远近的感知。社会距离是指社会客体与个体自我差异的大小（如自我-他人；朋友-陌生人）。根据黄静等（2011）的研究进行设计，空间距离（远、近）操控为产品伤害危机事件发生在武汉市（近）和 1 500 千米以外的沈阳市（远），社会距离（远、近）操控为产品伤害危机事件发生在好朋友身上（近）和发生在陌生人身上（远）。为了让被试注意这些刺激信息，在编写实验材料过程中，专门对这些关键词汇，如“武汉”“1 500 千米以外的沈阳市”“好朋友”“陌生人/不认识的人”等信息进行了加黑处理，以引起被试的注意。

对空间距离（远、近）的前测，通过受试者随机对“我觉得我距离 1 500 千米外的沈阳很远”“我觉得我距离 1 500 千米外的沈阳很近”“我觉得武汉距离我很近”“我觉得武汉距离我很远”等四个问题进行评价，以利克特七点尺度量表（1 表示非常不同意，7 表示非常同意）进行衡量。前测共发放、回收 90 份问卷，通过配对样本 t 检验显示，对于“我觉得我距离 1 500 千米外的沈阳很远”，受测者认为其为“距离远”的均值大于认为其为“距离近”的均值（$M_{远}=5.500>M_{近}=2.960$，$t=10.910$，$p<0.05$）；对于“我觉得武汉距离我很近”，受测者认为其为“距离近”的均值大于认为其为“距离远”的均值（$M_{近}=5.430>M_{远}=3.380$，$t=9.639$，$p<0.05$）。可见，实验二选择的“1 500 千米外的沈阳”属于空间距离远

的位置，“武汉市”属于空间距离近的位置，在被试心中存在差别，能够在被试心中形成一定的区分。因此，实验二采用“1 500 千米外的沈阳”作为空间距离远的操控，采用“武汉市”作为空间距离近的操控。

对社会距离（远、近）的前测，通过受试者随机对“我觉得我和我好朋友之间的距离很近”“我觉得我和我好朋友之间的距离很远”“我觉得我和陌生人之间的距离很近”“我觉得我和陌生人之间的距离很远”等四个问题进行评价，以利克特七点尺度量表（1 表示非常不同意，7 表示非常同意）进行衡量。前测共发放、回收 80 份问卷，通过配对样本 t 检验显示，对于“我觉得我和陌生人之间的距离很远”，受测者认为其为“距离远”的均值大于认为其为“距离近”的均值（$M_{远}=5.500>M_{近}=2.830$，$t=9.280$，$p<0.05$）；对于“我觉得我和我好朋友之间的距离很近”，受测者认为其为“距离近”的均值大于认为其为“距离远”的均值（$M_{近}=5.320>M_{远}=2.820$，$t=9.284$，$p<0.05$）。可见，实验二选择的“陌生人”属于社会距离远的对象，“好朋友”属于社会距离近的对象，在被试心中存在差别，能够在被试心中形成一定的区分。因此，实验二采用“陌生人/不认识的人”作为社会距离远的操控，采用“好朋友”作为社会距离近的操控。

5. 实验场景设计

实验二在实验材料中虚拟出“某企业”“A 品牌的手机”等信息，并将严重产品伤害危机事件和轻微产品伤害危机事件的操控、心理距离（远、近）的操控手段融入材料中。同时考虑到品牌延伸契合度对消费者品牌延伸评价的影响，本实验在进行实验场景设计时只强调 A 品牌在生产手机的基础上，开始生产、销售 A 品牌的 B 产品，部分场景设计如下：

实验场景一：严重产品伤害危机事件×空间距离远

某企业是一家以手机为主要产品的企业，主要生产 A 品牌的手机。最近根据《中国质量报》的消息，在 1 500 千米外的沈阳市场上发现该品牌手机在使用过程中电池发生不明原因的爆炸，造成了人员伤亡。目前，该企业开展多元化经营，在手机生产的基础上，开始生产、销售 A 品牌的 B 产品。

实验场景二：严重产品伤害危机事件×社会距离近

某企业是一家以手机为主要产品的企业，主要生产 A 品牌的手机。最近根据《中国质量报》的消息，市场上发现该品牌手机在使用过程中电池发生不明原因的爆炸，造成了人员伤亡，恰巧您的朋友在这次伤害事件中受到了伤害。目前，该企业开展多元化经营，在手机生产的基础上，开始生产、销售 A 品牌的 B 产品。

实验场景三：轻微产品伤害危机事件×空间距离近

某企业是一家以手机为主要产品的企业，主要生产 A 品牌的手机。最近根据《中国质量报》的消息，在武汉市场上发现该品牌手机在使用过程中手机输入汉字时显示速度慢，影响消费者信息发送速度。目前，该企业正在开展多元化经营，在手机生产的基础上，开始生产、销售 A 品牌的 B 产品。

实验场景四：轻微产品伤害危机事件 × 社会距离远

某企业是一家以手机为主要产品的企业，主要生产 A 品牌的手机。最近根据《中国质量报》的消息，市场上发现该品牌手机在使用过程中手机输入汉字时显示速度慢，影响消费者信息发送速度，您不认识的消费者在此次事件中受到了影响。目前，该企业正在开展多元化经营，在手机生产的基础上，开始生产、销售 A 品牌的 B 产品。

6. 实验操控检验

由于实验二中的产品伤害危机事件类型、心理距离（远、近）等变量使用操控手段对被试进行刺激，为了了解这些操控是否成功，实验二借助 Fujita 等（2006）设计空间距离（远、近）的操控检验，采取七点语义差别量表；借助 Liviatan 等（2008）研究发现的社会距离近的对象与自己的关系较亲近且拥有较多的共同性，因此实验二以三个项目检测情境中的社会距离操控是否成功（非常陌生/非常亲密，没有共同点/拥有许多共同点，关系亲近/关系疏远），评价采取七点语义差别量表进行评估，得分越高表示社会距离越近，具体问题或量表如下：

问题 1：您认为材料中描述的产品伤害危机事件：

轻微 1　2　3　4　5　6　7　严重

问题 2：您与材料中描述的沈阳：

距离近 1　2　3　4　5　6　7　距离远

或问题 2：您与材料中描述的武汉：

距离近 1　2　3　4　5　6　7　距离远

问题 3：您认为您和您朋友的关系：

非常陌生　1　2　3　4　5　6　7　非常亲密

没有共同点 1　2　3　4　5　6　7　拥有许多共同点

关系亲近　1　2　3　4　5　6　7　关系疏远（反向问题）

或问题 3：您认为您和陌生人/不认识的人的关系：

非常陌生　1　2　3　4　5　6　7　非常亲密

没有共同点 1　2　3　4　5　6　7　拥有许多共同点

关系亲近　1　2　3　4　5　6　7　关系疏远（反向问题）

7. 实验方法与程序

与实验一相同，实验二仍然使用现场实验法进行数据收集。并通过对自变量和因变量的客观控制和测量以及加强对调查人员的指导，以减少现场实验的不可控制性。

实验前，被试通过校园拦截等方式获取，即在校园人员流动比较多的位置，选择某一固定参照物，要求调查人员每隔10个人拦截下1个人作为实验调查对象，以尽量保证被试选择的随机性。然后，在确定被拦截对象愿意参与实验二的基础上，将这些被试随机分配到不同的实验组中，完成数据收集工作。实验中，第一步，向被试说明本次研究的目的以打消被试的顾虑；第二步，要求被试阅读背景材料，阅读完材料之后，要求被试对该事件与心理距离的描述进行判断（这些打分用于检验操控是否成功）；第三步，要求被试填写消费者感知背叛测量量表和消费者品牌延伸评价测量量表（这些分数用于假设检验）；第四步，被试填写人口统计信息（用于描述样本）。填答完毕后，表示感谢。

8. 变量测量

与实验一一致，实验二借鉴 Grégoire 和 Fisher（2008）的消费者感知背叛测量量表，该量表包含“我觉得这家企业故意利用我”等五个题项，采取利克特七点尺度，从1（非常不同意）到7（非常同意）供被试作答，具体测量量表见表 4-3。

表 4-3　消费者感知背叛测量量表

题项	非常不同意	不同意	稍微不同意	一般	稍微同意	同意	非常同意
我感到被欺骗了							
我感到被出卖了							
我觉得企业说谎							
我觉得这家企业故意利用我							
这家企业试图虐待我							

借鉴相关研究，实验二将消费者品牌延伸评价分为“知觉质量”、“知觉价值”、“偏好态度”和“购买意愿”等四个构面来衡量消费者对于品牌延伸的评价，该量表包含“我认为这个延伸产品质量会很好”等七个题项，采取利克特七点尺度，从1（非常不同意）到7（非常同意）供被试作答。消费者品牌延伸评价测量量表见表 4-4。

表 4-4　消费者品牌延伸评价测量量表

题项	非常不同意	不同意	稍微不同意	一般	稍微同意	同意	非常同意
我认为 A 品牌的 B 产品质量会很好							
我觉得 A 品牌的 B 产品会很实用							
我觉得 A 品牌的 B 产品值得信赖							
我会喜欢 A 品牌的 B 产品							
A 品牌的 B 产品对我很有吸引力							
如有需要，我可能会考虑购买 A 品牌的 B 产品							
如有需要，我会推荐朋友购买 A 品牌的 B 产品							

9. 实验二的问卷设计

根据以上实验材料设计和变量测量量表，实验二形成研究过程中使用的问卷，问卷举例如下：

亲爱的朋友：

您好！

我是******大学的教师，在进行一项有关消费者行为的研究工作。这是一份学术问卷，您对本问卷所做出的选择，仅做学术研究之用，没有对错之分，且不用记名，请放心作答。恳请您在百忙中拨冗填答，谢谢！

敬祝 万事如意

第一部分：背景材料

请先阅读下面的背景材料，设想您自己就是材料中的主角，读后请您根据自己的判断进行选择与回答。

某企业是一家以手机为主要产品的企业，主要生产 A 品牌的手机。最近根据《中国质量报》的消息，市场上发现该品牌手机在使用过程中电池发生不明原因的爆炸，造成了人员伤亡，恰巧您的朋友在这次伤害事件中受到了伤害。目前，该企业开展多元化经营，在手机生产的基础上，开始生产、销售 A 品牌的 B 产品。

根据以上材料，请对以下问题做出判断。

问题 1：您认为材料中描述的产品伤害危机事件：

轻微 1　2　3　4　5　6　7　严重

问题 2：您认为您和您朋友的关系：

非常陌生　　1　2　3　4　5　6　7　非常亲密

没有共同点 1　2　3　4　5　6　7　拥有许多共同点

关系亲近　　1　2　3　4　5　6　7　关系疏远

第二部分：请回答下列问题

问题 1：结合以上材料回答对下面的评价做出判断：

题项	非常不同意	不同意	稍微不同意	一般	稍微同意	同意	非常同意
我感到被欺骗了							
我感到被出卖了							
我觉得企业说谎							
我觉得这家企业故意利用我							
这家企业试图虐待我							

问题 2：请对该企业生产的 A 品牌的 B 产品的评价做出判断：

题项	非常不同意	不同意	稍微不同意	一般	稍微同意	同意	非常同意
我认为 A 品牌的 B 产品质量会很好							
我觉得 A 品牌的 B 产品会很实用							
我觉得 A 品牌的 B 产品值得信赖							
我会喜欢 A 品牌的 B 产品							
A 品牌的 B 产品对我很有吸引力							
如有需要，我可能会考虑购买 A 品牌的 B 产品							
如有需要，我会推荐朋友购买 A 品牌的 B 产品							

第三部分：个人资料

1.请问您的性别：

A. 男　　B. 女

2.请问您的年龄：

A. 20 岁及以下　B. 21~25 岁　C. 26 岁及以上

3.请问您的学历水平：

A. 本科及以下　B. 硕士研究生　C. 博士研究生

问卷到此结束，再次感谢您对实验二的支持！

4.2.3 实验三：关系质量（高、低）的调节作用

1. 实验目的与设计

实验三一共有两个主要目的，第一个目的在于重复验证实验一所得到的结

果，包括不同严重程度的产品伤害危机事件对消费者品牌延伸的负面外溢效果，以及消费者感知背叛的中介效果。第二个目的是验证顾客关系质量（高、低）在顾客面对企业严重产品伤害危机情境时会产生放大产品伤害危机严重程度的影响（由爱生恨效果），使高关系质量顾客感觉到更高的背叛感（H_{4-6}）。实验三采取 2（产品伤害危机事件类型：严重产品伤害危机事件 vs 轻微产品伤害危机事件）× 2（关系质量：高 vs 低）组间设计。

2. 研究样本

实验三主要探讨不同类型的产品伤害危机事件（严重产品伤害危机事件、轻微产品伤害危机事件）如何通过消费者感知背叛感影响到消费者品牌延伸评价，以及在这一影响过程中关系质量（高、低）可能存在的调节作用，研究的目的主要在于探讨这些变量之间的关系。为了减少外生变量带来的干扰，达到较好的内部效度，实验三使用武汉市的大学生作为实验样本。

3. 产品选择

与实验一相同，实验三仍选择手机作为实验产品。

4. 实验刺激及操控

（1）产品伤害危机事件。按照实验一研究的结果，实验三在实验材料设计中将严重产品伤害危机事件描述/操控成“该品牌手机在使用过程中电池发生不明原因的爆炸，造成了人员伤亡”，轻微产品伤害危机事件描述成“该品牌手机在使用过程中输入汉字时显示速度慢，影响消费者信息发送速度”。

（2）关系质量（高、低）。关系质量是指消费者对其与企业间关系满足自身期望、预测、目标和欲望程度的感知评价（Kim and Cha，2002），它揭示了消费者对其与企业关系的整体印象（侯如靖等，2012）。高关系质量表明由于企业过去一贯的良好表现使消费者对企业的未来充满信心，消费者认为企业会提供持续的满意（Wong and Sohal，2002），期望从企业那里得到更多的好处（Morgan and Hunt，1994），愿意与企业保持长久的业务关系（Moorman et al.，1992）。根据以上成果并参照Grégoire和Fisher（2008）及Grégoire等（2009）的做法，将“高关系质量”描述成被试曾经使用过该企业的产品，对过去的消费经验感到满意，并对该企业有深厚的感情基础；而“低关系质量”描述成被试过去没有使用过该企业的产品。

对关系质量（高、低）的前测，主要通过被试随机对“您曾经使用过该企业的产品，对过去的消费经验感到满意，并对该企业有深厚的感情基础，在这种情况下您与该企业的关系质量高”、“您曾经使用过该企业的产品，对过去的消费经验感到满意，并对该企业有深厚的感情基础，在这种情况下您与该企业的关系质量低”、“您过去没有使用过该企业的产品，在这种情况下您与该企业的关系质量低”、“您过去没有使用过该企业的产品，在这种情况下您与该企业的关系质量高”等四个问题做出评价，以利克特七点尺度量表（1 表示非常不同意，7 表示非常同意）进行测量。前测共发放、回收 70 份问卷，通过配对样本 t 检验显示，“曾经使用过该企业的产品，对过去的消费经验感到满意，并对该企业有深厚的感情基础，在这种情况下您与该企业的关系质量高”被试认为其为“关系质量高”的均值大于认为其为“关系质量低”的均值（$M_{高}=4.680>M_{低}=3.110$，$t=6.138$，$p<0.05$）；“过去没有使用过该企业的产品，在这种情况下您与该企业的关系质量低”被试认为其为“关系质量低”的均值大于认为其为“关系质量高”的均值（$M_{低}=4.690>M_{高}=3.690$，$t=3.873$，$p=0.002$）。可见，实验三选择的“曾经使用过该企业的产品，对过去的消费经验感到满意，并对该企业有深厚的感情基础”属于高关系质量，“过去没有使用过该企业的产品”属于低关系质量，在被试心中存在差别，能够在被试心中形成一定的区分。因此，实验三采用“曾经使用过该企业的产品，对过去的消费经验感到满意，并对该企业有深厚的感情基础”作为高关系质量的操控，采用“过去没有使用过该企业的产品”作为低关系质量的操控。

5. 实验场景设计

实验三在实验材料中虚拟出“某企业”“A 品牌的手机”等信息，并将严重产品伤害危机事件和轻微产品伤害危机事件的操控手段、关系质量（高、低）的操控手段融入材料中。同时考虑到品牌延伸契合度对消费者品牌延伸评价的影响，本实验在进行实验场景设计时只强调 A 品牌在生产手机的基础上，开始生产、销售 A 品牌的 B 产品，部分场景设计如下：

实验场景一：严重产品伤害危机事件 × 高关系质量

某企业是一家以手机为主要产品的企业，主要生产 A 品牌的手机。您曾经使用过该企业的产品，对过去的消费经验感到满意，并对该企业有深厚的感情基础。最近根据《中国质量报》的消息，在市场上发现该手机在使用过程中电池发生不明原因的爆炸，造成了人员伤亡。目前，该企业开展多元化经营，在手机生产的基础上，开始生产、销售 A 品牌的 B 产品。

实验场景二：轻微产品伤害危机事件 × 低关系质量

某企业是一家以手机为主要产品的企业，主要生产 A 品牌的手机。您过去没有使用过该企业的产品。最近根据《中国质量报》的消息，在市场上发现该品牌手机在使用过程中输入汉字时显示速度慢，影响消费者信息发送速度。目前，该企业正在开展多元化经营，在手机生产的基础上，开始生产、销售 A 品牌的 B 产品。

6. 实验操控检验

由于实验三中的产品伤害危机事件类型、关系质量（高、低）等变量使用操控手段对被试进行刺激，为了了解这些操控是否成功，借助 Grégoire 和 Fisher（2008）、Grégoire 等（2009）关系质量量表，衡量被试对材料中操控的关系质量的描述，采取利克特七点尺度，从 1（非常不同意）到 7（非常同意），衡量材料中对延伸契合度的操控是否成功，具体问题或量表如下：

问题 1：您认为材料中描述的产品伤害危机事件：

轻微 1　2　3　4　5　6　7　严重

问题 2：结合以上材料回答对下面的评价做出判断：

题项	非常不同意	不同意	稍微不同意	一般	稍微同意	同意	非常同意
我对我和这家企业的关系感到满意							
我和这家企业的关系非常好							
我忠于与这家企业的关系							
我打算与该企业保持长期关系							

7. 实验方法与程序

与实验一相同，实验三仍然使用现场实验法进行数据收集。并通过对自变量和因变量的客观控制和测量以及加强对调查人员的指导，以减少现场实验的不可控制性。

实验前，被试通过校园拦截等方式获取，即在校园人员流动比较多的位置，选择某一固定参照物，要求调查人员每隔 10 个人拦截下 1 个人作为实验调查对象，以尽量保证被试选择的随机性。然后，在确定被拦截对象愿意参与实验三的基础上，将这些被试随机分配到不同的实验组中，完成数据收集工作。实验中，第一步，向被试说明本次研究的目的以打消被试的顾虑；第二步，要求被试阅读背景材料，阅读完材料之后，要求被试对该事件与关系质量的描述进行判断（这些打分用于检验操控是否成功）；第三步，要求被试填写消费者感知背叛测量量表和消费者品牌延伸评价测量量表（这些分数用于假设检验）；第四步，被试填写人口统计信息（用于描述样本）。填答完毕后，表示感谢。

8. 变量测量

与实验一一致，实验三借鉴 Grégoire 和 Fisher（2008）的消费者感知背叛测量量表，该量表包含“我觉得这家企业故意利用我”等五个题项，采取利克特七点尺度，从 1（非常不同意）到 7（非常同意）供被试作答，具体测量量表见表 4-5。

表 4-5 消费者感知背叛测量量表

题项	非常不同意	不同意	稍微不同意	一般	稍微同意	同意	非常同意
我感到被欺骗了							
我感到被出卖了							
我觉得企业说谎							
我觉得这家企业故意利用我							
这家企业试图虐待我							

借鉴相关研究，实验三将消费者品牌延伸评价分为“知觉质量”、“知觉价值”、“偏好态度”和“购买意愿”等四个构面来衡量消费者对于品牌延伸的评价，该量表包含“我认为这个延伸产品质量会很好”等七个题项，采取利克特七点尺度，从 1（非常不同意）到 7（非常同意）供被试作答。消费者品牌延伸评价测量量表见表 4-6。

表 4-6 消费者品牌延伸评价测量量表

题项	非常不同意	不同意	稍微不同意	一般	稍微同意	同意	非常同意
我认为 A 品牌的 B 产品质量会很好							
我觉得 A 品牌的 B 产品会很实用							
我觉得 A 品牌 B 产品值得信赖							
我会喜欢 A 品牌的 B 产品							
A 品牌的 B 产品对我很有吸引力							
如有需要，我可能会考虑购买 A 品牌的 B 产品							
如有需要，我会推荐朋友购买 A 品牌的 B 产品							

9. 实验三的问卷设计

根据以上实验材料设计和变量测量量表，实验三形成研究过程中使用的问卷，问卷举例如下：

亲爱的朋友：

您好！

我是******大学的教师，在进行一项有关消费者行为的研究工作。这是一份学术问卷，您对本问卷所做出的选择，仅做学术研究之用，没有对错之分，且不用记名，请放心作答。恳请您在百忙中拨冗填答，谢谢！

敬祝 万事如意

第一部分：背景材料

请先阅读下面的背景材料，设想您自己就是材料中的主角，读后请您根据自己的判断进行选择与回答。

某企业是一家以手机为主要产品的企业，主要生产 A 品牌的手机。您曾经使用过该企业的产品，对过去的消费经验感到满意，并对该企业有深厚的感情基础。最近根据《中国质量报》的消息，市场上发现该手机在使用过程中电池发生不明原因的爆炸，造成了人员伤亡。目前，该企业开展多元化经营，在手机生产的基础上，开始生产、销售 A 品牌的 B 产品。

根据以上材料，请对以下问题做出判断。

问题 1：您认为材料中描述的产品伤害危机事件：

轻微 1　2　3　4　5　6　7　严重

问题 2：结合以上材料回答对下面的评价做出判断：

题项	非常不同意	不同意	稍微不同意	一般	稍微同意	同意	非常同意
我对我和这家企业的关系感到满意							
我和这家企业的关系非常好							
我忠于与这家企业的关系							
我打算与该企业保持长期关系							

第二部分：请回答下列问题

问题 1：结合以上材料回答对下面的评价做出判断：

题项	非常不同意	不同意	稍微不同意	一般	稍微同意	同意	非常同意
我感到被欺骗了							
我感到被出卖了							
我觉得企业说谎							
我觉得这家企业故意利用我							
这家企业试图虐待我							

问题 2：请对该企业生产的 A 品牌的 B 产品的评价做出判断：

题项	非常不同意	不同意	稍微不同意	一般	稍微同意	同意	非常同意
我认为 A 品牌的 B 产品质量会很好							
我觉得 A 品牌的 B 产品会很实用							
我觉得 A 品牌的 B 产品值得信赖							
我会喜欢 A 品牌的 B 产品							
A 品牌的 B 产品对我很有吸引力							
如有需要，我可能会考虑购买 A 品牌的 B 产品							
如有需要，我会推荐朋友购买 A 品牌的 B 产品							

第三部分：个人资料

1.请问您的性别：

A. 男　　B. 女

2.请问您的年龄：

A. 20 岁及以下　B. 21~25 岁　C. 26 岁及以上

3.请问您的学历水平：

A. 本科及以下　B. 硕士研究生　C. 博士研究生

问卷到此结束，再次感谢您对实验三的支持！

4.2.4　实验四：品牌延伸契合度（高、低）的调节作用

1. 实验目的与设计

实验四一共有两个主要目的，第一个目的在于重复验证实验一所得到的结果，包括不同严重程度的产品伤害危机事件对消费者品牌延伸的负面外溢效果，以及消费者感知背叛感的中介效果。第二个目的是验证品牌延伸契合度（高、低）在消费者感知背叛感影响消费者品牌延伸评价中的调节作用（$H_{4\text{-}7}$）。实验四采取 2（产品伤害危机事件类型：严重产品伤害危机事件 vs 轻微产品伤害危机事件）×2（品牌延伸契合度：高 vs 低）组间设计。

2. 研究样本

实验四主要探讨不同类型的产品伤害危机事件（严重产品伤害危机事件、轻微产品伤害危机事件）如何通过消费者感知背叛影响到消费者品牌延伸评价，以及在这一影响过程中品牌延伸契合度（高、低）可能存在的调节作用，研究的目的主要在于探讨这些变量之间的关系。为了减少外生变量带来的干扰，达到较好的内部效度，实验四使用武汉市的大学生作为实验样本。

3. 产品选择

与实验一相同，实验四仍选择手机作为实验产品。

4. 实验刺激及操控

（1）产品伤害危机事件。按照实验一研究的结果，实验四在实验材料设计中将严重产品伤害危机事件描述/操控成“该品牌手机在使用过程中电池发生不明原因的爆炸，造成了人员伤亡”，轻微产品伤害危机事件描述成“该品牌手机在使用过程中输入汉字时显示速度慢，影响消费者信息发送速度”。

（2）品牌延伸契合度（高、低）。品牌延伸契合度是指母品牌既有产品与延伸产品间的有形、无形相似程度（萧至惠等，2010），是母品牌既有产品与延伸产

品间的相似度或者是母品牌既有产品与延伸产品的概念一致性程度（Xie，2008）。实验四认为品牌延伸契合度指母品牌既有产品与延伸产品间在提供服务的技术或专业知识上的一致程度，契合度高代表两者使用共同的技术或知识；契合度低则代表两者间在知识和技术上有相当大差异。根据以上定义，实验四将手机延伸到平板电脑作为契合度高的延伸，将手机延伸到空气净化器作为契合度低的延伸。

品牌延伸契合度（高、低）的前测，请被试随机对“品牌延伸契合度高指新产品与母品牌产品在技术或知识使用上的一致，而品牌延伸契合度低则指新产品与母品牌产品在技术或知识使用上的不同。因此，由手机延伸到平板电脑属于品牌延伸契合度高”、“品牌延伸契合度高指新产品与母品牌产品在技术或知识使用上的一致，而品牌延伸契合度低则指新产品与母品牌产品在技术或知识使用上的不同。因此，由手机延伸到平板电脑属于品牌延伸契合度低”、“品牌延伸契合度高指新产品与母品牌产品在技术或知识使用上的一致，而品牌延伸契合度低则指新产品与母品牌产品在技术或知识使用上的不同。因此，由手机延伸到空气净化器属于品牌延伸契合度高”、“品牌延伸契合度高指新产品与母品牌产品在技术或知识使用上的一致，而品牌延伸契合度低则指新产品与母品牌产品在技术或知识使用上的不同。因此，由手机延伸到空气净化器属于品牌延伸契合度低”等四个问题进行评价，以利克特七点尺度量表（1 表示非常不同意，7 表示非常同意）进行衡量。前测共发放、回收 80 份问卷，透过配对样本 t 检验显示，将“手机延伸到平板电脑”被试认为其为“品牌延伸契合度高”的均值大于认为其为“品牌延伸契合度低”的均值（$M_{高}=4.820>M_{低}=3.910$，$t=3.177$，$p=0.005$）；将“手机延伸到空气净化器”被试认为其为“品牌延伸契合度低”的均值大于认为其为“品牌延伸契合度高”的均值（$M_{低}=5.060>M_{高}=3.830$，$t=3.833$，$p=0.001$）。可见，实验四选择的“手机延伸到平板电脑”属于品牌延伸契合度高，“手机延伸到空气净化器”属于品牌延伸契合度低，在被试心中存在差别，能够在被试心中形成一定的区分。因此，实验四采用“手机延伸到平板电脑”作为品牌延伸契合度高的操控，采用“手机延伸到空气净化器”作为品牌延伸契合度低的操控。

5. 实验场景设计

实验四在实验材料中虚拟出“某企业”“A 品牌的手机”等信息，并将严重产品伤害危机事件和轻微产品伤害危机事件的操控、品牌延伸契合度（高、低）的操控设计融入实验材料中。部分场景设计如下：

实验场景一：严重产品伤害危机事件 × 品牌延伸契合度高

某企业是一家以手机为主要产品的企业，主要生产 A 品牌的手机。您曾经使用过该企业的产品，对过去的消费经验感到满意，并对该企业有深厚的感情基础。

最近根据《中国质量报》的消息，在市场上发现该品牌手机在使用过程中电池发生不明原因的爆炸，造成了人员伤亡。目前，该企业开展多元化经营，在手机生产的基础上，开始生产、销售 A 品牌的平板电脑。

实验场景二：轻微产品伤害危机事件 × 品牌延伸契合度低

某企业是一家以手机为主要产品的企业，主要生产 A 品牌手机。您过去没有使用过该企业的产品。最近根据《中国质量报》的消息，在市场上发现该品牌手机在使用过程中输入汉字时显示速度慢，影响消费者信息发送速度。目前，该企业开展多元化经营，在手机生产的基础上，开始生产、销售 A 品牌的空气净化器。

6. 实验操控检验

由于实验四中的产品伤害危机事件类型、品牌延伸契合度（高、低）等变量使用操控手段对消费者进行刺激，为了了解这些操控是否成功，实验四借助 Bridges 等（2000）的契合度测量量表或题项，衡量材料中的操控是否成功，具体题目或量表如下：

问题 1：您认为材料中描述的产品伤害危机事件：

轻微 1 2 3 4 5 6 7 严重

问题 2：您认为 A 品牌推出平板电脑：

题项	非常不同意	不同意	稍微不同意	一般	稍微同意	同意	非常同意
相当适配的							
相当合乎逻辑的							
相当恰当的							
不令人感到意外的							
可被预期的							

或问题 2：您认为 A 品牌推出空气净化器：

题项	非常不同意	不同意	稍微不同意	一般	稍微同意	同意	非常同意
相当适配的							
相当合乎逻辑的							
相当恰当的							
不令人感到意外的							
可被预期的							

7. 实验方法与程序

与实验一相同，实验四仍然使用现场实验法进行数据收集。并通过对自变量和因变量的客观控制和测量以及加强对调查人员的指导，以减少现场实验的不可控制性。

实验前，被试通过校园拦截等方式获取，即在校园人员流动比较多的位置，选择某一固定参照物，要求调查人员每隔 10 个人拦截下 1 个人作为实验调查对象，以尽量保证被试选择的随机性。然后，在确定被拦截对象愿意参与实验四的基础上，将这些被试随机分配到不同的实验组中，完成数据收集工作。实验中，第一步，向被试说明本次研究的目的以打消被试的顾虑；第二步，要求被试阅读背景材料，阅读完材料之后，要求被试对该事件与品牌延伸契合度（高、低）的描述进行判断（这些打分用于检验操控是否成功）；第三步，要求被试填写消费者感知背叛测量量表和消费者品牌延伸评价测量量表（这些分数用于假设检验）；第四步，被试填写人口统计信息（用于描述样本）。填答完毕后，表示感谢。

8. 变量测量

与实验一一致，实验四借鉴 Grégoire 和 Fisher（2008）的消费者感知背叛测量量表，该量表包含“我觉得这家企业故意利用我”等五个题项，采取利克特七点尺度，从 1（非常不同意）到 7（非常同意）供被试作答，具体量表见表 4-7。

表 4-7　消费者感知背叛测量量表

题项	非常不同意	不同意	稍微不同意	一般	稍微同意	同意	非常同意
我感到被欺骗了							
我感到被出卖了							
我觉得企业说谎							
我觉得这家企业故意利用我							
这家企业试图虐待我							

借鉴相关研究，实验四将消费者品牌延伸评价分为“知觉质量”、“知觉价值”、“偏好态度”和“购买意愿”等四个构面来衡量消费者对于品牌延伸的评价，该量表包含“我认为这个延伸产品质量会很好”等七个题项，采取利克特七点尺度，从 1（非常不同意）到 7（非常同意）供被试作答，具体量表见表 4-8、表 4-9。

表 4-8　消费者品牌延伸评价测量量表（品牌延伸契合度高）

题项	非常不同意	不同意	稍微不同意	一般	稍微同意	同意	非常同意
我认为 A 品牌的平板电脑质量会很好							
我觉得 A 品牌的平板电脑会很实用							
我觉得 A 品牌的平板电脑值得信赖							

续表

题项	非常不同意	不同意	稍微不同意	一般	稍微同意	同意	非常同意
我会喜欢 A 品牌的平板电脑							
A 品牌的平板电脑对我很有吸引力							
如有需要，我可能会考虑购买A品牌的平板电脑							
如有需要，我会推荐朋友购买A品牌的平板电脑							

表 4-9 消费者品牌延伸评价测量量表（品牌延伸契合度低）

题项	非常不同意	不同意	稍微不同意	一般	稍微同意	同意	非常同意
我认为 A 品牌的空气净化器质量会很好							
我觉得 A 品牌的空气净化器会很实用							
我觉得 A 品牌的空气净化器值得信赖							
我会喜欢 A 品牌的空气净化器							
A 品牌的空气净化器对我很有吸引力							
如有需要，我可能会考虑购买A品牌的空气净化器							
如有需要，我会推荐朋友购买A品牌的空气净化器							

9. 实验四的问卷设计

根据以上实验材料设计和变量测量量表，实验四形成研究过程中使用的问卷，问卷举例如下：

亲爱的朋友：

您好！

我是******大学的教师，在进行一项有关消费者行为的研究工作。这是一份学术问卷，您对本问卷所做出的选择，仅做学术研究之用，没有对错之分，且不用记名，请放心作答。恳请您在百忙中拨冗填答，谢谢！

敬祝 万事如意

第一部分：背景材料

请先阅读下面的背景材料，设想您自己就是材料中的主角，读后请您根据自己的判断进行选择与回答。

某企业是一家以手机为主要产品的企业，主要生产 A 品牌的手机。最近根据《中国质量报》的消息，市场上发现该品牌手机在使用过程中电池发生不明原因的爆炸，造成了人员伤亡。目前，该企业开展多元化经营，在手机生产的基础上，开始生产、销售 A 品牌的平板电脑。

根据以上材料，请对以下问题做出判断。

问题 1：您认为材料中描述的产品伤害危机事件：

轻微 1　2　3　4　5　6　7　严重

问题 2：您认为 A 品牌推出平板电脑：

题项	非常不同意	不同意	稍微不同意	一般	稍微同意	同意	非常同意
相当适配的							
相当合乎逻辑的							
相当恰当的							
不令人感到意外的							
可被预期的							

第二部分：请回答下列问题

问题 1：结合以上材料回答对下面的评价做出判断：

题项	非常不同意	不同意	稍微不同意	一般	稍微同意	同意	非常同意
我感到被欺骗了							
我感到被出卖了							
我觉得企业说谎							
我觉得这家企业故意利用我							
这家企业试图虐待我							

问题 2：结合以上材料回答对关于 A 品牌的平板电脑的评价做出判断：

题项	非常不同意	不同意	稍微不同意	一般	稍微同意	同意	非常同意
我认为 A 品牌的平板电脑质量会很好							
我觉得 A 品牌的平板电脑会很实用							
我觉得 A 品牌的平板电脑值得信赖							
我会喜欢 A 品牌的平板电脑							
A 品牌的平板电脑对我很有吸引力							
如有需要，我可能会考虑购买 A 品牌的平板电脑							
如有需要，我会推荐朋友购买 A 品牌的平板电脑							

第三部分：个人资料

1. 请问您的性别：

A. 男　　B. 女

2. 请问您的年龄：

A. 20 岁及以下　B. 21~25 岁　C. 26 岁及以上

3. 请问您的学历水平：

A. 本科及以下　B. 硕士研究生　C. 博士研究生

问卷到此结束，再次感谢您对实验四的支持！

4.3 研究结果

4.3.1 实验一研究结果：不同严重程度的产品伤害危机事件对消费者品牌延伸评价的影响分析

1. 样本结构

本实验共发放150份问卷，进入分析的有效问卷为137份（91.33%），无效问卷主要是填答缺失较多。从样本结构来看，女性70人（51.1%），男性67人（48.9%）；20岁及以下45人（32.8%），21~25岁57人（41.6%），26岁及以上35人（25.5%）；本科及以下学历75人（54.7%），硕士研究生学历37人（27.0%），博士研究生学历25人（18.2%）。以品牌延伸评价为因变量，以性别、年龄、学历为自变量，构建回归模型，结果显示回归模型不显著[F（3，136）= 2.181，p=0.093]，排除了人口统计特征变化可能给因变量带来的影响。

2. 信度与效度

从信度来看，对中介变量“消费者感知背叛”量表的信度分析表明，该量表的 Cronbach's α 为 0.881；对因变量“消费者品牌延伸评价”量表的信度分析表明，该量表的 Cronbach's α 为 0.957。以上信度分析表明，实验一使用的量表的 Cronbach's α 系数均符合 Nunnally（1978）认为 Cronbach' s α 至少要大于 0.7 才能够被接受的结论，实验一使用的问卷具有一定的信度。

同时，在探索性因子分析中，使用 KMO［Kaiser-Meyer-Olkin，抽样适合性检验，取样适当性量数，其值变化于 0~1。KMO 值越接近于 1，表示变量间的公共因子越多，变量间的偏相关系数越低，越适合进行因子分析。根据 Kaiser（1974）的观点，当KMO的值小于0.50时，较不宜进行因子分析，KMO的值至少要在0.60以上，才可以进行因子分析］、Bartlett's 球形检验（巴特利特球形检验的统计量是根据相关系数矩阵的行列式得到的，如果该值较大，且其对应的相伴概率值小于用户心中的显著性水平，那么应该拒绝零假设，认为相关系数不可能是单位矩阵，即原始变量之间存在相关性，适合于做因子分析，相反不适合做因子分析）与 AVE（average variance extracted，平均方差提取值，反映了每个潜变量所解释的变异量中有多少来自于该潜变量中所有题目，当 AVE 值大于 0.50 时，表示该潜变量具有较好的收敛效度）等指标。本章研究分析发现，“消费者感知背叛”量表的 KMO 值为 0.827，Bartlett’s 球形检验值为 365.130（$p<0.05$），表明数据适合进行因子分析。进一步因子分析发现，所有的因子载荷均大于 0.5，且 AVE 值大于 0.5，消费者感知背叛量表具有很好的收敛效度。

“消费者品牌延伸评价”量表的 KMO 值为 0.945，Bartlett’s 球形检验值为 954.355（$p<0.05$），表明数据适合进行因子分析。进一步因子分析发现，所有的因子载荷均大于 0.5，且 AVE 值大于 0.5，消费者品牌延伸评价量表也具有很好的收敛效度，具体指标见表 4-10、表 4-11。

表 4-10　消费者感知背叛量表信度效度表

测量构念	题项	因子载荷	总体特征值	累计解释变异	组合信度（CR）	KMO	Bartlett’s 球形检验	AVE	Cronbach’s α 系数
消费者感知背叛	我感到被欺骗了	0.852	3.433	68.658%	0.916	0.827	365.130	0.686	0.881
	我感到被出卖了	0.836							
	我觉得企业说谎	0.842							
	我觉得这家企业故意利用我	0.774							
	这家企业试图虐待我	0.836							

表 4-11　消费者品牌延伸评价量表信度效度表

测量构念	题项	因子载荷	总体特征值	累计解释变异	组合信度（CR）	KMO	Bartlett’s 球形检验	AVE	Cronbach’s α 系数
消费者品牌延伸评价	我认为 A 品牌的 B 产品质量会很好	0.886	5.585	79.793%	0.965	0.945	954.355	0.798	0.957
	我觉得 A 品牌的 B 产品会很实用	0.904							
	我觉得 A 品牌的 B 产品值得信赖	0.897							
	我会喜欢 A 品牌的 B 产品	0.892							
	A 品牌的 B 产品对我很有吸引力	0.881							
	如有需要，我可能会考虑购买 A 品牌的 B 产品	0.926							
	如有需要，我会推荐朋友购买 A 品牌的 B 产品	0.866							

此外，从内容效度来看，该变量测量语句来源于已有文献，并与相关专家进

行了深入讨论，具有一定的内容效度。

3. 共同方法偏差的控制

共同方法偏差（common method biases，CMB）是指由于同样的数据来源或评分者、同样的测量环境、项目语境以及项目本身特征所造成的预测变量与效标变量之间的人为的共变性。它源于测量方法而不是研究构念的一种变异，这里的方法包括不同的抽象水平，如特定条目内容、问卷类型、反应形式、一般测试环境等。在最抽象水平上，方法效应可以解释为诸如光环效应、社会赞许性、熟悉-宽容效应或是否一致性反应等。共同方法偏差在心理学、行为科学研究尤其是在问卷法中广泛存在，无疑会对测量结果产生严重影响，甚至会得出错误的研究结论。

共同方法偏差的控制从大的方面来讲，可以分为程序控制和统计控制。程序控制是指研究者在研究设计与测量过程中所采取的控制措施，如从不同来源测量预测变量与效标变量，对测量进行时间上、空间上、心理上、方法上的分离，保护反应者的匿名性、减少对测量目的的猜度，平衡项目的顺序效应以及改进量表项目，等等（周浩和龙立荣，2004）。针对研究中可能存在的共同方法偏差等问题，研究者应首先考虑采用程序控制，因为这些方法是直接针对共同方法偏差的来源而设计的。但是，在某些研究情境中，受条件限制，程序上的控制方法可能无法实施或者无法完全消除共同方法偏差，这个时候就应该考虑在数据分析时采用统计的方法来对共同方法偏差进行检验和控制（周浩和龙立荣，2004）。

在数据收集过程中，实验一尽可能地通过程序控制减少共同方法偏差的产生：一方面是实验一采取匿名填答的方式，所使用的量表也是成熟的量表，尽量采取了消除社会赞许性、一致性倾向、项目的模糊性等手段；另一方面，实验一事先对测试项目进行了仔细研究，并未有容易产生共同方法偏差的测量项目，而且在题项设计时通过合理设计量表长度等方法以尽可能减少共同方法偏差对研究的影响。

4. 操控检验

本操控检验的目的在于检验被试对严重产品伤害危机事件与轻微产品伤害危机事件能否有很好的区别。方差分析表明，严重产品伤害危机事件组与轻微产品伤害危机事件组对事件的评价存在显著差异[F（1，136）=528.918，p<0.05；Levene（方差齐性检验）（1，135）=0.914，p=0.341]，以上分析表明，不同类型产品伤害危机事件的组间差异性被成功操控。

5. 假设检验

独立样本 t 检验分析表明，就消费者感知背叛而言，不同严重程度下的产品伤害危机事件对消费者感知背叛存在显著影响[t（135）=13.275，p<0.05]，

即与轻微产品伤害危机事件引发的消费者感知背叛相比（$M_{轻微-感知背叛}$=4.325，$SD_{轻微-感知背叛}$=0.575），严重产品伤害危机事件引发消费者较高的感知背叛（$M_{严重-感知背叛}$=5.580，$SD_{严重-感知背叛}$=0.531），该结果证实了本章研究提出的假设 H_{4-1} 成立；就消费者品牌延伸评价而言，不同严重程度下的产品伤害危机事件对消费者品牌延伸评价存在显著影响[t（117.272）=−8.518，p<0.05]，即与轻微产品伤害危机事件下的消费者品牌延伸评价相比（$M_{轻微-延伸评价}$=4.546，$SD_{轻微-延伸评价}$=1.158），严重产品伤害危机事件下的消费者品牌延伸评价较低（$M_{严重-延伸评价}$=3.088，$SD_{严重-延伸评价}$=0.806），该结果证实了本章研究提出的假设 H_{4-2} 成立；此外，实验一按消费者感知背叛均值的大小，将消费者感知背叛分成高、低 2 个水平组（按照均值大小，分别取总样本的前 27%和后 27%），进一步独立样本 t 检验分析表明，消费者感知背叛（高、低）对消费者品牌延伸评价的影响存在显著差异[t（58.128）=−25.859，p<0.05]，就消费者品牌延伸评价均值而言，高消费者感知背叛带来的品牌延伸评价均值（$M_{高感知背叛-延伸评价}$=2.703，$SD_{高感知背叛-延伸评价}$=0.269）显著低于低消费者感知背叛带来的品牌延伸评价均值（$M_{低感知背叛-延伸评价}$=5.227，$SD_{低感知背叛-延伸评价}$=0.561），即消费者感知背叛越高，消费者品牌延伸评价越低，该结果证实了本章研究提出的假设 H_{4-3} 成立。

对于消费者感知背叛可能存在的中介作用，实验一采用 Baron 和 Kenny（1986）的方法进行检验。首先，将消费者品牌延伸评价作因变量，产品伤害危机事件作自变量进行线性回归分析。回归分析表明，不同类型的产品伤害危机事件对消费者品牌延伸评价存在显著影响[F（1，136）=73.679，p<0.05；$\beta_{事件类型-延伸评价}$=−0.594，t=−8.584，p<0.05]。其次，将消费者感知背叛作因变量，产品伤害危机事件作自变量进行线性回归分析。回归结果显示，不同类型的产品伤害危机事件对消费者感知背叛存在显著影响[F（1，136）=176.233，p<0.05；$\beta_{事件类型-感知背叛}$=0.752，t=13.275，p<0.05]。再次，将消费者品牌延伸评价作因变量，消费者感知背叛作自变量进行线性回归分析。回归结果表明，消费者感知背叛对消费者品牌延伸评价存在显著影响[F（1，136）=321.048，p<0.05；$\beta_{感知背叛-延伸评价}$=−0.839，t=−17.918，p<0.05]。最后，将产品伤害危机事件和消费者感知背叛同时作自变量，消费者品牌延伸评价作因变量进行线性回归分析。回归分析结果表明，不同类型的产品伤害危机事件对消费者品牌延伸评价的影响不再显著[F（2，136）=161.796，p<0.05；$\beta_{事件类型-延伸评价}$=0.086，t=1.207，p=0.229]，而消费者感知背叛对消费者品牌延伸评价的影响仍然显著[F（2，136）=161.796，p<0.05；$\beta_{感知背叛-延伸评价}$=−0.904，t=−12.729，p<0.05]。可见，消费者感知背叛在不同类型的产品伤害危机事件（轻微产品伤害危机事件、严重产品伤害危机事件）对消费者品牌延伸评价影响中起到显著的中介作用，该结果证实了本章研究提出的假设 H_{4-4} 成立。

4.3.2 实验二研究结果：心理距离（空间距离）（远、近）的调节作用分析

1. 样本结构

本实验共发放 170 份问卷，进入分析的有效问卷为 158 份（92.94%），无效问卷主要是填答不认真，答案趋同性。从样本结构来看，女性 84 人（53.2%），男性 74 人（46.8%）；20 岁及以下 50 人（31.6%），21~25 岁 84 人（53.2%），26 岁及以上 24 人（15.2%）；本科及以下学历 91 人（57.6%），硕士研究生学历 47人（29.7%），博士研究生学历20人（12.7%）。以品牌延伸评价为因变量，以性别、年龄、学历为自变量，构建回归模型，结果显示回归模型不显著[F（3，157）= 0.883，p=0.451]，排除了人口统计特征变化可能给因变量带来的影响。

2. 信度与效度

从信度来看，对中介变量“消费者感知背叛”量表的信度分析表明，该量表的 Cronbach's α 为 0.887；对因变量“消费者品牌延伸评价”量表的信度分析表明，该量表的 Cronbach's α 为 0.827。以上信度分析表明，实验二使用的量表的 Cronbach's α 系数均符合 Nunnally（1978）认为 Cronbach' s α 至少要大于 0.7 才能够被接受的结论，实验二使用的问卷具有一定的信度。

同时，探索性因子分析发现，“消费者感知背叛”量表的 KMO 值为 0.620。Bartlett's 球形检验值为 652.431（p<0.05），表明数据适合进行因子分析。进一步因子分析发现，所有的因子载荷均大于 0.5，且 AVE 大于 0.5，消费者感知背叛量表具有很好的收敛效度。

“消费者品牌延伸评价”量表的 KMO 值为 0.812，Bartlett's 球形检验值为 403.536（p<0.05），表明数据适合进行因子分析。进一步因子分析发现，所有因子的载荷均大于 0.5，且 AVE 值大于 0.5，消费者品牌延伸评价量表也具有很好的收敛效度，具体指标见表 4-12、表 4-13。

表 4-12 消费者感知背叛量表信度效度表（空间距离）

测量构念	题项	因子载荷	总体特征值	累计解释变异	组合信度（CR）	KMO	Bartlett's 球形检验	AVE	Cronbach's α 系数
消费者感知背叛	我感到被欺骗了	0.922	3.575	71.501%	0.925	0.620	652.431	0.715	0.887
	我感到被出卖了	0.844							
	我觉得企业说谎	0.720							
	我觉得这家企业故意利用我	0.926							
	这家企业试图虐待我	0.799							

表 4-13　消费者品牌延伸评价量表信度效度表（空间距离）

测量构念	题项	因子载荷	总体特征值	累计解释变异	组合信度（CR）	KMO	Bartlett's 球形检验	AVE	Cronbach's α 系数
消费者品牌延伸评价	我认为 A 品牌的 B 产品质量会很好	0.744	1.220	66.975%	0.875	0.812	403.536	0.502	0.827
	我觉得 A 品牌的 B 产品会很实用	0.668							
	我觉得 A 品牌的 B 产品值得信赖	0.620							
	我会喜欢 A 品牌的 B 产品	0.729							
	A 品牌的 B 产品对我很有吸引力	0.647							
	如有需要，我可能会考虑购买 A 品牌的 B 产品	0.748							
	如有需要，我会推荐朋友购买 A 品牌的 B 产品	0.759							

此外，从内容效度来看，该变量测量语句来源于已有文献，并与相关专家进行了深入讨论，具有一定的内容效度。

3. 共同方法偏差的控制

针对研究中可能存在的共同方法偏差，在数据收集过程中，实验二尽可能地通过程序控制减少共同方法偏差的产生：一方面是实验二采取匿名填答的方式，所使用的量表也是成熟的量表，尽量采取了消除社会赞许性、一致性倾向、项目的模糊性等手段；另一方面，实验二事先对测试项目进行了仔细研究，并未有容易产生共同方法偏差的测量项目，而且在题项设计时通过反向题目设计以及合理设计量表长度等方法以尽可能减少共同方法偏差对研究的影响。

4. 操控检验

对于产品伤害危机事件，本操控检验的目的在于检验被试对严重产品伤害危机事件与轻微产品伤害危机事件能否有很好的区别。独立样本 t 检验表明，严重产品伤害危机事件组与轻微产品伤害危机事件组对事件的评价存在显著差异[t（156）=22.277，$p<0.05$]，以上分析表明，不同类型产品伤害危机事件的组间差异性被成功操控。

对于空间距离（远、近），本操控检验的目的在于检验实验材料设计的空间距离（远、近）（沈阳或武汉）能否在被试中操控成功。独立样本 t 检验表明，空间距离远的被试组与空间距离近的被试组对实验材料中空间距离设计的评价存在显著差异[t（152.310）=28.640，$p<0.05$]，以上分析表明，本实验空间距离

（远、近）组间差异性被成功操控。

5. 假设检验

1）不同类型的产品伤害危机事件对消费者品牌延伸评价的影响以及消费者感知背叛的中介作用

独立样本 t 检验分析表明，就消费者感知背叛而言，不同严重程度下的产品伤害危机事件对消费者感知背叛存在显著影响[t（156）=−16.386，p<0.05]，即与轻微产品伤害危机事件引发的消费者感知背叛相比（$M_{轻微-感知背叛}$=4.425，$SD_{轻微-感知背叛}$=0.472），严重产品伤害危机事件引发消费者较高的感知背叛（$M_{严重-感知背叛}$=5.675，$SD_{严重-感知背叛}$=0.488），该结果进一步证实了本章研究提出的假设 H_{4-1} 成立；就消费者品牌延伸评价而言，不同严重程度下的产品伤害危机事件对消费者品牌延伸评价存在显著影响[t（156）=11.589，p<0.05]，即与轻微产品伤害危机事件下的消费者品牌延伸评价相比（$M_{轻微-延伸评价}$=5.180，$SD_{轻微-延伸评价}$=0.539），严重产品伤害危机事件下的消费者品牌延伸评价较低（$M_{严重-延伸评价}$=4.180，$SD_{严重-延伸评价}$=0.546），该结果进一步证实了本章研究提出的假设 H_{4-2} 成立；此外，实验二按消费者感知背叛均值的大小，将消费者感知背叛分成高、低 2 个水平组（按照均值大小，分别取总样本的前 27%和后 27%），进一步独立样本 t 检验分析表明，消费者感知背叛（高、低）对消费者品牌延伸评价的影响存在显著差异[t（91）=13.145，p<0.05]，就消费者品牌延伸评价均值而言，高消费者感知背叛带来的品牌延伸评价均值（$M_{高感知背叛-延伸评价}$=3.854，$SD_{高感知背叛-延伸评价}$=0.472）显著低于低消费者感知背叛带来的品牌延伸评价均值（$M_{低感知背叛-延伸评价}$=5.354，$SD_{低感知背叛-延伸评价}$=0.614），即消费者感知背叛越高，消费者品牌延伸评价越低，该结果进一步证实了本章研究提出的假设 H_{4-3} 成立。

对消费者感知背叛可能存在的中介作用，实验二采用 Baron 和 Kenny（1986）的方法进行检验。首先，将消费者品牌延伸评价作因变量，产品伤害危机事件作自变量进行线性回归分析。回归分析表明，不同类型的产品伤害危机事件对消费者品牌延伸评价存在显著影响[F（1，157）=134.307，p<0.05；$\beta_{事件类型-延伸评价}$=−0.680，t=−11.589，p<0.05]。其次，将消费者感知背叛作因变量，产品伤害危机事件作自变量进行线性回归分析。回归结果显示，不同类型的产品伤害危机事件对消费者感知背叛存在显著影响[F（1，157）=268.489，p<0.05；$\beta_{事件类型-感知背叛}$=0.795，t=16.386，p<0.05]。再次，将消费者品牌延伸评价作因变量，消费者感知背叛作自变量进行线性回归分析。回归结果表明，消费者感知背叛对消费者品牌延伸评价存在显著影响[F（1，157）=295.460，p<0.05；$\beta_{感知背叛-延伸评价}$=−0.809，t=−17.189，p<0.05]。最后，将产品伤害危机事件和消费者感知背叛同时作自变量，消费者品牌延伸评价作因变量进行线性回归分析。回归分析结果表明，不同类型的产品伤害

危机事件对消费者品牌延伸评价的影响不再显著[F（2，157）=149.200，p<0.05；$\beta_{事件类型-延伸评价}$=−0.100，t=−1.292，p=0.198]，而消费者感知背叛对消费者品牌延伸评价的影响仍然显著[F（2，157）=149.200，p<0.05；$\beta_{感知背叛-延伸评价}$=−0.729，t=−9.415，p<0.05]。可见，消费者感知背叛在不同类型的产品伤害危机事件（轻微产品伤害危机事件、严重产品伤害危机事件）对消费者品牌延伸评价影响中起到显著的中介作用，该结果进一步证实了本章研究提出的假设 $H_{4\text{-}4}$ 成立。

2）心理距离（空间距离）（远、近）的调节作用

针对心理距离（空间距离）（远、近）可能起到的调节作用，实验二采用双因子方差分析进行数据处理。方差分析结果显示不同类型的产品伤害危机事件[F（1，157）=321.914，p<0.05]、空间距离[F（1，157）=64.202，p<0.05]均具有显著主效应，而且产品伤害危机事件与空间距离之间存在显著交互作用[F（1，157）=8.188，p=0.005]。

同时进一步单纯主效应分析发现，就近空间距离而言，轻微产品伤害危机事件导致的消费者感知背叛显著低于严重产品伤害危机事件导致的消费者感知背叛[F（1，83）=224.057，p<0.05；$M_{近-轻微-感知背叛}$=4.605，$SD_{近-轻微-感知背叛}$=0.399；$M_{近-严重-感知背叛}$=5.949，$SD_{近-严重-感知背叛}$=0.416]；就远空间距离而言，轻微产品伤害危机事件导致的消费者感知背叛显著低于严重产品伤害危机事件导致的消费者感知背叛[F（1，73）=111.388，p<0.05；$M_{远-轻微-感知背叛}$=4.273，$SD_{远-轻微-感知背叛}$=0.479；$M_{远-严重-感知背叛}$=5.247，$SD_{远-严重-感知背叛}$=0.194]。可见，无论空间距离的远近，严重产品伤害危机事件引发的消费者感知背叛均高于轻微产品伤害危机事件引发的消费者感知背叛。但进一步分析发现，近空间距离下的消费者感知背叛大于远空间距离下的消费者感知背叛（$M_{近-轻微-感知背叛}$=4.605>$M_{远-轻微-感知背叛}$=4.273；$M_{近-严重-感知背叛}$=5.949>$M_{远-严重-感知背叛}$=5.247）。而且，近空间距离下不同类型产品伤害危机事件导致的消费者感知背叛均值差（$\Delta M_{近-感知背叛}$=1.344）大于远空间距离下的不同类型产品伤害危机事件导致的消费者感知背叛均值差（$\Delta M_{远-感知背叛}$=0.974），也就是说，近空间距离加剧了产品伤害危机事件对消费者感知背叛的影响。可见空间距离（远、近）在不同类型的产品伤害危机事件影响消费者感知背叛之间存在一定的调节作用，本章研究提出的 $H_{4\text{-}5a}$ 得到验证。具体结果见表 4-14 和图 4-2。

表 4-14　产品伤害危机事件、空间距离与消费者感知背叛的双因子方差分析摘要表

来源	平方和 SS	自由度 df	均方和 MS	F 值	显著性 Sig.
事件类型	51.461	1	51.461	321.914	0.000
空间距离	10.263	1	10.263	64.202	0.000

续表

来源	平方和 SS	自由度 df	均方和 MS	F 值	显著性 Sig.
事件类型×空间距离	1.309	1	1.309	8.188	0.005
校正的总计	97.615	157			

注：因变量为消费者感知背叛均值

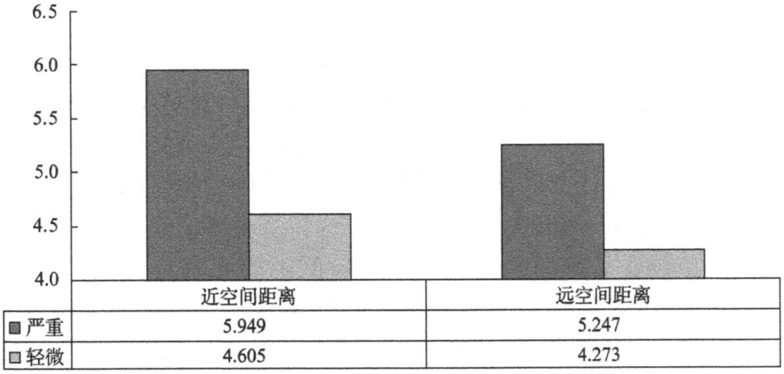

图 4-2 产品伤害危机事件、空间距离与消费者感知背叛交互影响图

4.3.3 实验二研究结果：心理距离（社会距离）（远、近）的调节作用分析

1. 样本结构

本实验共发放 150 份问卷，进入分析的有效问卷为 140 份（93.33%），无效问卷主要是填答不认真，答案趋同性。从样本结构来看，女性 80 人（57.1%），男性 60 人（42.9%）；20 岁及以下 58 人（41.4%），21~25 岁 54 人（38.6%），26 岁及以上 28 人（20.0%）；本科及以下学历 75 人（53.6%），硕士研究生学历 44 人（31.4%），博士研究生学历 21 人（15.0%）。以品牌延伸评价为因变量，以性别、年龄、学历为自变量，构建回归模型，结果显示回归模型不显著 [F（3，139）=0.295，p=0.829]，排除了人口统计特征变化可能给因变量带来的影响。

2. 信度与效度

从信度来看，对中介变量“消费者感知背叛”量表的信度分析表明，该量表的 Cronbach's α 为 0.809；对因变量“消费者品牌延伸评价”量表的信度分析表明，该量表的 Cronbach's α 为 0.908；社会距离（远、近）操控检验量表的 Cronbach's α 为 0.935。以上信度分析表明，实验二使用的量表的 Cronbach's α 系数均符合 Nunnally（1978）认为 Cronbach's α 至少要大于 0.7 才能够被接受的结论，实验二使用的问卷具有一定的信度。

同时，探索性因子分析发现，“消费者感知背叛”量表的 KMO 值为 0.833，Bartlett's 球形检验值为 203.533（$p<0.05$），表明数据适合进行因子分析。进一步因子分析发现，所有的因子载荷均大于0.5，且 AVE 值（0.519）大于0.5，消费者感知背叛量表具有很好的收敛效度。

“消费者品牌延伸评价”量表的 KMO 值为 0.922，Bartlett's 球形检验值为 723.160（$p<0.05$），表明数据适合进行因子分析。进一步因子分析发现，所有的因子载荷均大于0.5，且 AVE 值（0.606）大于0.5，消费者品牌延伸评价量表也具有很好的收敛效度。

“社会距离（远、近）操控”量表的 KMO 值为 0.867，Bartlett's 球形检验值为 470.065（$p<0.05$），表明数据适合进行因子分析。进一步因子分析发现，所有的因子载荷均大于 0.5，且 AVE 值（0.786）大于 0.5，该量表具有很好的收敛效度，具体结果见表 4-15、表 4-16、表 4-17。

表 4-15　消费者感知背叛量表信度效度表（社会距离）

测量构念	题项	因子载荷	总体特征值	累计解释变异	组合信度（CR）	KMO	Bartlett's 球形检验	AVE	Cronbach's α 系数
消费者感知背叛	我感到被欺骗了	0.617	2.841	56.827%	0.843	0.833	203.533	0.519	0.809
	我感到被出卖了	0.716							
	我觉得企业说谎	0.725							
	我觉得这家企业故意利用我	0.785							
	这家企业试图虐待我	0.747							

表 4-16　消费者品牌延伸评价信度效度表（社会距离）

测量构念	题项	因子载荷	总体特征值	累计解释变异	组合信度（CR）	KMO	Bartlett's 球形检验	AVE	Cronbach's α 系数
消费者品牌延伸评价	我认为 A 品牌的 B 产品质量会很好	0.728	4.630	66.149%	0.915	0.922	723.160	0.606	0.908
	我觉得 A 品牌的 B 产品会很实用	0.786							
	我觉得 A 品牌的 B 产品值得信赖	0.809							
	我会喜欢 A 品牌的 B 产品	0.761							
	A 品牌的 B 产品对我很有吸引力	0.713							

续表

测量构念	题项	因子载荷	总体特征值	累计解释变异	组合信度（CR）	KMO	Bartlett's 球形检验	AVE	Cronbach's α 系数
消费者品牌延伸评价	如有需要，我可能会考虑购买 A 品牌的 B 产品	0.791	4.630	66.149%	0.915	0.922	723.160	0.606	0.908
	如有需要，我会推荐朋友购买 A 品牌的 B 产品	0.851							

表 4-17　社会距离（远、近）操控量表信度效度表

测量构念	题项	因子载荷	总体特征值	累计解释变异	组合信度（CR）	KMO	Bartlett's 球形检验	AVE	Cronbach's α 系数
社会距离	我觉得我和我好朋友之间的距离很近	0.885	3.358	83.947%	0.936	0.867	470.065	0.786	0.935
	我觉得我和我好朋友之间的距离很远	0.904							
	我觉得我和陌生人之间的距离很近	0.897							
	我觉得我和陌生人之间的距离很远	0.860							

此外，从内容效度来看，以上变量测量语句来源于已有文献，并与相关专家进行了深入讨论，具有一定的内容效度。

3. 共同方法偏差的控制

针对研究中可能存在的共同方法偏差，在数据收集过程中，实验二尽可能地通过程序控制减少共同方法偏差的产生：一方面是实验二采取匿名填答的方式，所使用的量表也是成熟的量表，尽量采取了消除社会赞许性、一致性倾向、项目的模糊性等手段；另一方面，实验二事先对测试项目进行了仔细研究，并未有容易产生共同方法偏差的测量项目，而且在题项设计时通过反向问题设计以及合理设计量表长度等方法以尽可能减少共同方法偏差对研究的影响。

4. 操控检验

对于产品伤害危机事件，独立样本 t 检验表明，严重产品伤害危机事件组与轻微产品伤害危机事件组对事件的评价存在显著差异[t（138）=14.386，$p<0.05$]，以上分析表明，不同类型产品伤害危机事件的组间差异性被成功操控。

对于社会距离（远、近），本操控检验的目的在于检验实验材料设计的社会距离（远、近）（好朋友或陌生人）能否在被试中操控成功。独立样本 t 检验表明，社会距离远的被试组与社会距离近的被试组对实验材料中社会距离设计的评价存在显著差异[t（138）=41.453，p<0.05]，以上分析表明，本实验社会距离（远、近）组间差异性被成功操控。

5. 假设检验

1）不同类型的产品伤害危机事件对消费者品牌延伸评价的影响以及消费者感知背叛的中介作用

独立样本 t 检验分析表明，就消费者感知背叛而言，不同严重程度下的产品伤害危机事件对消费者感知背叛存在显著影响[t（129.692）=4.732，p<0.05]，即与轻微产品伤害危机事件引发的消费者感知背叛相比（$M_{轻微-感知背叛}$=4.492，$SD_{轻微-感知背叛}$=0.484），严重产品伤害危机事件引发消费者较高的感知背叛（$M_{严重-感知背叛}$=4.964，$SD_{严重-感知背叛}$=0.686），该结果进一步证实了本章研究提出的假设 $H_{4\text{-}1}$ 成立；就消费者品牌延伸评价而言，不同严重程度下的产品伤害危机事件对消费者品牌延伸评价存在显著影响[t（138）=−5.059，p<0.05]，即与轻微产品伤害危机事件下的消费者品牌延伸评价相比（$M_{轻微-延伸评价}$=5.042，$SD_{轻微-延伸评价}$=0.494），严重产品伤害危机事件下的消费者品牌延伸评价较低（$M_{严重-延伸评价}$=4.622，$SD_{严重-延伸评价}$=0.488），该结果进一步证实了本章研究提出的假设 $H_{4\text{-}2}$ 成立；此外，实验二按消费者感知背叛均值的大小，将消费者感知背叛分成高、低 2 个水平组（按照均值大小，分别取总样本的前 27%和后 27%），进一步独立样本 t 检验分析表明，消费者感知背叛（高、低）对消费者品牌延伸评价的影响存在显著差异[t（98.635）=−20.042，p<0.05]，就消费者品牌延伸评价均值而言，高消费者感知背叛带来的品牌延伸评价均值（$M_{高感知背叛-延伸评价}$=4.323，$SD_{高感知背叛-延伸评价}$=0.227）显著低于低消费者感知背叛带来的品牌延伸评价均值（$M_{低感知背叛-延伸评价}$=5.379，$SD_{低感知背叛-延伸评价}$=0.310），即消费者感知背叛越高，消费者品牌延伸评价越低，该结果进一步证实了本章研究提出的假设 $H_{4\text{-}3}$ 成立。

对消费者感知背叛可能存在的中介作用，实验二采用 Baron 和 Kenny（1986）的方法进行检验。首先，将消费者品牌延伸评价作因变量，产品伤害危机事件作自变量进行线性回归分析。回归分析表明，不同类型的产品伤害危机事件对消费者品牌延伸评价存在显著影响[F（1，139）=25.594，p<0.05；$\beta_{事件类型-延伸评价}$=−0.396，t=−5.059，p<0.05]。其次，将消费者感知背叛作因变量，产品伤害危机事件作自变量进行线性回归分析。回归结果显示，不同类型的产品伤害危机事件对消费者感知背叛存在显著影响[F（1，139）=21.757，p<0.05；$\beta_{事件类型-感知背叛}$=0.369，t= 4.664，p<0.05]。再次，将消费者品牌延伸评价作因变量，消费者感知背叛作自变量进行线性回归分析。回归结果表明，消费者感知背叛对消费者品牌延伸评价存在显著影响[F（1，139）=537.961，p<0.05；$\beta_{感知背叛-延伸评价}$=−0.892，t=−23.194，p<0.05]。最后，

将产品伤害危机事件和消费者感知背叛同时作自变量，以消费者品牌延伸评价作因变量进行线性回归分析。回归分析结果表明，不同类型的产品伤害危机事件对消费者品牌延伸评价的影响不再显著[F（2，139）=275.613，p<0.05；$\beta_{事件类型-延伸评价}$=−0.077，t=−1.872，p=0.063]，而消费者感知背叛对消费者品牌延伸评价的影响仍然显著[F（2，139）=275.613，p<0.05；$\beta_{感知背叛-延伸评价}$= −0.864，t=−21.061，p<0.05]。可见，消费者感知背叛在不同类型的产品伤害危机事件（轻微产品伤害危机事件、严重产品伤害危机事件）对消费者品牌延伸评价影响中起到显著的中介作用，该结果进一步证实了本章研究提出的假设$H_{4\text{-}4}$成立。

2）心理距离（社会距离）（远、近）的调节作用

针对心理距离（社会距离）（远、近）可能起到的调节作用，实验二采用双因子方差分析进行数据处理。方差分析结果显示不同类型的产品伤害危机事件[F（1，139）=17.128，p<0.05]、社会距离[F（1，139）=12.480，p<0.05]均具有显著主效应，而且产品伤害危机事件与社会距离之间存在显著交互作用[F（1，139）=4.579，p=0.034]。

同时进一步单纯主效应分析发现，就近社会距离而言，轻微产品伤害危机事件导致的消费者感知背叛显著低于严重产品伤害危机事件导致的消费者感知背叛[F（1，81）=24.794，p<0.05；$M_{近-轻微-感知背叛}$=4.556，$SD_{近-轻微-感知背叛}$=0.449；$M_{近-严重-感知背叛}$=5.170，$SD_{近-严重-感知背叛}$=0.624]；就远社会距离而言，轻微产品伤害危机事件导致的消费者感知背叛低于严重产品伤害危机事件导致的消费者感知背叛，但影响不再显著[F（1，57）=1.606，p=0.210；$M_{远-轻微-感知背叛}$=4.420，$SD_{远-轻微-感知背叛}$=0.520；$M_{远-严重-感知背叛}$=4.615，$SD_{远-严重-感知背叛}$=0.654]。可见，无论社会距离的远近，严重产品伤害危机事件引发的消费者感知背叛均高于轻微产品伤害危机事件引发的消费者感知背叛。但进一步分析发现，近社会距离下的消费者感知背叛大于远社会距离下的消费者感知背叛（$M_{近-轻微-感知背叛}$=4.556>$M_{远-轻微-感知背叛}$=4.420；$M_{近-严重-感知背叛}$=5.170>$M_{远-严重-感知背叛}$=4.615）。而且，近社会距离下不同类型产品伤害危机事件导致的消费者感知背叛均值差（$\Delta M_{近-感知背叛}$=0.614）大于远社会距离下的不同类型产品伤害危机事件导致的消费者感知背叛均值差（$\Delta M_{远-感知背叛}$=0.195），也就是说，社会距离近加剧了产品伤害危机对消费者感知背叛的影响。可见社会距离（远、近）在不同类型产品伤害危机事件影响消费者感知背叛之间存在一定的调节作用，本章研究提出的$H_{4\text{-}5b}$得到验证。具体结果见表 4-18 和图 4-3。

表 4-18　产品伤害危机事件、社会距离与消费者感知背叛的双因子方差分析摘要表

来源	平方和 SS	自由度 df	均方和 MS	F 值	显著性 Sig.
事件类型	5.515	1	5.515	17.128	0.000

续表

来源	平方和 SS	自由度 df	均方和 MS	*F* 值	显著性 Sig.
社会距离	4.018	1	4.018	12.480	0.001
事件类型×社会距离	1.474	1	1.474	4.579	0.034
校正的总计	57.112	139			

注：因变量为消费者感知背叛均值

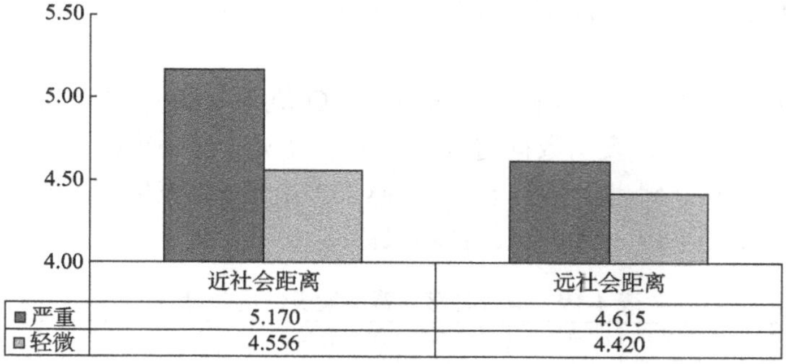

图 4-3　产品伤害危机事件、社会距离与消费者感知背叛交互影响图

4.3.4　实验三研究结果：关系质量（高、低）的调节作用分析

1. 样本结构

本实验共发放 170 份问卷，进入分析的有效问卷为 156 份（91.76%），无效问卷主要是填答不认真，答案趋同性。从样本结构来看，女性 86 人（55.1%），男性 70 人（44.9%）；20 岁及以下 80 人（51.3%），21~25 岁 51 人（32.7%），26 岁及以上 25 人（16.0%）；本科及以下学历 98 人（62.8%），硕士研究生学历 44 人（28.2%），博士研究生学历 14 人（9.0%）。以品牌延伸评价为因变量，以性别、年龄、学历为自变量，构建回归模型，结果显示回归模型不显著[$F(3, 155) = 0.424$，$p=0.736$]，排除了人口统计特征变化可能给因变量带来的影响。

2. 信度与效度

从信度来看，对中介变量“消费者感知背叛”量表的信度分析表明，该量表的 Cronbach’s α 为 0.931；对因变量“消费者品牌延伸评价”量表的信度分析表明，该量表的 Cronbach’s α 为 0.929；关系质量（高、低）操控检验量表的 Cronbach’s α 为 0.856。以上信度分析表明，实验三使用的量表的 Cronbach’s α 系数均符合 Nunnally（1978）认为 Cronbach’s α 至少要大于 0.7 才能够被接受的结论，实验三使用的问卷具有一定的信度。

同时，探索性因子分析发现，“消费者感知背叛”量表的 KMO 值为 0.697，Bartlett’s 球形检验值为 764.080（p<0.05），表明数据适合进行因子分析。进一步因子分析发现，所有的因子载荷均大于 0.5，且 AVE 值（0.799）大于 0.5，消费者感知背叛量表具有很好的收敛效度。

“消费者品牌延伸评价”量表的 KMO 值为 0.886，Bartlett’s 球形检验值为 884.550（p<0.05），表明数据适合进行因子分析。进一步因子分析发现，所有的因子载荷均大于 0.5，且 AVE 值（0.701）大于 0.5，消费者品牌延伸评价量表也具有很好的收敛效度。

“关系质量（高、低）操控”量表的 KMO 值为 0.826，Bartlett’s 球形检验值为 261.766（p<0.05），表明数据适合进行因子分析。进一步因子分析发现，所有的因子载荷均大于 0.5，且 AVE 值（0.698）大于 0.5，该量表具有很好的收敛效度，具体结果见表 4-19、表 4-20、表 4-21。

表 4-19　消费者感知背叛量表信度效度表

测量构念	题项	因子载荷	总体特征值	累计解释变异	组合信度（CR）	KMO	Bartlett’s 球形检验	AVE	Cronbach’s α 系数
消费者感知背叛	我感到被欺骗了	0.875	3.993	79.859%	0.952	0.697	764.080	0.799	0.931
	我感到被出卖了	0.863							
	我觉得企业说谎	0.918							
	我觉得这家企业故意利用我	0.905							
	这家企业试图虐待我	0.906							

表 4-20　消费者品牌延伸评价量表信度效度表

测量构念	题项	因子载荷	总体特征值	累计解释变异	组合信度（CR）	KMO	Bartlett’s 球形检验	AVE	Cronbach’s α 系数
消费者品牌延伸评价	我认为 A 品牌的 B 产品质量会很好	0.833	4.910	70.148%	0.943	0.886	884.550	0.701	0.929
	我觉得 A 品牌的 B 产品会很实用	0.812							
	我觉得 A 品牌的 B 产品值得信赖	0.869							
	我会喜欢 A 品牌的 B 产品	0.861							
	A 品牌的 B 产品对我很有吸引力	0.861							
	如有需要，我可能会考虑购买 A 品牌的 B 产品	0.870							

续表

测量构念	题项	因子载荷	总体特征值	累计解释变异	组合信度（CR）	KMO	Bartlett's 球形检验	AVE	Cronbach's α 系数
消费者品牌延伸评价	如有需要，我会推荐朋友购买 A 品牌的 B 产品	0.749	4.910	70.148%	0.943	0.886	884.550	0.701	0.929

表 4-21　关系质量（高、低）操控量表信度效度表

测量构念	题项	因子载荷	总体特征值	累计解释变异	组合信度（CR）	KMO	Bartlett's 球形检验	AVE	Cronbach's α 系数
关系质量	我对我和这家企业的关系感到满意	0.848	2.793	69.814%	0.903	0.826	261.766	0.698	0.856
	我和这家企业的关系非常好	0.827							
	我忠于与这家企业的关系	0.846							
	我打算与该企业保持长期关系	0.821							

此外，从内容效度来看，以上变量测量语句来源于已有文献，并与相关专家进行了深入讨论，具有一定的内容效度。

3. 共同方法偏差的控制

针对研究中可能存在的共同方法偏差，在数据收集过程中，实验三尽可能地通过程序控制减少共同方法偏差的产生：一方面是实验三采取匿名填答的方式，所使用的量表也是成熟的量表，尽量采取了消除社会赞许性、一致性倾向、项目的模糊性等手段；另一方面，实验三事先对测试项目进行了仔细研究，并未有容易产生共同方法偏差的测量项目，而且在题项设计时通过合理设计量表长度等方法以尽可能减少共同方法偏差对研究的影响。

4. 操控检验

对于产品伤害危机事件，独立样本 t 检验表明，严重产品伤害危机事件组与轻微产品伤害危机事件组对事件的评价存在显著差异[t（154）=17.105，p<0.05，$M_{严重}$=4.960，$M_{轻微}$=3.060]，以上分析表明，不同类型产品伤害危机事件的组间差异性被成功操控。

对于关系质量（高、低），本操控检验的目的在于检验实验材料设计的关系质量（高、低）能否在被试中操控成功。独立样本 t 检验表明，关系质量高的被试组与关系质量低的被试组对实验材料中关系质量设计的评价存在显著差异[t（154）=24.428，p<0.05，$M_{高}$=4.831，$M_{低}$=3.225]，以上分析表明，本实验关系质量（高、低）组间差异性被成功操控。

5. 假设检验

1）不同类型的产品伤害危机事件对消费者品牌延伸评价的影响以及消费者感知背叛的中介作用

独立样本 t 检验分析表明，就消费者感知背叛而言，不同严重程度下的产品伤害危机事件对消费者感知背叛存在显著影响[t（145.700）=11.613，p<0.05]，即与轻微产品伤害危机事件引发的消费者感知背叛相比（$M_{\text{轻微-感知背叛}}$=3.843，$SD_{\text{轻微-感知背叛}}$=0.917），严重产品伤害危机事件引发消费者较高的感知背叛（$M_{\text{严重-感知背叛}}$=5.275，$SD_{\text{严重-感知背叛}}$=0.612），该结果进一步证实了本章研究提出的假设 $H_{4\text{-}1}$ 成立；就消费者品牌延伸评价而言，不同严重程度下的产品伤害危机事件对消费者品牌延伸评价存在显著影响[t（152.625）=−11.019，p<0.05]，即与轻微产品伤害危机事件下的消费者品牌延伸评价相比（$M_{\text{轻微-延伸评价}}$=4.924，$SD_{\text{轻微-延伸评价}}$=0.998），严重产品伤害危机事件下的消费者品牌延伸评价较低（$M_{\text{严重-延伸评价}}$=3.357，$SD_{\text{严重-延伸评价}}$=0.776），该结果进一步证实了本章研究提出的假设 $H_{4\text{-}2}$ 成立；此外，实验三按消费者感知背叛均值的大小，将消费者感知背叛分成高、低 2 个水平组（按照均值大小，分别取总样本的前 27%和后 27%），进一步独立样本 t 检验分析表明，消费者感知背叛（高、低）对消费者品牌延伸评价的影响存在显著差异[t（78.296）=−37.875，p<0.05]，就消费者品牌延伸评价均值而言，高消费者感知背叛带来的品牌延伸评价均值（$M_{\text{高感知背叛-延伸评价}}$=2.957，$SD_{\text{高感知背叛-延伸评价}}$=0.270）显著低于低消费者感知背叛带来的品牌延伸评价均值（$M_{\text{低感知背叛-延伸评价}}$=5.658，$SD_{\text{低感知背叛-延伸评价}}$=0.403），即消费者感知背叛越高，消费者品牌延伸评价越低，该结果进一步证实了本章研究提出的假设 $H_{4\text{-}3}$ 成立。

对消费者感知背叛可能存在的中介作用，实验三采用 Baron 和 Kenny（1986）的方法进行检验。首先，将消费者品牌延伸评价作因变量，产品伤害危机事件作自变量进行线性回归分析。回归分析表明，不同类型的产品伤害危机事件对消费者品牌延伸评价存在显著影响[F（1，155）=116.879，p<0.05；$\beta_{\text{事件类型-延伸评价}}$=−0.657，t=−10.811，p<0.05]。其次，将消费者感知背叛作因变量，产品伤害危机事件作自变量进行线性回归分析。回归结果显示，不同类型的产品伤害危机事件对消费者感知背叛存在显著影响[F（1，155）=127.081，p<0.05；$\beta_{\text{事件类型-感知背叛}}$=0.672，t=11.273，p<0.05]。再次，将消费者品牌延伸评价作因变量，消费者感知背叛作自变量进行线性回归分析。回归结果表明，消费者感知背叛对消费者品牌延伸评价存在显著影响[F（1，155）=809.264，p<0.05；$\beta_{\text{感知背叛-延伸评价}}$=−0.917，t=−28.448，p<0.05]。最后，将产品伤害危机事件和消费者感知背叛同时作自变量，以消费者品牌延伸评价作因变量进行线性回归分析。回归分析结果表明，

不同类型的产品伤害危机事件对消费者品牌延伸评价的影响不再显著[F（2，155）= 411.166，$p<0.05$；$\beta_{事件类型-延伸评价}=-0.074$，$t=-1.712$，$p=0.089$]，而消费者感知背叛对消费者品牌延伸评价的影响仍然显著[F（2，155）=411.166，$p<0.05$；$\beta_{感知背叛-延伸评价}=-0.867$，$t=-20.037$，$p<0.05$]。可见，消费者感知背叛在不同类型的产品伤害危机事件（轻微产品伤害危机事件、严重产品伤害危机事件）对消费者品牌延伸评价影响中起到显著的中介作用，该结果进一步证实了本章研究提出的假设 H_{4-4} 成立。

2）关系质量（高、低）的调节作用

针对关系质量（高、低）可能起到的调节作用，实验三采用双因子方差分析进行数据处理。方差分析结果显示不同类型的产品伤害危机事件[F（1，155）= 223.821，$p<0.05$]、关系质量（高、低）[F（1，155）=20.141，$p<0.05$]均具有显著主效应，而且产品伤害危机事件与关系质量（高、低）之间存在显著交互作用[F（1，155）=133.139，$p<0.05$]。

同时进一步单纯主效应分析发现，就低关系质量而言，轻微产品伤害危机事件导致的消费者感知背叛显著低于严重产品伤害危机事件导致的消费者感知背叛[F（1，69）=4.708，$p=0.034$；$M_{低-轻微-感知背叛}=4.610$，$SD_{低-轻微-感知背叛}=0.616$；$M_{低-严重-感知背叛}=4.916$，$SD_{低-严重-感知背叛}=0.546$]；就高关系质量而言，轻微产品伤害危机事件导致的消费者感知背叛显著低于严重产品伤害危机事件导致的消费者感知背叛[F（1，85）=436.907，$p<0.05$；$M_{高-轻微-感知背叛}=3.178$，$SD_{高-轻微-感知背叛}=0.533$；$M_{高-严重-感知背叛}=5.546$，$SD_{高-严重-感知背叛}=0.516$]。可见，在轻微产品伤害危机事件情境下，关系质量（高、低）对产品伤害危机引发的消费者感知背叛存在一定的缓解作用，即关系质量越高，消费者感知背叛越低（$M_{高-轻微-感知背叛}=3.178<M_{低-轻微-感知背叛}=4.610$）。但在严重产品伤害危机事件情境下，关系质量（高、低）对产品伤害危机引发消费者感知背叛非但不能起到缓解的作用，相反会加剧这种影响，即关系质量越高，消费者感知背叛越高（$M_{高-严重-感知背叛}=5.546>M_{低-严重-感知背叛}=4.916$）。可见关系质量（高、低）在不同类型产品伤害危机事件影响消费者感知背叛之间存在一定的调节作用，本章研究提出的 H_{4-6} 得到验证。具体结果见表 4-22 和图 4-4。

表 4-22　产品伤害危机事件、关系质量与消费者感知背叛的双因子方差分析摘要表

来源	平方和 SS	自由度 df	均方和 MS	F 值	显著性 Sig.
事件类型	68.438	1	68.438	223.821	0.000
关系质量	6.158	1	6.158	20.141	0.000
事件类型×关系质量	40.710	1	40.710	133.139	0.000
校正的总计	175.878	155			

注：因变量为消费者感知背叛均值

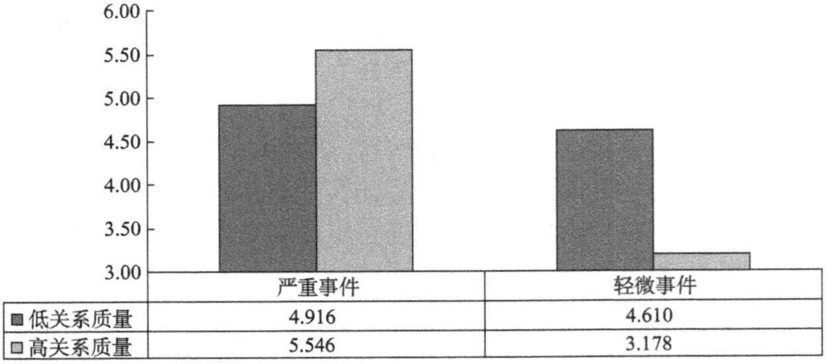

图 4-4　产品伤害危机事件、关系质量与消费者感知背叛交互影响图

4.3.5　实验四研究结果：品牌延伸契合度（高、低）的调节作用分析

1. 样本结构

本实验共发放190份问卷，进入分析的有效问卷为173份（91.05%），无效问卷主要是填答不认真，答案趋同性与缺失较多。从样本结构来看，女性 90 人（52.0%），男性 83 人（48.0%）；20 岁及以下 72 人（41.6%），21~25 岁 64 人（37.0%），26 岁及以上 37 人（21.4%）；本科及以下学历 95 人（54.9%），硕士研究生学历53人（30.6%），博士研究生学历25人（14.5%）。以品牌延伸评价为因变量，以性别、年龄、学历为自变量，构建回归模型结果显示回归模型不显著[F（3，172）=0.216，p=0.885]，排除了人口统计特征变化可能给因变量带来的影响。

2. 信度与效度

从信度来看，对中介变量“消费者感知背叛”量表的信度分析表明，该量表的 Cronbach’s α 为 0.907；对因变量“消费者品牌延伸评价”量表的信度分析表明，该量表的 Cronbach’s α 为 0.892；品牌延伸契合度（高、低）操控检验量表的 Cronbach’s α 为 0.937。以上信度分析表明，实验四使用的量表的 Cronbach’s α 系数均符合 Nunnally（1978）认为 Cronbach’s α 至少要大于 0.7 才能够被接受的结论，实验四使用的问卷具有一定的信度。

同时，探索性因子分析发现，“消费者感知背叛”量表的 KMO 值为 0.876，Bartlett’s 球形检验值为 539.245（p<0.05），表明数据适合进行因子分析。进一步因子分析发现，所有的因子载荷均大于0.5，且 AVE 值（0.730）大于0.5，消费者感知背叛量表具有很好的收敛效度。

“消费者品牌延伸评价”量表的 KMO 值为 0.885，Bartlett’s 球形检验值为 662.889（$p<0.05$），表明数据适合进行因子分析。进一步因子分析发现，所有的因子载荷均大于0.5，且AVE值（0.617）大于0.5，消费者品牌延伸评价量表也具有很好的收敛效度。

“品牌延伸契合度（高、低）操控”量表的KMO值为0.904，Bartlett’s球形检验值为 715.673（$p<0.05$），表明数据适合进行因子分析。进一步因子分析发现，所有的因子载荷均大于0.5，且AVE值（0.800）大于0.5，该量表具有很好的收敛效度，具体结果见表4-23、表4-24、表4-25。

表 4-23　消费者感知背叛量表信度效度表

测量构念	题项	因子载荷	总体特征值	累计解释变异	组合信度（CR）	KMO	Bartlett’s球形检验	AVE	Cronbach’s α 系数
消费者感知背叛	我感到被欺骗了	0.882	3.650	73.010%	0.931	0.876	539.245	0.730	0.907
	我感到被出卖了	0.855							
	我觉得企业说谎	0.837							
	我觉得这家企业故意利用我	0.870							
	这家企业试图虐待我	0.827							

表 4-24　消费者品牌延伸评价量表信度效度表

测量构念	题项	因子载荷	总体特征值	累计解释变异	组合信度（CR）	KMO	Bartlett’s球形检验	AVE	Cronbach’s α 系数
消费者品牌延伸评价	我认为A品牌的平板电脑质量会很好/我认为A品牌的空气净化器质量会很好	0.785	4.316	61.663%	0.918	0.886	662.889	0.617	0.892
	我觉得A品牌的平板电脑会很实用/我觉得A品牌的空气净化器会很实用	0.798							
	我觉得A品牌的平板电脑值得信赖/我觉得A品牌的空气净化器值得信赖	0.753							
	我会喜欢A品牌的平板电脑/我会喜欢A品牌的空气净化器	0.800							

续表

测量构念	题项	因子载荷	总体特征值	累计解释变异	组合信度（CR）	KMO	Bartlett's 球形检验	AVE	Cronbach's α 系数
消费者品牌延伸评价	A 品牌的平板电脑对我很有吸引力/A 品牌的空气净化器对我很有吸引力	0.881	4.316	61.663%	0.918	0.886	662.889	0.617	0.892
	如有需要，我可能会考虑购买 A 品牌的平板电脑/如有需要，我可能会考虑购买 A 品牌的空气净化器	0.844							
	如有需要，我会推荐朋友购买 A 品牌的平板电脑/如有需要，我会推荐朋友购买 A 品牌的空气净化器	0.608							

表 4-25　品牌延伸契合度（高、低）操控量表信度效度表

测量构念	题项	因子载荷	总体特征值	累计解释变异	组合信度（CR）	KMO	Bartlett's 球形检验	AVE	Cronbach's α 系数
品牌延伸契合度	相当适配的	0.907	4.000	80.001%	0.952	0.904	715.673	0.800	0.937
	相当合乎逻辑的	0.901							
	相当恰当的	0.882							
	不令人感到意外的	0.878							
	可被预期的	0.904							

此外，从内容效度来看，以上变量测量语句来源于已有文献，并与相关专家进行了深入讨论，具有一定的内容效度。

3. 共同方法偏差的控制

针对研究中可能存在的共同方法偏差，在数据收集过程中，实验四尽可能地通过程序控制减少共同方法偏差的产生：一方面是实验四采取匿名填答的方式，所使用的量表也是成熟的量表，尽量采取了消除社会赞许性、一致性倾向、项目的模糊性等手段；另一方面，实验四事先对测试项目进行了仔细研究，并未有容易产生共同方法偏差的测量项目，而且在题项设计时通过合理设计量表长度等方法以尽可能减少共同方法偏差对研究的影响。

4. 操控检验

对于产品伤害危机事件，独立样本 t 检验表明，严重产品伤害危机事件组与轻微产品伤害危机事件组对事件的评价存在显著差异[t（160.986）=16.397，p<0.05，$M_{严重}$=5.180，$M_{轻微}$=2.850]，以上分析表明，不同类型产品伤害危机事件的组间差异性被成功操控。

对于品牌延伸契合度（高、低），本操控检验的目的在于检验实验材料设计的品牌延伸契合度（高、低）能否在被试中操控成功。独立样本 t 检验表明，品牌延伸契合度高的被试组与品牌延伸契合度低的被试组对实验材料中品牌延伸契合度设计的评价存在显著差异[t（130.619）=13.889，p<0.05，$M_{高}$=4.867，$M_{低}$=3.067]，以上分析表明，本实验品牌延伸契合度（高、低）组间差异性被成功操控。

5. 假设检验

1）不同类型的产品伤害危机事件对消费者品牌延伸评价的影响以及消费者感知背叛的中介作用

独立样本 t 检验分析表明，就消费者感知背叛而言，不同严重程度下的产品伤害危机事件对消费者感知背叛存在显著影响[t（171）=3.279，p<0.05]，即与轻微产品伤害危机事件引发的消费者感知背叛相比（$M_{轻微-感知背叛}$=4.450，$SD_{轻微-感知背叛}$=0.877），严重产品伤害危机事件引发消费者较高的感知背叛（$M_{严重-感知背叛}$=4.868，$SD_{严重-感知背叛}$=0.797），该结果进一步证实了本章研究提出的假设 H_{4-1} 成立；就消费者品牌延伸评价而言，不同严重程度下的产品伤害危机事件对消费者品牌延伸评价存在显著影响[t（171）=−3.508，p<0.05]，即与轻微产品伤害危机事件下的消费者品牌延伸评价相比（$M_{轻微-延伸评价}$=5.099，$SD_{轻微-延伸评价}$=0.647），严重产品伤害危机事件下的消费者品牌延伸评价较低（$M_{严重-延伸评价}$=4.751，$SD_{严重-延伸评价}$=0.657），该结果进一步证实了本章研究提出的假设 H_{4-2} 成立；此外，实验四按消费者感知背叛均值的大小，将消费者感知背叛分成高、低 2 个水平组（按照均值大小，分别取总样本的前 27%和后 27%），进一步独立样本 t 检验分析表明，消费者感知背叛（高、低）对消费者品牌延伸评价的影响存在显著差异[t（99）=−12.079，p<0.05]，就消费者品牌延伸评价均值而言，高消费者感知背叛带来的品牌延伸评价均值（$M_{高感知背叛-延伸评价}$=4.208，$SD_{高感知背叛-延伸评价}$=0.622）显著低于低消费者感知背叛带来的品牌延伸评价均值（$M_{低感知背叛-延伸评价}$=5.528，$SD_{低感知背叛-延伸评价}$=0.473），即消费者感知背叛越高，消费者品牌延伸评价越低，该结果进一步证实了本章研究提出的假设 H_{4-3} 成立。

对消费者感知背叛可能存在的中介作用，实验四采用 Baron 和 Kenny（1986）的方法进行检验。首先，将消费者品牌延伸评价作因变量，产品伤害危机事件作自变量进行线性回归分析。回归分析表明，不同类型的产品伤害危机事件对消费者品牌延伸评价存在显著影响[F（1，172）=12.304，$p<0.05$；$\beta_{\text{事件类型-延伸评价}}=-0.259$，$t=-3.508$，$p<0.05$]。其次，将消费者感知背叛作因变量，产品伤害危机事件作自变量进行线性回归分析。回归结果显示，不同类型的产品伤害危机事件对消费者感知背叛存在显著影响[F（1，172）=10.750，$p<0.05$；$\beta_{\text{事件类型-感知背叛}}=0.243$，$t=3.279$，$p<0.05$]。再次，将消费者品牌延伸评价作因变量，消费者感知背叛作自变量进行线性回归分析。回归结果表明，消费者感知背叛对消费者品牌延伸评价存在显著影响[F（1，172）=332.604，$p<0.05$；$\beta_{\text{感知背叛-延伸评价}}=-0.813$，$t=-18.237$，$p<0.05$]。最后，将产品伤害危机事件和消费者感知背叛同时作自变量，以消费者品牌延伸评价作因变量进行线性回归分析。回归分析结果表明，不同类型的产品伤害危机事件对消费者品牌延伸评价的影响不再显著[F（2，172）=168.323，$p<0.05$；$\beta_{\text{事件类型-延伸评价}}=-0.065$，$t=-1.426$，$p=0.156$]，而消费者感知背叛对消费者品牌延伸评价的影响仍然显著[F（2，172）=168.323，$p<0.05$；$\beta_{\text{感知背叛-延伸评价}}=-0.797$，$t=-17.396$，$p<0.05$]。可见，消费者感知背叛在不同类型的产品伤害危机事件（轻微产品伤害危机事件、严重产品伤害危机事件）对消费者品牌延伸评价影响中起到显著的中介作用，该结果进一步证实了本章研究提出的假设 $H_{4\text{-}4}$ 成立。

2）品牌延伸契合度（高、低）的调节作用

针对品牌延伸契合度（高、低）可能起到的调节作用，实验四先按消费者感知背叛均值的大小，将消费者感知背叛分成高、低 2 个水平组（按照均值大小，分别取总样本的前 27%和后 27%），在此基础上采用双因子方差分析进行数据处理。方差分析结果显示消费者感知背叛（高、低）[F（1 100）=89.596，$p<0.05$]、品牌延伸契合度（高、低）[F（1，100）=11.553，$p=0.001$]均具有显著主效应，而且消费者感知背叛（高、低）与品牌延伸契合度（高、低）之间存在显著交互作用[F（1，100）= 4.638，$p=0.034$]。

同时进一步单纯主效应分析发现，就低品牌延伸契合度而言，低消费者感知背叛下的品牌延伸评价显著高于高消费者感知背叛下的品牌延伸评价[F（1，58）= 76.753，$p<0.05$；$M_{\text{低契合度-低背叛-延伸评价}}=5.663$，$SD_{\text{低契合度-低背叛-延伸评价}}=0.432$；$M_{\text{低契合度-高背叛-延伸评价}}=4.303$，$SD_{\text{低契合度-高背叛-延伸评价}}=0.749$]；就高品牌延伸契合度而言，低消费者感知背叛下的品牌延伸评价显著高于高消费者感知背叛下的品牌延伸评价[（1，41）=25.837，$p<0.05$；$M_{\text{高契合度-低背叛-延伸评价}}=5.013$，$SD_{\text{高契合度-低背叛-延伸评价}}=0.162$；$M_{\text{高契合度-高背叛-延伸评价}}=4.157$，$SD_{\text{高契合度-高背叛-延伸评价}}=0.546$]。进一步分析发现，在低品牌延伸契合度情境下消费者不同高低水平的感知背叛下的延伸产品评价高于高品牌延伸契合度情境下消费者不同高低水平感知背叛下的延伸产品评价。而且对于相同高低水平下的消费者感知背叛，高品牌延伸契合度下的消费者品牌延伸评价明显低于相同状态下低品牌延伸契合度下的消费者品牌延伸评价。

可见，品牌延伸契合度（高、低）改变了消费者感知背叛对品牌延伸评价的影响强度，品牌延伸契合度越高，原品牌产品伤害危机的影响越容易延伸到延伸产品上，导致消费者对延伸产品产生较低的评价。品牌延伸契合度（高、低）在消费者感知背叛影响延伸评价过程中存在显著的调节作用，本章研究提出的 $H_{4\text{-}7}$ 得到验证。具体结果见表 4-26 和图 4-5。

表 4-26　消费者感知背叛、品牌延伸契合度与消费者品牌延伸评价双因子方差分析摘要表

来源	平方和 SS	自由度 df	均方和 MS	*F* 值	显著性 Sig.
消费者感知背叛	23.884	1	23.884	89.596	0.000
品牌延伸契合度	3.080	1	3.080	11.553	0.001
消费者感知背叛×品牌延伸契合度	1.236	1	1.236	4.638	0.034
校正的总计	73.663	100			

注：因变量为消费者品牌延伸评价均值

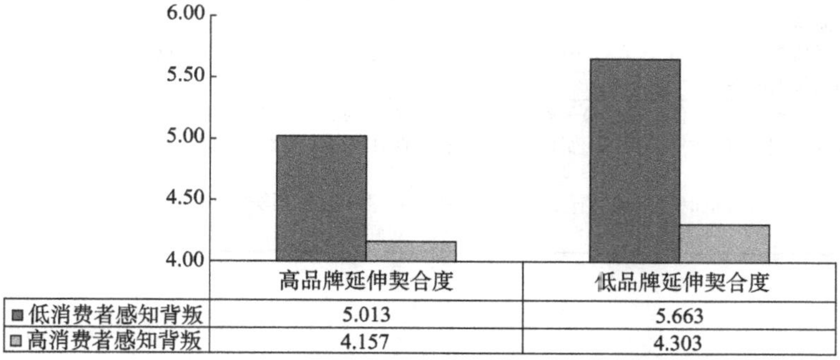

图 4-5　消费者感知背叛、品牌延伸契合度与消费者品牌延伸评价交互影响图

4.4　研 究 小 结

本章研究通过四个实验研究探讨了不同严重程度下的产品伤害危机事件（轻微产品伤害危机事件、严重产品伤害危机事件）对消费者品牌延伸评价的影响机制以及对应的边界条件。研究表明，不同类型的产品伤害危机事件（轻微产品伤害危机事件、严重产品伤害危机事件）通过消费者感知背叛影响品牌延伸评价，消费者感知背叛被证实是本章研究的关键机制变量。同时，在本章研究中，心理距离（远、近）、关系质量（高、低）、品牌延伸契合度（高、低）等变量存在显著调节作用，进一步明确了不同类型的产品伤害危机事件（轻微产品伤害危机事件、严重产品伤害危机事件）影响消费者品牌延伸评价中的干扰因素或边界条

件，具体研究结果如表 4-27 所示。

表 4-27　本章研究假设关系及验证结果一览表

研究假设	验证结果
$H_{4\text{-}1}$：相对于轻微产品伤害危机事件，严重产品伤害危机事件引发消费者较高的感知背叛感 $H_{4\text{-}2}$：相对于轻微产品伤害危机事件，严重产品伤害危机事件引发消费者较低的品牌延伸评价 $H_{4\text{-}3}$：消费者感知背叛感对品牌延伸评价存在显著影响，即消费者感知背叛感越高，消费者品牌延伸评价越低 $H_{4\text{-}4}$：消费者感知背叛在不同严重程度产品伤害危机事件影响消费者品牌延伸评价中存在中介作用	成立
$H_{4\text{-}5}$：心理距离（远、近）在不同严重程度产品伤害危机事件影响消费者感知背叛中存在调节作用 $H_{4\text{-}5a}$：空间距离（远、近）会调节不同严重程度产品伤害危机事件对消费者感知背叛的影响，即空间距离越远，不同严重程度产品伤害危机事件对消费者感知背叛的影响越小；空间距离越近，不同严重程度产品伤害危机事件对消费者感知背叛的影响越大 $H_{4\text{-}5b}$：社会距离（远、近）会调节不同严重程度产品伤害危机事件对消费者感知背叛的影响，即社会距离越远，不同严重程度产品伤害危机事件对消费者感知背叛的影响越小；社会距离越近，不同严重程度产品伤害危机事件对消费者感知背叛的影响越大	成立
$H_{4\text{-}6}$：关系质量（高、低）会调节产品伤害危机事件严重程度对消费者感知背叛的影响 $H_{4\text{-}6a}$：对高关系质量的顾客而言，企业不同严重程度产品伤害危机事件所导致的消费者感知背叛差异大于低关系质量的顾客 $H_{4\text{-}6b}$：对低关系质量的顾客而言，企业不同严重程度产品伤害危机事件所导致的消费者感知背叛差异小于高关系质量的顾客	成立
$H_{4\text{-}7}$：品牌延伸契合度（高、低）会调节消费者感知背叛对品牌延伸评价的影响 $H_{4\text{-}7a}$：当品牌延伸契合度高时，消费者感知背叛对品牌延伸评价的负面影响大于品牌延伸契合度低时的影响 $H_{4\text{-}7b}$：当品牌延伸契合度低时，消费者感知背叛对品牌延伸评价的负面影响小于品牌延伸契合度高时的影响	成立

第5章　不同发生规模的产品伤害危机事件影响消费者品牌延伸评价的心理机制

5.1　研究假设推演

5.1.1　不同发生规模的产品伤害危机事件对消费者感知背叛的影响

随着产品伤害危机事件涉及企业数量增多，学者开始关注行业产品伤害危机，即行业中两家及以上企业涉及其中的产品伤害危机事件（汪兴东等，2012）或者某个品类中多个品牌卷入的危机（张璇和张红霞，2013；杨国亮和卫海英，2014）。行业产品伤害危机也被称为“群发型”或“行业潜规则型”产品伤害危机，因为其发生源于行业内存在的“潜规则”（阎俊和佘秋玲，2010；崔保军和余伟萍，2015）。20世纪90年代西方开始研究产品伤害危机至今，学者更多地关注的是企业产品伤害危机，至今对其研究已渐趋成熟，较企业产品伤害危机（单发型产品伤害危机），群发型产品伤害危机的研究起步较晚，研究文献相对较少且多是沿袭企业产品伤害危机（单发型产品伤害危机）的研究范式，致使对其认识还不够深入和全面（崔保军和余伟萍，2015；崔保军，2016）。在以上研究基础上，本书将群发型产品伤害危机界定为“由于同一原因使行业内同时有多家企业甚至所有企业的产品有缺陷或是对消费者造成危害的危机事件”，单发型产品伤害危机界定为“行业中只有一家企业涉入某种危机事件”。

根据人际关系理论，感知背叛是个体面对与自身有互动关系的其他人做出不当行为时产生的心理反应（Ward and O’strom，2006）。当互动的双方感受到另外一方的蓄意行为可能会对其福利产生影响时，便会产生被对方背叛的感受，使个体失去对另外一方的信任（Grégoire and Fisher，2008）。产品伤害危机事件是企业违背与顾客间互动规范的表现，消费者面对企业与顾客互动关系中某些互动规范遭受企业有意违背时，就会产生背叛感（Ward and O’strom，2006；Koehler and Gershoff，2003）。研究表明，相对于单个企业发生产品伤害危机事件，群发型产品伤害危机事件具有明显的蓄意性，即消费者感知到厂商为获取暴利而侵犯消费者权益的主观故意性，它通常具有破坏社会正常秩序、败坏社会公平正义、违背公共价值标准、损害消费者安全权等特点（崔保军和余伟萍，2015）。而且，由于群发型产品伤害危机涉及的企业数目更多，缺陷产品的市场覆盖面更广，危及的消费者更多，造成的伤害也更严重（崔保军和余伟萍，2015）。同时，根据心理契约理论，企业与消费者间也存在着除买卖契约外的心理契约（Roehling，1997），它包含消费者感知企业承诺的信任与公平对待（Kingshott，2006）。显然，产品伤害危机事件违背了顾客对企业履行互惠性义务的期望，破坏了顾客心理契约，结果影响顾客感知背叛，而且这种违背行为越严重，顾客感知背叛就越强（龚金红等，2014）。因此，与单个企业的产品伤害危机相比，群发型产品伤害危机因其蓄意性和伤害的严重性会带给消费者更强烈的感知背叛。基于以上分析，本书提出如下假设：

$H_{5\text{-}1}$：相对于单发型产品伤害危机，群发型产品伤害危机下的消费者感知背叛更强烈。

5.1.2 不同发生规模的产品伤害危机事件对消费者品牌延伸评价的影响

较之单个企业发生的产品伤害危机（单发型产品伤害危机），群发型产品伤害危机涉及的企业数目较多、影响范围较广、危害较严重。根据可接近-可诊断理论，群发型产品伤害危机因牵涉的企业数量较多，负面信息的可接近性较高，消费者感受到的威胁较大。相反，对于单个企业发生的产品伤害危机，消费者接触负面信息的可能性较低，感知的威胁和风险较小（涂铭等，2013），而且涉事企业越多，消费者对于企业现状改善的期望会变得渺茫，对于行业的信任会变得非常脆弱（涂铭等，2013），消费者感知到企业的主观故意动机越明显并质疑政府监管制度的有效性（崔保军和余伟萍，2015）。同时，根据归因理论，对于群发型产品伤害危机而言，消费者对危机企业有明知故犯的责任归因，消费者对该行业及相关监管制度的负面情感和不信任程度较高（崔保军，2016）。可见，相对于单个企业发生的产品伤害危机，群发型产品伤害危机不但增加了消费者的感知风险，而且负面影响消费者的宏观层面信任，即“对建立和维持与组织或个人相互关系的特定社会背景的信任”（Grayson et al.，2008），包括行业信任和制度信任（Hansen，2012），增加消费者对企业、行业乃至政府监管的怀疑。

消费者对母品牌的态度是品牌延伸的基础，而母品牌代表了一种信号或信息线索，无论是根据劝说情境模型，还是晕轮效应，消费者对母品牌的既有态度是影响其对延伸产品评价的重要因素（Aaker and Keller，1990）。品牌延伸的基本原理也是利用了消费者对母品牌的偏好和态度（Bottomley and Holden，2001），母品牌的感知质量直接影响消费者对延伸产品的评价（Aaker and Keller，1990）。一般而言，当品牌进行延伸时，消费者会根据对母品牌的认知和情感对延伸产品进行评价，消费者在初次接触一个品牌的延伸产品时，对这种产品并不熟悉，在缺乏外在信息输入的情况下，消费者对延伸产品的态度和评价完全是从母品牌推断而来的（雷莉和马谋超，2003），而且情感迁移理论也表明消费者对母品牌的态度和感知质量通过情感迁移到延伸产品，对延伸评价产生影响（吕荣胜和李璨，2009）。发生产品伤害危机事件后会引发消费者对感知风险、负面情绪以及对企业行为的质疑。相对于单发型产品伤害危机而言，群发型产品伤害危机对消费者的影响更大，会增加消费者对企业、行业乃至政府监管的质疑。消费者面对产品伤害危机形成的对企业、行业乃至社会的不信任会影响到消费者后续的行为选择。在这种情况下，对母品牌的质疑会转移到延伸产品上，使得消费者对延伸产品的评价降低。而且消费者的质疑与产品伤害危机爆发的规模有很强的联系，产品伤害危机涉及企业越多，消费者的质疑越多，消费者的不信任感越强烈。由此可以推断，由于群发型产品伤害危机较单发型产品伤害危机会引发消费者对企业、行业乃至社会更强烈的不信任，从而增强对企业的行为和行业、政府监管的怀疑，并对延伸产品产生较低的评价。基于以上分析，本书提出如下假设：

$H_{5\text{-}2}$：相对于单发型产品伤害危机，群发型产品伤害危机下的消费者品牌延伸评价较低。

5.1.3　消费者感知背叛对消费者品牌延伸评价的影响

基于社会交换理论，背叛被视为违反隐含的或明确的道德和公平的规范，最终损害相互作用方的角色的完整性，并导致消极的情绪和行为反应（Fitness，2001），背叛引起一系列负面情绪（Fehr and Baldwin，1996），甚至可以唤起各种侵略性行为（Haden and Hojjat，2005），如愤怒（Fehr and Baldwin，1996；Haden and Hojjat，2006）、悲伤、失望和失去自尊（Finkel et al.，2002），同时侵蚀信任和对未来违规的期待（Chan，2009；Finkel et al.，2002），影响个体的后续信任（Lee and Selart，2015）。背叛反映了对信任的错误决定，并且经常导致对关系的重新评估（Finkel et al.，2002）。而且，根据公平理论，违背公平准则将在消费者心目中产生背叛感（Elangovan and Shapiro，1998；Koehler and

Gershoff，2003），反过来迫使消费者通过两种机制恢复公平：修复和报复（Walster et al.，1973）。

研究表明，产品伤害危机事件是企业违背与消费者间互动规范的表现，消费者面对与企业互动关系中某些互动规范遭受企业有意违背时，会产生背叛感（Ward and O'strom，2006；Koehler and Gershoff，2003）。面对背叛，消费者往往会产生悲伤、自我怀疑、愤怒等情感反应（Rachman，2010），并产生情绪调节障碍（Goldsmith et al.，2013）。消费者会通过一定的行为或手段进行自我调整，如产生报复欲望或行为（庞隽等，2014；Grégoire et al.，2009；Grégoire and Fisher，2008）。部分研究也显示，消费者在面对企业背叛时，会通过一些具体的行动平复这种背叛感。例如，Ward 和 O'strom（2006）发现，消费者通过架设攻击企业的网站散布负面经验，平复背叛感；Wang 和 Huff（2007）也指出，当消费者感知到企业的背叛时，会有较低的再购意愿和较强的负面口碑；Grégoire 和 Fisher（2008）则通过直接测量背叛感，验证了感知背叛感是消费者报复行为的重要驱力。因此，可以推断负面感受反应越强烈，消费者感知背叛感越高，同时消费者为了平复这种负面感受，越会对品牌延伸给予较低的评价。基于以上分析，本书提出如下研究假设：

$H_{5\text{-}3}$：消费者感知背叛感对品牌延伸评价存在显著影响，即消费者感知背叛感越高，消费者品牌延伸评价越低。

5.1.4 不同发生规模的产品伤害危机事件、消费者感知背叛和消费者品牌延伸评价：消费者感知背叛的中介作用

产品伤害危机是企业违背与消费者间互动规范的表现，也是违背企业承诺的表现（Ward and O'strom，2006）。根据心理契约理论，产品伤害危机事件是企业违反与消费者间心理契约的表现，会引发消费者的感知背叛（Ward and O'strom，2006；Robinson and Rousseau，1994），而且心理契约违背的最低层面是因感知的期望未满足而产生的失望等情绪体验，而核心层面是因感知的背叛而产生的愤怒情绪（Morrison and Robinson，1997），即企业的违背心理契约的行为越严重，引发的消费者感知背叛越高，引发的负面情绪越强烈，对后续消费者态度和行为的影响越大。

面对背叛，消费者往往会产生悲伤、自我怀疑、愤怒等情感反应（Rachman，2010），并产生情绪调节障碍（Goldsmith et al.，2013）。消费者会通过一定的行为或手段进行自我调整，如产生报复欲望或行为（Grégoire and Fisher，2008；Grégoire et al.，2009），影响到消费者对企业的信任（Elangovan and Shaprio，1998），并会有较低的再购意愿和较强的负面口碑（Wang and Huff，2007）。相

对于单个企业产品伤害危机而言，群发型产品伤害危机具有更严重的伤害后果（崔保军和余伟萍，2015），引发消费者更强烈的感知背叛。在这种情况下，消费者为了改变因感知背叛所引发的情绪失调，会通过报复或修复等机制改变这种现状（Walster et al.，1973；Grégoire and Fisher，2008），其中修复更多基于企业对消费者补偿等角度，而报复则是消费者通过自己的行为对违规的企业进行的针对性行为，如传播企业的负面信息（Grégoire and Fisher，2008）、减少购买（Wang and Huff，2007），并会波及对延伸产品的评价。降低对延伸产品的评价可以平复消费者面对企业的背叛而产生的情绪失调。因此，可以进一步推断不同发生规模的产品伤害危机事件会导致消费者产生不同的感知背叛，进而引发消费者不同的品牌延伸评价，即不同发生规模的产品伤害危机事件引发的消费者感知背叛越强烈，消费者品牌延伸评价越低；不同发生规模的产品伤害危机事件引发的消费者感知背叛越弱，消费者品牌延伸评价越高。基于以上分析，本书提出如下研究假设：

$H_{5\text{-}4}$：消费者感知背叛在不同发生规模的产品伤害危机事件影响消费者品牌延伸评价中存在中介作用。

5.1.5　心理距离（远、近）的调节作用

心理距离是行为人在其心理空间中对事件的主观感知距离，主要由时间距离、空间距离、社会距离、结果的确定程度等四个维度组成（Kim et al.，2008；Trope and Liberman，2010）。本章研究涉及的空间距离是行为人对事件或目标物进行评价时，个体对空间远近的知觉。不少研究已经发现空间心理距离对事件或目标物评价的影响，认为事件或目标物距行为人越近，空间距离对事件或目标物评价的影响就越大（Fujita et al.，2006）。社会距离是社会客体与个体自我差异的大小（如自我-他人；朋友-陌生人）。Liviatan 等（2008）的研究指出当个体与我们相似时，心理距离（社会距离）较近；而当个体与我们不相似时，心理距离（社会距离）较远。研究表明，产品伤害危机发生后，当受影响者由陌生人转变为好朋友时，心理距离感知（社会距离）将会由远到近发生变化；同理，发生产品伤害危机的不同地点，也会影响消费者心理感知距离（空间距离）的变化（黄静等，2011）。

根据解释水平理论，心理距离通过影响个体对事物的表征来影响个体对事物的心理加工。人们倾向于用更抽象的心理模型，即高水平的解释，来表征距离远的事物；用更具体的心理模型，即低水平的解释，来表征距离近的事物。高水平解释是简单、抽象、去情境化的，而低水平解释则是复杂、具体、情境相关的。之所以存在这样的差别主要在于距离远近不同的事物其信息的可得性和完备性存在差异，而且不同距离还会导致卷入度的差异（陈海贤和何贵兵，2014），即心

理距离越远，事物及其背景的具体信息越不可靠甚至不易得，消费者的卷入度越低，而当心理距离越近时，具体信息变得详细、清晰、可靠，同时消费者卷入度亦将提高。

具体到产品伤害危机这一情境，产品伤害危机发生地越远（空间距离远），消费者对危机事件信息的解读往往是简单、抽象、去情境化的（高水平解释），而且消费者卷入度较低往往会产生“与己无关”之认识。根据认知心理学理论，越抽象的事物越不易引起人们知觉的敏感性，越难建立情感关系（Dhar and Kim，2007），个体受到的影响较小。因此，可以推断产品伤害危机空间距离越远，消费者受到的影响越小，由此产生的感知背叛感越小。相反，如果消费者距离产品伤害危机发生地越近（空间距离近），空间心理距离对产品伤害危机评价的影响就越大（Fujita et al.，2006），消费者对产品伤害危机信息的解读往往是复杂、具体、情境相关的（低水平解释），会更具体、清晰地认识产品伤害危机，受到产品伤害危机的影响较大，由此产生的感知背叛感较大。同理，在产品伤害危机情境下，消费者社会距离（远、近）亦会对消费者产生不同影响。比如，产品伤害危机发生在朋友或家人身上（社会距离近），消费者卷入度较高，对信息的解读往往是复杂、具体的（低水平解释），能够更加详细、清晰地认识产品伤害危机，产品伤害危机对消费者产生的刺激量增强，消费者感知背叛感越强。相反，若产品伤害危机发生在陌生人身上（社会距离远），消费者则不会产生较大的感知背叛感。基于以上分析，本书提出如下研究假设：

$H_{5\text{-}5}$：心理距离（远、近）在不同发生规模产品伤害危机事件影响消费者感知背叛感中存在调节作用。

$H_{5\text{-}5a}$：空间距离（远、近）会调节不同发生规模产品伤害危机事件对消费者感知背叛的影响，即空间距离越远，不同发生规模产品伤害危机事件对消费者感知背叛的影响越小；空间距离越近，不同发生规模产品伤害危机事件对消费者感知背叛的影响越大。

$H_{5\text{-}5b}$：社会距离（远、近）会调节不同发生规模产品伤害危机事件对消费者感知背叛的影响，即社会距离越远，不同发生规模产品伤害危机事件对消费者感知背叛的影响越小；社会距离越近，不同发生规模产品伤害危机事件对消费者感知背叛的影响越大。

5.1.6 关系质量（高、低）的调节作用

关系质量是指消费者对其与企业间关系满足自身期望、预测、目标和欲望程度的感知评价（Kim and Cha，2002），它揭示了消费者对其与企业关系的整体印象（侯如靖等，2012）。高关系质量表明由于企业过去一贯的良好表现使消费者

对企业的未来充满信心，能使消费者认为企业会提供持续的满意（Wong and Sohal，2002），期望从企业那里得到更多的好处（Morgan and Hunt，1994），愿意与企业保持长久的业务关系（Moorman et al.，1992）。

过去有关企业产品伤害危机事件的研究中，多认为或发现顾客对于企业的认同感、忠诚度与承诺等对企业产品伤害危机事件所造成的影响具有缓冲效果（Grégoire and Fisher，2008；Liu et al.，2010）。这主要在于高关系质量的顾客在面对负面事件时会启动心中的防御机制（Ahluwalia et al.，2001），将产品伤害危机事件扭曲成与心中既有信念一致（Ahluwalia et al.，2000）以避免认知失调。而且，对于关系质量较高的顾客而言，当企业遭遇产品伤害危机事件时，其通常不会去过多关注负面信息，并且基于前期高关系质量的积极判断会对负面信息进行解释，将自己对该产品的新评价引导到积极的方向，从而弱化了产品伤害危机事件的影响。但近年的研究也发现，关系质量有时非但无法缓解负面事件的冲击，反而会造成扩大效果。Roehm 和 Brady（2007）发现面对高严重性的服务失败，高品牌权益的品牌给消费者带来的负面感受更为强烈。Grégoire 和 Fisher（2008）、Grégoire 等（2009）在针对顾客报复与服务补救评价的研究中亦发现，高关系质量的顾客反而会更倾向于做出报复企业的行为。期望破灭理论和贝叶斯学习理论对于该现象给予了解释，根据期望破灭理论，关系质量越高，产品伤害危机事件发生后消费者认为企业违背承诺或打破期望的程度越高，消费者感知背叛越强烈。此外，根据贝叶斯学习理论，面对产品伤害危机事件时，高关系质量消费者会产生较大的信念落差，从而产生较大的负面反应。

进一步研究表明，关系质量在产品伤害危机事件中之所以出现这样矛盾的结果，主要和产品伤害危机事件发生的情境有很大关系。如当企业对于服务失败的控制力较低时，高关系质量的顾客会持续产生较为正面的反应（Grégoire and Fisher，2006）。但当服务补救明显不符合公平规范（Grégoire and Fisher，2008）、企业的行为有严重瑕疵（Liu et al.，2010）时，高关系质量会扩大负面事件的影响。在群发型产品伤害危机与单发型产品伤害危机情境下，群发型产品伤害危机具有共犯性、蓄意性、危害严重性等特征（崔保军和余伟萍，2015）。因此，面对群发型产品伤害危机事件，高关系质量的消费者会产生更大的落差，引发更强烈的感知背叛感。相反，对于低关系质量消费者而言，由于其对企业的期望较低并且与企业的关系较疏远，产品伤害危机事件不会产生较大的落差，亦不会引发较强烈的感知背叛感。换句话说，面对群发型产品伤害危机事件，高关系质量不仅无法缓解产品伤害危机事件的影响，相反会加重产品伤害危机事件的影响，相对于低关系质量消费者，高关系质量消费者的感知背叛感更强烈；面对单发型产品伤害危机事件，高关系质量消费者作为企业的重要资产会弱化产品伤害危机事件的影响，相对于低关系质量的消费者，高关系质量消费者产生的感知背叛感较弱。基于以上分析，本书提出如下研究假设：

$H_{5\text{-}6}$：关系质量（高、低）会调节不同发生规模的产品伤害危机事件对消费者感知背叛的影响。

$H_{5\text{-}6a}$：对高关系质量的顾客而言，企业不同发生规模的产品伤害危机事件所导致的消费者感知背叛差异大于低关系质量的顾客。

$H_{5\text{-}6b}$：对低关系质量的顾客而言，企业不同发生规模的产品伤害危机事件所导致的消费者感知背叛差异小于高关系质量的顾客。

5.1.7 品牌延伸契合度（高、低）的调节作用

品牌研究中最持久的发现之一就是消费者以母品牌既有产品与延伸产品之间的感知匹配（契合）性为基础来评价品牌延伸（Kim and John，2008），它用来描述母品牌既有产品与延伸产品间的相似度或母品牌既有产品与延伸产品的概念一致性程度（Aaker and Keller，1990）。母品牌既有产品与延伸产品之间的匹配（契合）程度是品牌延伸成功与否的关键（Buil et al.，2009；Milberg et al.，2010）。

研究表明，母品牌与延伸产品愈相似，消费者愈容易回想母品牌与延伸产品之间的关联性，进而感知到母品牌与延伸产品间较高的感知契合度，当母品牌既有产品与延伸产品相似度低时，消费者不易对母品牌既有产品与延伸产品产生联想，所感觉到的知觉契合度亦较低（Lane，2000）。因此，契合程度高意味着原产品与延伸产品之间在技术、知识、质量、形象等方面具有很强的一致性，而契合程度低则指原产品与延伸产品之间在技术、知识、质量、形象等方面存在很大差异。研究发现，品牌契合程度会调节负面信息对消费者的影响，契合程度越低，负面信息影响越小（Ahluwalia and Gürhan-Canli，2000）。Lei 等（2008）研究也指出，企业内母品牌与子品牌之间的联结强度对子品牌产品伤害危机事件的外溢效果有显著的影响，当母子品牌之间的联结越强时，则外溢效果越强，即母品牌与子品牌之间的相似程度影响到产品伤害危机事件的外溢效果。这主要在于当消费者发现母品牌与延伸产品之间有契合，消费者会通过品牌联想将母品牌知觉移转到延伸产品上（Schmitt and Dubé，1992），而且一般来说，相似性越高，母品牌信息被转移可能性越高，对延伸评估的影响也越大（Aaker and Keller，1990）。可见，当消费者面对企业产品伤害危机事件时，契合程度会影响到母品牌信息向延伸产品的转移，契合程度越高，母品牌信息转移的可能性越高，契合程度越低，母品牌信息转移的可能性越低。而且，契合程度高的产品伤害危机事件会被视作具有比较高的可诊断性（Ahluwalia and Gürhan-Canli，2000；Lei et al.，2008）。因此可以推断，在企业发生产品伤害危机事件之后，会引发消费者感知背叛，但消费者感知背叛与品牌延伸评价之间的关系会受到品牌延伸契合

度的调节。基于以上分析，本书提出如下研究假设：

$H_{5\text{-}7}$：品牌延伸契合度（高、低）会调节消费者感知背叛对品牌延伸评价的影响。

$H_{5\text{-}7a}$：当品牌延伸契合度高时，消费者感知背叛对品牌延伸评价的负面影响大于品牌延伸契合度低时的影响。

$H_{5\text{-}7b}$：当品牌延伸契合度低时，消费者感知背叛对品牌延伸评价的负面影响小于品牌延伸契合度高时的影响。

根据以上分析，本章研究的理论框架如图 5-1 所示。

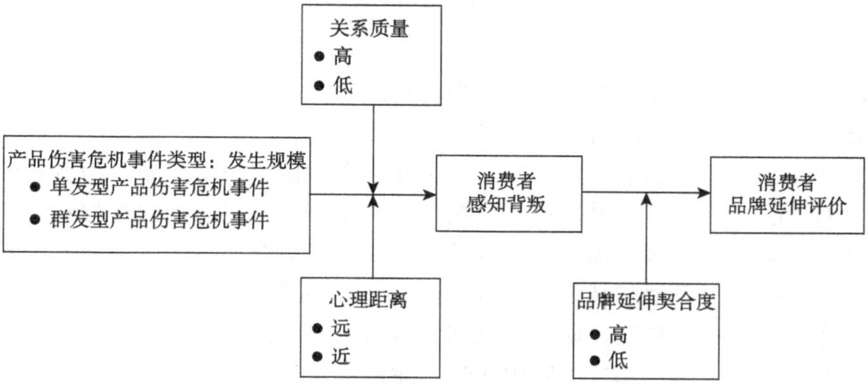

图 5-1　本章研究的理论框架

5.2　研 究 设 计

根据本章研究的理论框架，本章研究将安排四个实验完成研究：

实验一：不同发生规模下的产品伤害危机对消费者品牌延伸评价的影响。

实验二：心理距离（远、近）的调节作用。

实验三：关系质量（高、低）的调节作用。

实验四：品牌延伸契合度（高、低）的调节作用。

5.2.1　实验一：不同发生规模下的产品伤害危机对消费者品牌延伸评价的影响

1. 实验目的与设计

实验一的目的在于验证不同类型的产品伤害危机事件对于品牌延伸的负面溢

出效应（H_{5-1}、H_{5-2}、H_{5-3}）和消费者感知背叛的中介作用（H_{5-4}）。实验一是单因子二水平组间设计，操控自变量为产品伤害危机事件的类型，分为群发型产品伤害危机事件和单发型产品伤害危机事件。

2. 研究样本

实验一主要探讨不同类型的产品伤害危机事件（群发型产品伤害危机事件、单发型产品伤害危机事件）如何通过消费者感知背叛影响到消费者品牌延伸评价，研究的目的主要在于探讨这些变量之间的关系。为了减少外生变量带来的干扰，达到较好的内部效度，实验一使用武汉市的大学生作为实验样本。

3. 产品选择

考虑到本书的研究一选择手机作为实验产品，为了进一步提高研究结果的一般性和适用范围，本书的研究二选择洗发水作为实验产品。之所以选择洗发水作为实验产品主要在于如下原因：首先，洗发水作为快速消费产品，消费者使用频率高，对产品、广告等相关信息较为熟悉，实验一样本能便利地接触到该实验产品；其次，国内洗发水市场上品牌数目众多，市场上有很多不同类型的洗发水，便于实验一操控群发型产品伤害危机，实验材料的感知真实性更高；最后，快速消费品作为刺激物也是以往研究产品伤害危机事件中经常使用的产品，如王晓玉等（2006）、方正等（2011）使用牙膏，涂铭等（2013）使用洗发水，刺激物的有效性更高。因此，实验一选择洗发水作为实验产品。

4. 实验刺激及操控

实验一需要操控的是群发型产品伤害危机事件和单发型产品伤害危机事件，实验一通过采用虚拟新闻以形成不同规模程度的产品伤害危机事件。

产品伤害危机通常被界定为偶然出现并被广泛宣传的某种产品存在缺陷或是对顾客产生伤害的事件（Siomkos and Kurzbard，1994）。在已有研究的基础上，实验一将群发型产品伤害危机界定为“由于同一原因使行业内同时有多家企业甚至所有企业的产品有缺陷或是对消费者造成危害的危机事件”，单发型产品伤害危机界定为“行业中只有一家企业涉入某种危机事件”。

根据群发型产品伤害危机与单发型产品伤害危机的概念界定，借鉴涂铭等（2013）的研究，形成实验一不同产品伤害危机事件的操控信息。另外，为了排除危机不同严重程度可能给实验一带来的影响，在设计实验材料中将不同类型的产品伤害危机产生的影响统一描述成“导致部分消费者在使用过程中身体出现了不适”。其中群发型产品伤害危机事件描述成“某企业是生产洗发水的企业，主要生产 A 品牌的洗发水。根据《中国质量报》的消息，经过对全国各大省会城市的商场超市的洗发水抽检调查，国家质检总局近日公布了最新的《洗发水质量检测报告》。报告显示，包括 A 品牌在内的多个品牌的洗发水中检查出了致癌物二恶烷，导致部分使用这些洗发水的消费者身体出现了不适”；单发型产品伤害危机事件描述成“某企业是生产洗发水的企业，主要生产 A 品牌的洗发水。根据《中国质量报》的消息，经过对全国各大省会城市的商场超市的洗发水抽检调查，国家质检总局近日公布了最新的《洗发水质量检测报告》。报告显示，A 品牌的洗发水中检查出了致癌物二恶烷，导致部分使用这些洗发水的消费者身体出现了不适”。

5. 实验场景设计

实验一在实验材料中虚拟出“某企业”“A 品牌的洗发水”等信息，并将群发型产品伤害危机事件和单发型产品伤害危机事件的操控手段融入材料中。同时考虑到品牌延伸契合度可能对消费者品牌延伸评价的影响，本实验在进行实验场景设计时只强调 A 品牌在生产洗发水的基础上，开始生产、销售 A 品牌的 B 产品，具体场景设计如下：

实验场景一：群发型产品伤害危机事件

某企业是生产洗发水的企业，主要生产 A 品牌的洗发水。根据《中国质量报》的消息，经过对全国各大省会城市的商场超市的洗发水抽检调查，国家质检总局近日公布了最新的《洗发水质量检测报告》。报告显示，包括 A 品牌在内的多个品牌的洗发水中检查出了致癌物二恶烷，导致部分使用这些洗发水的消费者身体出现了不适。目前，该企业开展多元化经营，在洗发水生产的基础上，开始生产、销售 A 品牌的 B 产品。

实验场景二：单发型产品伤害危机事件

某企业是生产洗发水的企业，主要生产 A 品牌的洗发水。根据《中国质量报》的消息，经过对全国各大省会城市的商场超市的洗发水抽检调查，国家质检总局近日公布了最新的《洗发水质量检测报告》。报告显示，A 品牌的洗发水中检查出了致癌物二恶烷，导致部分使用这些洗发水的消费者身体出现了不适。目前，该企业开展多元化经营，在洗发水生产的基础上，开始生产、销售 A 品牌的 B 产品。

6. 实验操控检验

实验一参照景奉杰等（2012）对产品伤害危机群发属性的操控检验的方法对群发型产品伤害危机与单发型产品伤害危机的操控是否成功进行了检验。该操控检验量表共四个题项，采取利克特七点尺度，从 1（非常不同意）到 7（非常同意），具体问题如下。

问题 1：您认为材料中描述的产品伤害危机事件：

题项	非常不同意	不同意	稍微不同意	一般	稍微同意	同意	非常同意
此次产品伤害危机事件只涉及一家企业（反向问题）							
只有一家企业的洗发水中查出含有二恶烷（反向问题）							
此次产品伤害危机事件涉及多家企业							
多家企业的洗发水中查出含有二恶烷							

7. 实验方法与程序

学者们对消费者行为的研究往往借鉴心理学和经济学方面的成果，而这两个学科越来越重视现场实验（Cialdini，2009）。国内外一些学者在研究营销问题中通过现场实验进行了数据的收集（Baca-Motes et al.，2013）。具体到产品伤害危机事件的研究中，现场实验也是学者们主要采取的研究方法之一，如 Vassilikopoulou 等（2009）、汪兴东等（2013）、方正等（2011）等均使用现场实验进行产品伤害危机事件相关主题的研究。现场实验相对于其他实验方法能够使实验主体感到更接近现实，外部效度更高（Malhotra and Spss，2009），实验一采用现场实验法进行数据收集。同时，实验一的自变量在实验材料中具有明确的表述，因变量测量也有具体的量表。而且被试在进行填答过程中安排专门的访问员进行陪同，以减少现场实验的不可控性。这些手段在一定程度上弥补了现场实验因缺乏必要的控制导致现场实验内部效度低等问题。

实验前，被试通过校园拦截等方式获取，即在校园人员流动比较多的位置，选择某一固定参照物，要求调查人员每隔 10 个人拦截下 1 个人作为实验调查对象，以尽量保证被试选择的随机性。然后，在确定被拦截对象愿意参与实验一的基础上，将这些被试随机分配到不同的实验组中，完成数据收集工作。实验中，第一步，向被试说明本次研究的目的以打消被试的顾虑；第二步，要求被试阅读背景材料，阅读完材料之后，要求被试对该事件进行评价（这些打分用于检验操控是否成功）；第三步，要求被试填写消费者感知背叛测量量表和消费者品牌延伸评价测量量表（这些分数用于假设检验）；第四步，被试填写人口统计信息（用于描述样本）。填答完毕后，表示感谢。

8. 变量测量

（1）消费者感知背叛。背叛感是个体面对与自身有互动关系的其他人做出不当行为时产生的心理反应（Ward and O'strom，2006），是消费者与互动关系中某些互动规范遭受到企业有意违背时的信念程度（Koehler and Gershoff，2003），是对被信任的人的故意行为产生的感觉（Rachman，2010）。对于该变量的测量，实验一借鉴 Grégoire 和 Fisher（2008）的消费者感知背叛测量量表，该量表包含“我觉得这家企业故意利用我”等五个题项，采取利克特七点尺度，从 1（非常不同意）到 7（非常同意）供被试作答，具体测量量表见表 5-1。

表 5-1　消费者感知背叛测量量表

题项	非常不同意	不同意	稍微不同意	一般	稍微同意	同意	非常同意
我感到被欺骗了							
我感到被出卖了							
我觉得企业说谎							
我觉得这家企业故意利用我							
这家企业试图虐待我							

（2）消费者品牌延伸评价。消费者品牌延伸评价是消费者对延伸产品态度的评价，衡量消费者对延伸产品的接收程度（Bottomley and Doyle，1996）。过去文献关于品牌延伸评价的构面主要有 Aaker 和 Keller（1990）的整体知觉质量及购买可能性，Boush 和 Loken（1991）的偏好态度及购买意愿，Park 等（1991）的偏好态度及购买意愿，Kim 等（2001）的知觉质量与购买意愿，Taylor 和 Bearden（2002）的知觉质量、知觉价值与购买意愿，以及 Kumar（2005）的知觉质量、知觉价值、偏好态度与购买意愿等。在以上研究的基础上，实验一将消费者品牌延伸评价分为“知觉质量”、“知觉价值”、“偏好态度”和“购买意愿”等四个构面来衡量消费者对于品牌延伸的评价，该量表包含“我认为这个延伸产品质量会很好”等七个题项，采取利克特七点尺度，从 1（非常不同意）到 7（非常同意）供被试作答。消费者品牌延伸评价测量量表见表 5-2。

表 5-2　消费者品牌延伸评价测量量表

题项	非常不同意	不同意	稍微不同意	一般	稍微同意	同意	非常同意
我认为 A 品牌的 B 产品质量会很好							
我觉得 A 品牌的 B 产品会很实用							
我觉得 A 品牌的 B 产品值得信赖							
我会喜欢 A 品牌的 B 产品							
A 品牌的 B 产品对我很有吸引力							
如有需要，我可能会考虑购买 A 品牌的 B 产品							
如有需要，我会推荐朋友购买 A 品牌的 B 产品							

9. 实验一的问卷设计

根据以上实验材料设计和变量测量量表，实验一形成研究过程中使用的问卷，问卷举例如下：

亲爱的朋友：

您好！

我是******大学的教师，在进行一项有关消费者行为的研究工作。这是一份学术问卷，您对本问卷所做出的选择，仅做学术研究之用，没有对错之分，且不用记名，请放心作答。恳请您在百忙中拨冗填答，谢谢！

敬祝 万事如意

第一部分：背景材料

请先阅读下面的背景材料，设想您自己就是材料中的主角，读后请您根据自己的判断进行选择与回答。

某企业是生产洗发水的企业，主要生产 A 品牌的洗发水。根据《中国质量报》的消息，经过对全国各大省会城市的商场超市的洗发水抽检调查，国家质检总局近日公布了最新的《洗发水质量检测报告》。报告显示，包括 A 品牌在内的多个品牌的洗发水中检查出了致癌物二恶烷，导致部分使用这些洗发水的消费者身体出现了不适。目前，该企业开展多元化经营，在洗发水生产的基础上，开始生产、销售 A 品牌的 B 产品。

根据以上材料，请对以下问题做出判断。

问题 1：您认为材料中描述的产品伤害危机事件：

题项	非常不同意	不同意	稍微不同意	一般	稍微同意	同意	非常同意
此次产品伤害危机事件只涉及一家企业							
只有一家企业的洗发水中查出含有二恶烷							
此次产品伤害危机事件涉及多家企业							
多家企业的洗发水中查出含有二恶烷							

第二部分：请回答下列问题

问题 1：结合以上材料回答对下面的评价做出判断：

题项	非常不同意	不同意	稍微不同意	一般	稍微同意	同意	非常同意
我感到被欺骗了							
我感到被出卖了							
我觉得企业说谎							
我觉得这家企业故意利用我							
这家企业试图虐待我							

问题 2：请对该企业生产的 A 品牌的 B 产品的评价做出判断：

题项	非常不同意	不同意	稍微不同意	一般	稍微同意	同意	非常同意
我认为 A 品牌的 B 产品质量会很好							
我觉得 A 品牌的 B 产品会很实用							
我觉得 A 品牌 B 产品值得信赖							
我会喜欢 A 品牌的 B 产品							
A 品牌的 B 产品对我很有吸引力							
如有需要，我可能会考虑购买 A 品牌的 B 产品							
如有需要，我会推荐朋友购买 A 品牌的 B 产品							

第三部分：个人资料

1. 请问您的性别：

A. 男　　B. 女

2. 请问您的年龄：

A. 20 岁及以下　B. 21~25 岁　C. 26 岁及以上

3.请问您的学历水平：

A. 本科及以下　B. 硕士研究生　C. 博士研究生

问卷到此结束，再次感谢您对实验一的支持！

5.2.2　实验二：心理距离（远、近）的调节作用

1. 实验目的与设计

实验二一共有两个主要目的，第一个目的在于重复验证实验一所得到的结果，包括不同发生规模的产品伤害危机事件对消费者品牌延伸评价的负面外溢效果，以及消费者感知背叛的中介效果。第二个目的是验证心理距离（远、近）在不同类型的产品伤害危机事件影响消费者感知背叛中的调节作用（$H_{5\text{-}5}$）。实验二采取 2（产品伤害危机事件：群发型产品伤害危机事件 vs 单发型产品伤害危机事件）× 2（空间距离：远 vs 近）/（社会距离：远 vs 近）组间设计。

2. 研究样本

实验二主要探讨不同类型的产品伤害危机事件（群发型产品伤害危机事件、单发型产品伤害危机事件）如何通过消费者感知背叛影响到消费者品牌延伸评

价，以及在这一影响过程中心理距离（远、近）可能存在的调节作用，研究的目的主要在于探讨这些变量之间的关系。为了减少外生变量带来的干扰，达到较好的内部效度，实验二使用武汉市的大学生作为实验样本。

3. 产品选择

与实验一相同，实验二仍选择洗发水作为实验产品。

4. 实验刺激及操控

（1）产品伤害危机事件。与实验一一样，实验二将群发型产品伤害危机事件描述成“某企业是生产洗发水的企业，主要生产 A 品牌的洗发水。根据《中国质量报》的消息，经过对全国各大省会城市的商场超市的洗发水抽检调查，国家质检总局近日公布了最新的《洗发水质量检测报告》。报告显示，包括 A 品牌在内的多个品牌的洗发水中检查出了致癌物二恶烷，导致部分使用这些洗发水的消费者身体出现了不适”；单发型产品伤害危机事件描述成“某企业是生产洗发水的企业，主要生产 A 品牌的洗发水。根据《中国质量报》的消息，经过对全国各大省会城市的商场超市的洗发水抽检调查，国家质检总局近日公布了最新的《洗发水质量检测报告》。报告显示，A 品牌的洗发水中检查出了致癌物二恶烷，导致部分使用这些洗发水的消费者身体出现了不适”。

（2）心理距离（远、近）。由于在第 4 章中对心理距离（远、近）的操控已经进行了前测，而且前测的结果较理想。因此，实验二对心理距离的操控仍然按照实验一的操控方法，即空间距离远设计成产品伤害危机发生在 1 500 千米外的沈阳，空间距离近设计成产品伤害危机事件发生在武汉；社会距离近设计成好朋友在产品伤害危机事件中受到了伤害，社会距离远设计成陌生人/不认识的人在产品伤害危机事件中受到了伤害。

5. 实验场景设计

实验二在实验材料中虚拟出“某企业”“A 品牌的洗发水”等信息，并将群发型产品伤害危机事件、单发型产品伤害危机事件以及心理距离（远、近）的操控手段融入材料中。同时考虑到品牌延伸契合度可能对消费者品牌延伸评价的影响，实验二在进行实验场景设计时只强调 A 品牌在生产洗发水的基础上，开始生产、销售 A 品牌的 B 产品，具体场景设计如下：

实验场景一：群发型产品伤害危机事件 × 空间距离远

某企业是生产洗发水的企业，主要生产 A 品牌的洗发水。根据《中国质量报》的消息，经过对全国各大省会城市的商场超市的洗发水抽检调查，国家质检总局近日公布了最新的《洗发水质量检测报告》。报告显示，包括 A 品牌在内的多个品牌的洗发水在距离武汉 1 500 千米外的沈阳市场中检查出了致癌物二恶烷，导致部分您不认识的消费者在使用这些洗发水时身体出现了不适。目前，该企业开展多元化经营，在洗发水生产的基础上，开始生产、销售 A 品牌的 B 产品。

实验场景二：单发型产品伤害危机事件×空间距离近

某企业是生产洗发水的企业，主要生产 A 品牌的洗发水。根据《中国质量报》的消息，经过对全国各大省会城市的商场超市的洗发水抽检调查，国家质检总局近日公布了最新的《洗发水质量检测报告》。报告显示，A 品牌的洗发水在武汉市场中检查出了致癌物二恶烷，导致部分使用这些洗发水的消费者身体出现了不适。目前，该企业开展多元化经营，在洗发水生产的基础上，开始生产、销售 A 品牌的 B 产品。

实验场景三：群发型产品伤害危机事件×社会距离近

某企业是生产洗发水的企业，主要生产 A 品牌的洗发水。根据《中国质量报》的消息，经过对全国各大省会城市的商场超市的洗发水抽检调查，国家质检总局近日公布了最新的《洗发水质量检测报告》。报告显示，包括 A 品牌在内的多个品牌的洗发水在市场中检查出了致癌物二恶烷，导致部分您不认识的消费者在使用这些洗发水时身体出现了不适，恰巧您的一个朋友也由于使用该品牌的洗发水出现了身体不适。目前，该企业开展多元化经营，在洗发水生产的基础上，开始生产、销售 A 品牌的 B 产品。

实验场景四：单发型产品伤害危机事件×社会距离远

某企业是生产洗发水的企业，主要生产 A 品牌的洗发水。根据《中国质量报》的消息，经过对全国各大省会城市的商场超市的洗发水抽检调查，国家质检总局近日公布了最新的《洗发水质量检测报告》。报告显示，A 品牌的洗发水在市场中检查出了致癌物二恶烷，导致部分使用这些洗发水的消费者身体出现了不适，导致部分您不认识的消费者在使用这些洗发水时身体出现了不适。目前，该企业开展多元化经营，在洗发水生产的基础上，开始生产、销售 A 品牌的 B 产品。

6. 实验操控检验

实验二参照景奉杰等（2012）对产品伤害危机群发属性的操控检验的方法对群发型产品伤害危机与单发型产品伤害危机的操控是否成功进行了检验。该操控检验量表共四个题项，采取利克特七点尺度，从 1（非常不同意）到 7（非常同意）；借助 Fujita 等（2006）设计空间距离远近的操控检验，采取七点语义差别量表；借助 Liviatan 等（2008）社会距离近的对象与自己的关系较亲近且拥有较多的共同性，因此实验二以三个项目检测情境中的社会距离操控是否成功（非常陌生/非常亲密，没有共同点/拥有许多共同点，关系亲近/关系疏远）进行评估，评价采取七点语义差别量表，得分越高表示社会距离越近。具体操控检验问题如下：

问题 1：您认为材料中描述的产品伤害危机事件：

题项	非常不同意	不同意	稍微不同意	一般	稍微同意	同意	非常同意
此次产品伤害危机事件只涉及一家企业（反向问题）							
只有一家企业的洗发水中查出含有二恶烷（反向问题）							
此次产品伤害危机事件涉及多家企业							
多家企业的洗发水中查出含有二恶烷							

问题 2：您与材料中描述的沈阳：

距离近 1 2 3 4 5 6 7 距离远

或问题 2：您与材料中描述的武汉：

距离近 1 2 3 4 5 6 7 距离远

问题 3：您认为您和您朋友的关系：

非常陌生 1 2 3 4 5 6 7 非常亲密

没有共同点 1 2 3 4 5 6 7 拥有许多共同点

关系亲近 1 2 3 4 5 6 7 关系疏远（反向问题）

或问题 3：您认为您和陌生人/不认识的人的关系：

非常陌生 1 2 3 4 5 6 7 非常亲密

没有共同点 1 2 3 4 5 6 7 拥有许多共同点

关系亲近 1 2 3 4 5 6 7 关系疏远（反向问题）

7. 实验方法与程序

与实验一相同，实验二仍然使用现场实验法进行数据收集。并通过对自变量和因变量的客观控制和测量以及强化调查人员的指导，以减少现场实验的不可控制性。

实验前，被试通过校园拦截等方式获取，即在校园人员流动比较多的位置，选择某一固定参照物，要求调查人员每隔 10 个人拦截下 1 个人作为实验调查对象，以尽量保证被试选择的随机性。然后，在确定被拦截对象愿意参与实验二的基础上，将这些被试随机分配到不同的实验组中，完成数据收集工作。实验中，第一步，向被试说明本次研究的目的以打消被试的顾虑；第二步，要求被试阅读背景材料，阅读完材料之后，要求被试对该不同类型的产品伤害危机事件与心理距离（远、近）的描述进行判断（这些打分用于检验操控是否成功）；第三步，要求被试填写消费者感知背叛测量量表和消费者品牌延伸评价测量量表（这些分数用于假设检验）；第四步，被试填写人口统计信息（用于描述样本）。填答完毕后，表示感谢。

8. 变量测量

与实验一一致，实验二借鉴 Grégoire 和 Fisher（2008）的消费者感知背叛测量量表，该量表包含“我觉得这家企业故意利用我”等五个题项，采取利克特七点尺度，从 1（非常不同意）到 7（非常同意）供被试作答，具体测量量表见表 5-3。

表 5-3　消费者感知背叛测量量表

题项	非常不同意	不同意	稍微不同意	一般	稍微同意	同意	非常同意
我感到被欺骗了							
我感到被出卖了							
我觉得企业说谎							
我觉得这家企业故意利用我							
这家企业试图虐待我							

借鉴相关研究，实验二将消费者品牌延伸评价分为“知觉质量”、“知觉价值”、“偏好态度”和“购买意愿”等四个构面来衡量消费者对于品牌延伸的评价，该量表包含“我认为这个延伸产品质量会很好”等七个题项，采取利克特七点尺度，从 1（非常不同意）到 7（非常同意）供被试作答，消费者品牌延伸评价测量量表见表 5-4。

表 5-4　消费者品牌延伸评价测量量表

题项	非常不同意	不同意	稍微不同意	一般	稍微同意	同意	非常同意
我认为 A 品牌的 B 产品质量会很好							
我觉得 A 品牌的 B 产品会很实用							
我觉得 A 品牌的 B 产品值得信赖							
我会喜欢 A 品牌的 B 产品							
A 品牌的 B 产品对我很有吸引力							
如有需要，我可能会考虑购买 A 品牌的 B 产品							
如有需要，我会推荐朋友购买 A 品牌的 B 产品							

9. 实验二的问卷设计

根据以上实验材料设计和变量测量量表，实验二形成研究过程中使用的问卷，问卷举例如下：

亲爱的朋友：

您好！

我是******大学的教师，在进行一项有关消费者行为的研究工作。这是一份学术问卷，您对本问卷所做出的选择，仅做学术研究之用，没有对错之分，且不用记名，请放心作答。恳请您在百忙中拨冗填答，谢谢！

敬祝 万事如意

第一部分：背景材料

请先阅读下面的背景材料，设想您自己就是材料中的主角，读后请您根据自己的判断进行选择与回答。

某企业是生产洗发水的企业，主要生产 A 品牌的洗发水。根据《中国质量报》的消息，经过对全国各大省会城市的商场超市的洗发水抽检调查，国家质检总局近日公布了最新的《洗发水质量检测报告》。报告显示，包括 A 品牌在内的多个品牌的洗发水在市场中检查出了致癌物二恶烷，导致部分您不认识的消费者在使用这些洗发水时身体出现了不适，恰巧您的一个朋友也由于使用该品牌的洗发水出现了身体不适。目前，该企业开展多元化经营，在洗发水生产的基础上，开始生产、销售 A 品牌的 B 产品。

根据以上材料，请对以下问题做出判断。

问题 1：您认为材料中描述的产品伤害危机事件：

题项	非常不同意	不同意	稍微不同意	一般	稍微同意	同意	非常同意
此次产品伤害危机事件只涉及一家企业							
只有一家企业的洗发水中查出含有二恶烷							
此次产品伤害危机事件涉及多家企业							
多家企业的洗发水中查出含有二恶烷							

问题 2：您认为您和您朋友的关系：

非常陌生　1　2　3　4　5　6　7　非常亲密

没有共同点 1　2　3　4　5　6　7　拥有许多共同点

关系亲近　1　2　3　4　5　6　7　关系疏远

第二部分：请回答下列问题

问题 1：结合以上材料回答对下面的评价做出判断：

题项	非常不同意	不同意	稍微不同意	一般	稍微同意	同意	非常同意
我感到被欺骗了							
我感到被出卖了							
我觉得企业说谎							
我觉得这家企业故意利用我							
这家企业试图虐待我							

问题 2：请对该企业生产的 A 品牌的 B 产品的评价做出判断：

题项	非常不同意	不同意	稍微不同意	一般	稍微同意	同意	非常同意
我认为 A 品牌的 B 产品质量会很好							
我觉得 A 品牌的 B 产品会很实用							
我觉得 A 品牌的 B 产品值得信赖							
我会喜欢 A 品牌的 B 产品							
A 品牌的 B 产品对我很有吸引力							
如有需要，我可能会考虑购买 A 品牌的 B 产品							
如有需要，我会推荐朋友购买 A 品牌的 B 产品							

第三部分：个人资料

1. 请问您的性别：

A. 男　　B. 女

2. 请问您的年龄：

A. 20 岁及以下　B. 21~25 岁　C. 26 岁及以上

3. 请问您的学历水平：

A. 本科及以下　B. 硕士研究生　C. 博士研究生

问卷到此结束，再次感谢您对实验二的支持！

5.2.3　实验三：关系质量（高、低）的调节作用

1. 实验目的与设计

实验三一共有两个主要目的，第一个目的在于重复验证实验一所得到的结

果，包括不同发生规模的产品伤害危机事件对消费者品牌延伸评价的负面外溢效果，以及消费者感知背叛的中介效果。第二个目的是验证关系质量（高、低）在不同类型的产品伤害危机事件影响消费者感知背叛中的调节作用（$H_{5\text{-}6}$）。实验三采取 2（产品伤害危机事件：群发型产品伤害危机事件 vs 单发型产品伤害危机事件）×2（关系质量：高 vs 低）组间设计。

2. 研究样本

实验三主要探讨不同类型的产品伤害危机事件（群发型产品伤害危机事件、单发型产品伤害危机事件）如何通过消费者感知背叛影响到消费者品牌延伸评价，以及在这一影响过程中关系质量（高、低）可能存在的调节作用，研究的目的主要在于探讨这些变量之间的关系。为了减少外生变量带来的干扰，达到较好的内部效度，实验三使用武汉市的大学生作为实验样本。

3. 产品选择

与实验一相同，实验三仍选择洗发水作为实验产品。

4. 实验刺激及操控

（1）产品伤害危机事件。在已有研究的基础上，实验三将群发型产品伤害危机界定为“由于同一原因使行业内同时有多家企业甚至所有企业的产品有缺陷或是对消费者造成危害的危机事件”，单发型产品伤害危机界定为“行业中只有一家企业涉入某种危机事件”。为此，实验三将群发型产品伤害危机事件描述成“某企业是生产洗发水的企业，主要生产 A 品牌的洗发水。根据《中国质量报》的消息，经过对全国各大省会城市的商场超市的洗发水抽检调查，国家质检总局近日公布了最新的《洗发水质量检测报告》。报告显示，包括 A 品牌在内的多个品牌的洗发水中检查出了致癌物二恶烷，导致部分使用这些洗发水的消费者身体出现了不适”；单发型产品伤害危机事件描述成“某企业是生产洗发水的企业，主要生产 A 品牌的洗发水。根据《中国质量报》的消息，经过对全国各大省会城市的商场超市的洗发水抽检调查，国家质检总局近日公布了最新的《洗发水质量检测报告》。报告显示，A 品牌的洗发水中检查出了致癌物二恶烷，导致部分使用这些洗发水的消费者身体出现了不适”。

（2）关系质量（高、低）。关系质量是指消费者对其与企业间关系满足自身期望、预测、目标和欲望程度的感知评价（Kim and Cha，2002），它揭示了消费者对其与企业关系的整体印象（侯如靖等，2012）。由于在第 4 章中对关系质量（高、低）的操控已经进行了前测，而且前测的结果较理想。因此，实验三仍按照第 4 章中的操控手段对关系质量（高、低）进行操控，即高关系质量在材料中设计成“您以前曾经使用过该企业的产品，对过去的消费经验感到满意，并对该企业有深厚的感情基础”，而低关系质量则描述成是“您过去没有使用过该企业的产品”。

5. 实验场景设计

在实验材料中虚拟出“某企业”“A 品牌的洗发水”等信息，并将群发型产品伤害危机事件、单发型产品伤害危机事件和关系质量（高、低）的操控手段融入材料中。同时考虑到品牌延伸契合度可能对消费者品牌延伸评价的影响，本实验在进行实验场景设计时只强调 A 品牌在生产洗发水的基础上，开始生产、销售 A 品牌的 B 产品，具体场景设计如下：

实验场景一：群发型产品伤害危机事件 × 高关系质量

某企业是生产洗发水的企业，主要生产 A 品牌的洗发水。您以前曾经使用过该企业的产品，对过去的消费经验感到满意，并对该企业有深厚的感情基础。根据《中国质量报》的消息，经过对全国各大省会城市的商场超市的洗发水抽检调查，国家质检总局近日公布了最新的《洗发水质量检测报告》。报告显示，包括 A 品牌在内的多个品牌的洗发水中检查出了致癌物二恶烷，导致部分使用这些洗发水的消费者身体出现了不适。目前，该企业开展多元化经营，在洗发水生产的基础上，开始生产、销售 A 品牌的 B 产品。

实验场景二：单发型产品伤害危机事件 × 低关系质量

某企业是生产洗发水的企业，主要生产 A 品牌的洗发水，您过去没有使用过该企业的产品。根据《中国质量报》的消息，经过对全国各大省会城市的商场超市的洗发水抽检调查，国家质检总局近日公布了最新的《洗发水质量检测报告》。报告显示，A 品牌的洗发水中检查出了致癌物二恶烷，导致部分使用这些洗发水的消费者身体出现了不适。目前，该企业开展多元化经营，在洗发水生产的基础上，开始生产、销售 A 品牌的 B 产品。

6. 实验操控检验

参照景奉杰等（2012）对产品伤害危机群发属性的操控检验的方法对群发型产品伤害危机与单发型产品伤害危机的操控是否成功进行了检验。该操控检验量表共四个题项，采取利克特七点尺度，从 1（非常不同意）到 7（非常同意）；借助 Grégoire 和 Fisher（2008）、Grégoire 等（2009）关系质量量表，衡量被试对材料中操控的关系质量的描述，采取利克特七点尺度，从 1（非常不同意）到 7（非常同意），衡量材料中对关系质量的操控是否成功，具体题目或量表如下：

问题 1：您认为材料中描述的产品伤害危机事件：

题项	非常不同意	不同意	稍微不同意	一般	稍微同意	同意	非常同意
此次产品伤害危机事件只涉及一家企业（反向问题）							
只有一家企业的洗发水中查出含有二恶烷（反向问题）							
此次产品伤害危机事件涉及多家企业							
多家企业的洗发水中查出含有二恶烷							

问题 2：结合以上材料回答对下面的评价做出判断：

题项	非常不同意	不同意	稍微不同意	一般	稍微同意	同意	非常同意
我对我和这家企业的关系感到满意							
我和这家企业的关系非常好							
我忠于与这家企业的关系							
我打算与该企业保持长期关系							

7. 实验方法与程序

与实验一相同，实验三仍然使用现场实验法进行数据收集。并通过对自变量和因变量的客观控制和测量以及强化调查人员的指导，以减少现场实验的不可控制性。

实验前，被试通过校园拦截等方式获取，即在校园人员流动比较多的位置，选择某一固定参照物，要求调查人员每隔 10 个人拦截下 1 个人作为实验调查对象，以尽量保证被试选择的随机性。然后，在确定被拦截对象愿意参与实验三的基础上，将这些被试随机分配到不同的实验组中，完成数据收集工作。实验中，第一步，向被试说明本次研究的目的以打消被试的顾虑；第二步，要求被试阅读背景材料，阅读完材料之后，要求被试对该不同类型的产品伤害危机事件与关系质量（高、低）的描述进行判断（这些打分用于检验操控是否成功）；第三步，要求被试填写消费者感知背叛测量量表和消费者品牌延伸评价测量量表（这些分数用于假设检验）；第四步，被试填写人口统计信息（用于描述样本）。填答完毕后，表示感谢。

8. 变量测量

与实验一一致，实验三借鉴 Grégoire 和 Fisher（2008）的消费者感知背叛测量量表，该量表包含“我觉得这家企业故意利用我”等五个题项，采取利克特七点尺度，从 1（非常不同意）到 7（非常同意）供被试作答，具体测量量表见表 5-5。

表 5-5　消费者感知背叛测量量表

题项	非常不同意	不同意	稍微不同意	一般	稍微同意	同意	非常同意
我感到被欺骗了							
我感到被出卖了							
我觉得企业说谎							
我觉得这家企业故意利用我							
这家企业试图虐待我							

借鉴相关研究，实验三将消费者品牌延伸评价分为“知觉质量”、“知觉价值”、“偏好态度”和“购买意愿”等四个构面来衡量消费者对于品牌延伸的评价，该量表包含“我认为这个延伸产品质量会很好”等七个题项，采取利克特七点尺度，从 1（非常不同意）到 7（非常同意）供被试作答。消费者品牌延伸评价测量量表见表 5-6。

表 5-6　消费者品牌延伸评价测量量表

题项	非常不同意	不同意	稍微不同意	一般	稍微同意	同意	非常同意
我认为 A 品牌的 B 产品质量会很好							
我觉得 A 品牌的 B 产品会很实用							
我觉得 A 品牌的 B 产品值得信赖							
我会喜欢 A 品牌的 B 产品							
A 品牌的 B 产品对我很有吸引力							
如有需要，我可能会考虑购买 A 品牌的 B 产品							
如有需要，我会推荐朋友购买 A 品牌的 B 产品							

9. 实验三的问卷设计

根据以上实验材料设计和变量测量量表，实验三形成研究过程中使用的问卷，问卷举例如下：

亲爱的朋友：

您好！

我是******学校的教师，在进行一项有关消费者行为的研究工作。这是一份学术问卷，您对本问卷所做出的选择，仅做学术研究之用，没有对错之分，且不用记名，请放心作答。恳请您在百忙中拨冗填答，谢谢！

敬祝 万事如意

第一部分：背景材料

请先阅读下面的背景材料，设想您自己就是材料中的主角，读后请您根据自己的判断进行选择与回答。

某企业是生产洗发水的企业，主要生产 A 品牌的洗发水。您以前曾经使用过该企业的产品，对过去的消费经验感到满意，并对该企业有深厚的感情基础。根据《中国质量报》的消息，经过对全国各大省会城市的商场超市的洗发水抽检调查，国家质检总局近日公布了最新的《洗发水质量检测报告》。报告显示，包括 A 品牌在内的多个品牌的洗发水中检查出了致癌物二恶烷，导致部分使用这些洗发水的消费者身体出现了不适。目前，该企业开展多元化经营，在洗发水生产的基础上，开始生产、销售 A 品牌的 B 产品。

根据以上材料，请对以下问题做出判断。

问题 1：您认为材料中描述的产品伤害危机事件：

题项	非常不同意	不同意	稍微不同意	一般	稍微同意	同意	非常同意
此次产品伤害危机事件只涉及一家企业							
只有一家企业的洗发水中查出含有二恶烷							
此次产品伤害危机事件涉及多家企业							
多家企业的洗发水中查出含有二恶烷							

问题 2：结合以上材料回答对下面的评价做出判断：

题项	非常不同意	不同意	稍微不同意	一般	稍微同意	同意	非常同意
我对我和这家企业的关系感到满意							
我和这家企业的关系非常好							
我忠于与这家企业的关系							
我打算与该企业保持长期关系							

第二部分：请回答下列问题

问题 1：结合以上材料回答对下面的评价做出判断：

题项	非常不同意	不同意	稍微不同意	一般	稍微同意	同意	非常同意
我感到被欺骗了							
我感到被出卖了							
我觉得企业说谎							
我觉得这家企业故意利用我							
这家企业试图虐待我							

问题 2：请对该企业生产的 A 品牌的 B 产品的评价做出判断：

题项	非常不同意	不同意	稍微不同意	一般	稍微同意	同意	非常同意
我认为 A 品牌的 B 产品质量会很好							
我觉得 A 品牌的 B 产品会很实用							
我觉得 A 品牌的 B 产品值得信赖							
我会喜欢 A 品牌的 B 产品							
A 品牌的 B 产品对我很有吸引力							
如有需要，我可能会考虑购买 A 品牌的 B 产品							
如有需要，我会推荐朋友购买 A 品牌的 B 产品							

第三部分：个人资料

1. 请问您的性别：

A. 男　　B. 女

2. 请问您的年龄：

A. 20 岁及以下　B. 21~25 岁　C. 26 岁及以上

3. 请问您的学历水平：

A. 本科及以下　B. 硕士研究生　C. 博士研究生

问卷到此结束，再次感谢您对实验三的支持！

5.2.4　实验四：品牌延伸契合度（高、低）的调节作用

1. 实验目的与设计

实验四一共有两个主要目的，第一个目的在于重复验证实验一所得到的结果，包括不同类型产品伤害危机事件对消费者品牌延伸评价的负面外溢效果，以及消费者感知背叛的中介效果。第二个目的是验证品牌延伸契合度（高、低）在消费者感知背叛影响消费者品牌延伸评价中的调节作用（$H_{5\text{-}7}$）。实验四采取 2（产品伤害危机事件类型：群发型产品伤害危机事件 vs 单发型产品伤害危机事件）×2（品牌延伸契合度：高 vs 低）组间设计。

2. 研究样本

实验四主要探讨不同类型的产品伤害危机事件（群发型产品伤害危机事件、单发型产品伤害危机事件）如何通过消费者感知背叛影响到消费者品牌延伸评价，以及在这一影响过程中品牌延伸契合度（高、低）可能存在的调节作用，研究的目的主要在于探讨这些变量之间的关系。为了减少外生变量带来的干扰，达

到较好的内部效度，实验四使用武汉市的大学生作为实验样本。

3. 产品选择

与实验一相同，实验四仍选择洗发水作为实验产品。

4. 实验刺激及操控

（1）产品伤害危机事件。实验四将群发型产品伤害危机事件描述成“某企业是生产洗发水的企业，主要生产 A 品牌的洗发水。根据《中国质量报》的消息，经过对全国各大省会城市的商场超市的洗发水抽检调查，国家质检总局近日公布了最新的《洗发水质量检测报告》。报告显示，包括 A 品牌在内的多个品牌的洗发水中检查出了致癌物二恶烷，导致部分使用这些洗发水的消费者身体出现了不适”；单发型产品伤害危机事件描述成“某企业是生产洗发水的企业，主要生产 A 品牌的洗发水。根据《中国质量报》的消息，经过对全国各大省会城市的商场超市的洗发水抽检调查，国家质检总局近日公布了最新的《洗发水质量检测报告》。报告显示，A 品牌的洗发水中检查出了致癌物二恶烷，导致部分使用这些洗发水的消费者身体出现了不适”。

（2）品牌延伸契合度（高、低）。品牌延伸契合度是指母品牌与延伸产品间的有形、无形相似程度（萧至惠等，2010），是母品牌既有产品与延伸产品间的相似度或者是母品牌既有产品与延伸产品的概念一致性程度（Xie，2008）。实验四认为品牌延伸契合度指母品牌既有产品与延伸产品间在提供服务的技术或专业知识上的一致程度，契合程度高代表两者间使用共同的技术或知识；契合程度低则代表两者间在知识和技术上有相当大差异。根据以上定义，实验四将洗发水延伸到沐浴露作为契合度高的延伸，将洗发水延伸到牙膏作为契合度低的延伸。

品牌延伸契合度（高、低）的前测，请被试随机对“品牌延伸契合度高指新产品与母品牌既有产品在技术或知识使用上的一致，而品牌延伸契合度低则指新产品与母品牌既有产品在技术或知识使用上的不同。因此，由洗发水延伸到沐浴露属于高契合度延伸”、“品牌延伸契合度高指新产品与母品牌既有产品在技术或知识使用上的一致，而品牌延伸契合度低则指新产品与母品牌既有产品在技术或知识使用上的不同。因此，由洗发水延伸到沐浴露属于低契合度延伸”、“品牌延伸契合度高指新产品与母品牌既有产品在技术或知识使用上的一致，而品牌延伸契合度低则指新产品与母品牌既有产品在技术或知识使用上的不同。因此，由洗发水延伸到牙膏属于高契合度延伸”、“品牌延伸契合度高指新产品与母品牌既有产品在技术或知识使用上的一致，而品牌延伸契合度低则指新产品与母品牌既有产品在技术或知识使用上的不同。因此，由洗发水延伸到牙膏属于低契合度延伸”等四个问题进行评价，以利克特七点尺度量表（1 表示非常不同意，7 表示非常同意）进行衡量。前测共发放、回收 80 份问卷，通过配对样本 t 检验显示，将“洗发水延伸到沐浴露”被试认为其为“品牌延伸契合度高”的均值大于认为其为“品牌延伸契合度低”的均值（$M_{高}=5.320>M_{低}=2.890$，$t=10.373$，$p<0.05$）；将“洗发水延伸到牙膏”被试认为其为“品牌延伸契合度低”的均值大于认为其为“品牌延伸契合度高”的均值（$M_{低}=5.190>M_{高}=2.520$，$t=11.004$，$p<0.05$）。可见，实验四选择的“洗发水延伸到沐浴露”属于品牌延伸契合度高，“洗发水延伸到牙膏”属于品牌延伸契合度低，在被试心中存在差别，能够在被试心中形成一定的区分。因此，实验四采用“洗发水延伸到沐浴露”作为品牌延伸契合度高的操控，采用“洗发水延伸到牙膏”作为品牌延伸契合度低的操控。

5. 实验场景设计

在实验材料中虚拟出“某企业”“A 品牌的洗发水”等信息，并将群发型产品伤害危机事件、单发型产品伤害危机事件和品牌延伸契合度（高、低）的操控手段融入材料中，部分具体场景设计如下：

实验场景一：群发型产品伤害危机事件×品牌延伸契合度高

某企业是生产洗发水的企业，主要生产 A 品牌的洗发水。根据《中国质量报》的消息，经过对全国各大省会城市的商场超市的洗发水抽检调查，国家质检总局近日公布了最新的《洗发水质量检测报告》。报告显示，包括 A 品牌在内的多个品牌的洗发水中检查出了致癌物二恶烷，导致部分使用这些洗发水的消费者身体出现了不适。目前，该企业开展多元化经营，在洗发水生产的基础上，开始生产、销售 A 品牌的沐浴露。

实验场景二：单发型产品伤害危机事件×品牌延伸契合度低

某企业是生产洗发水的企业，主要生产 A 品牌的洗发水。根据《中国质量报》的消息，经过对全国各大省会城市的商场超市的洗发水抽检调查，国家质检总局近日公布了最新的《洗发水质量检测报告》。报告显示，A 品牌的洗发水中检查出了致癌物二恶烷，导致部分使用这些洗发水的消费者身体出现了不适。目前，该企业开展多元化经营，在洗发水生产的基础上，开始生产、销售 A 品牌的牙膏。

6. 实验操控检验

参照景奉杰等（2012）对产品伤害危机群发属性的操控检验的方法对群发型产品伤害危机与单发型产品伤害危机的操控是否成功进行了检验。该操控检验量表共四个题项，采取利克特七点尺度，从 1（非常不同意）到 7（非常同意）；借助 Bridge 等（2000）的品牌延伸契合度测量量表或题项，衡量材料中的操控是否成功，具体问题或量表如下：

问题 1：您认为材料中描述的产品伤害危机事件：

题项	非常不同意	不同意	稍微不同意	一般	稍微同意	同意	非常同意
此次产品伤害危机事件只涉及一家企业（反向问题）							
只有一家企业的洗发水中查出含有二恶烷（反向问题）							
此次产品伤害危机事件涉及多家企业							
多家企业的洗发水中查出含有二恶烷							

问题 2：您认为 A 品牌推出沐浴露：

题项	非常不同意	不同意	稍微不同意	一般	稍微同意	同意	非常同意
相当适配的							
相当合乎逻辑的							
相当恰当的							
不令人感到意外的							
可被预期的							

或问题 2：您认为 A 品牌推出牙膏：

题项	非常不同意	不同意	稍微不同意	一般	稍微同意	同意	非常同意
相当适配的							
相当合乎逻辑的							
相当恰当的							
不令人感到意外的							
可被预期的							

7. 实验方法与程序

与实验一相同，实验四仍然使用现场实验法进行数据收集。并通过对自变量和因变量的客观控制和测量以及强化调查人员的指导，以减少现场实验的不可控制性。

实验前，被试通过校园拦截等方式获取，即在校园人员流动比较多的位置，选择某一固定参照物，要求调查人员每隔 10 个人拦截下 1 个人作为实验调查对象，以尽量保证被试选择的随机性。然后，在确定被拦截对象愿意参与实验四的基础上，将这些被试随机分配到不同的实验组中，完成数据收集工作。实验中，第一步，向被试说明本次研究的目的以打消被试的顾虑；第二步，要求被试阅读背景材料，阅读完材料之后，要求被试对该不同类型的产品伤害危机事件与品牌延伸契合度（高、低）的描述进行判断（这些打分用于检验操控是否成功）；第三步，要求被试填写消费者感知背叛测量量表和消费者品牌延伸评价测量量表（这些分数用于假设检验）；第四步，被试填写人口统计信息（用于描述样本）。填答完毕后，表示感谢。

8. 变量测量

与实验一一致，实验四借鉴 Grégoire 和 Fisher（2008）的消费者感知背叛测量量表，该量表包含“我觉得这家企业故意利用我”等五个题项，采取利克特七点尺度，从 1（非常不同意）到 7（非常同意）供被试作答，具体测量量表见表 5-7。

表 5-7　消费者感知背叛测量量表

题项	非常不同意	不同意	稍微不同意	一般	稍微同意	同意	非常同意
我感到被欺骗了							
我感到被出卖了							
我觉得企业说谎							
我觉得这家企业故意利用我							
这家企业试图虐待我							

借鉴相关研究，实验四将消费者品牌延伸评价分为“知觉质量”、“知觉价值”、“偏好态度”和“购买意愿”等四个构面来衡量消费者对于品牌延伸的评价，该量表包含“我认为这个延伸产品质量会很好”等七个题项，采取利克特七点尺度，从 1（非常不同意）到 7（非常同意）供被试作答，消费者品牌延伸评价测量量表见表 5-8、表 5-9。

表 5-8　消费者品牌延伸评价测量量表（品牌延伸契合度高）

题项	非常不同意	不同意	稍微不同意	一般	稍微同意	同意	非常同意
我认为 A 品牌的沐浴露质量会很好							
我觉得 A 品牌的沐浴露会很实用							
我觉得 A 品牌的沐浴露值得信赖							
我会喜欢 A 品牌的沐浴露							
A 品牌的沐浴露对我很有吸引力							
如有需要，我可能会考虑购买 A 品牌的沐浴露							
如有需要，我会推荐朋友购买 A 品牌的沐浴露							

表 5-9　消费者品牌延伸评价测量量表（品牌延伸契合度低）

题项	非常不同意	不同意	稍微不同意	一般	稍微同意	同意	非常同意
我认为 A 品牌的牙膏质量会很好							
我觉得 A 品牌的牙膏会很实用							
我觉得 A 品牌的牙膏值得信赖							
我会喜欢 A 品牌的牙膏							
A 品牌的牙膏对我很有吸引力							
如有需要，我可能会考虑购买 A 品牌的牙膏							
如有需要，我会推荐朋友购买 A 品牌的牙膏							

9. 实验四的问卷设计

根据以上实验材料设计和变量测量量表，实验四形成研究过程中使用的问卷。

亲爱的朋友：

您好！

我是******大学的教师，在进行一项有关消费者行为的研究工作。这是一份学术问卷，您对本问卷所做出的选择，仅做学术研究之用，没有对错之分，且不用记名，请放心作答。恳请您在百忙中拨冗填答，谢谢！

敬祝 万事如意

第一部分：背景材料

请先阅读下面的背景材料，设想您自己就是材料中的主角，读后请您根据自己的判断进行选择与回答。

某企业是生产洗发水的企业，主要生产 A 品牌的洗发水。根据《中国质量报》的消息，经过对全国各大省会城市的商场超市的洗发水抽检调查，国家质检总局近日公布了最新的《洗发水质量检测报告》。报告显示，包括 A 品牌在内的多个品牌的洗发水中检查出了致癌物二恶烷，导致部分使用这些洗发水的消费者身体出现了不适。目前，该企业开展多元化经营，在洗发水生产的基础上，开始生产、销售 A 品牌的沐浴露。

根据以上材料，请对以下问题做出判断。

问题 1：您认为材料中描述的产品伤害危机事件：

题项	非常不同意	不同意	稍微不同意	一般	稍微同意	同意	非常同意
此次产品伤害危机事件只涉及一家企业（反向问题）							
只有一家企业的洗发水中查出含有二恶烷（反向问题）							
此次产品伤害危机事件涉及多家企业							
多家企业的洗发水中查出含有二恶烷							

问题 2：您认为 A 品牌推出沐浴露：

题项	非常不同意	不同意	稍微不同意	一般	稍微同意	同意	非常同意
相当适配的							
相当合乎逻辑的							
相当恰当的							
不令人感到意外的							
可被预期的							

第二部分：请回答下列问题

问题 1：结合以上材料回答对下面的评价做出判断：

题项	非常不同意	不同意	稍微不同意	一般	稍微同意	同意	非常同意
我感到被欺骗了							
我感到被出卖了							
我觉得企业说谎							
我觉得这家企业故意利用我							
这家企业试图虐待我							

问题 2：请对该企业生产的 A 品牌的沐浴露的评价做出判断：

题项	非常不同意	不同意	稍微不同意	一般	稍微同意	同意	非常同意
我认为 A 品牌的沐浴露质量会很好							
我觉得 A 品牌的沐浴露会很实用							
我觉得 A 品牌的沐浴露值得信赖							
我会喜欢 A 品牌的沐浴露							
A 品牌的沐浴露对我很有吸引力							
如有需要，我可能会考虑购买 A 品牌的沐浴露							
如有需要，我会推荐朋友购买 A 品牌的沐浴露							

第三部分：个人资料

1. 请问您的性别：

A. 男　　B. 女

2. 请问您的年龄：

A. 20 岁及以下　B. 21~25 岁　C. 26 岁及以上

3. 请问您的学历水平：

A. 本科及以下　B. 硕士研究生　C. 博士研究生

问卷到此结束，再次感谢您对实验四的支持！

5.3 研究结果

5.3.1 实验一研究结果：不同发生规模下的产品伤害危机对消费者品牌延伸评价的影响分析

1. 样本结构

本实验共发放 200 份问卷，进入分析的有效问卷为 173 份（86.50%），无效问卷主要是填答缺失较多与答案趋同性。从样本结构来看，女性 91 人（52.6%），男性 82 人（47.4%）；20 岁及以下 84 人（48.6%），21~25 岁 54 人（31.2%），26 岁及以上 35 人（20.2%）；本科及以下学历 100 人（57.8%），硕士研究生学历 43 人（24.9%），博士研究生学历 30 人（17.3%）。以品牌延伸评价为因变量，以性别、年龄、学历为自变量，构建回归模型，结果显示回归模型不显著[F（3，172）=0.111，p=0.953]，排除了人口统计特征变化可能给因变量带来的影响。

2. 信度与效度

从信度来看，对中介变量“消费者感知背叛”量表的信度分析表明，该量表的 Cronbach's α 为 0.857；对因变量“消费者品牌延伸评价”量表的信度分析表明，该量表的 Cronbach's α 为 0.955；“产品伤害危机事件类型”操控检验量表的信度分析表明，该量表的 Cronbach's α 为 0.970。以上信度分析表明，实验一使用的量表的 Cronbach's α 系数均符合 Nunnally（1978）认为 Cronbach's α 至少要大于 0.7 才能够被接受的结论，实验一使用的问卷具有一定的信度。

同时，本章研究分析发现，“消费者感知背叛”量表的 KMO 值为 0.773，Bartlett's 球形检验的值为 425.790（p<0.05），表明数据适合进行因子分析。进一步因子分析发现，所有的因子载荷均大于 0.5，且 AVE 值（0.650）大于 0.50，消费者感知背叛量表具有很好的收敛效度。

“消费者品牌延伸评价”量表的 KMO 值为 0.918，Bartlett's 球形检验的值为

1 214.838（$p<0.05$），表明数据适合进行因子分析。进一步因子分析发现，所有的因子载荷均大于 0.5，且 AVE 值（0.790）大于 0.50，消费者感知背叛量表也具有很好的收敛效度。

“产品伤害危机事件类型操控”量表的 KMO 值为 0.884，Bartlett's 球形检验的值为 943.829（$p<0.05$），表明数据适合进行因子分析。进一步因子分析发现，所有因子的载荷均大于 0.5，且 AVE 值（0.923）大于 0.50，产品伤害危机事件类型操控量表也具有很好的收敛效度。具体指标见表 5-10、表 5-11、表 5-12。

此外，从内容效度来看，该变量测量语句来源于已有文献，并与相关专家进行了深入讨论，具有一定的内容效度。

表 5-10　消费者感知背叛量表信度效度表

测量构念	题项	因子载荷	总体特征值	累计解释变异	组合信度（CR）	KMO	Bartlett's 球形检验	AVE	Cronbach's α 系数
消费者感知背叛	我感到被欺骗了	0.864	3.251	65.030%	0.902	0.773	425.790	0.650	0.857
	我感到被出卖了	0.808							
	我觉得企业说谎	0.823							
	我觉得这家企业故意利用我	0.749							
	这家企业试图虐待我	0.782							

表 5-11　消费者品牌延伸评价量表信度效度表

测量构念	题项	因子载荷	总体特征值	累计解释变异	组合信度（CR）	KMO	Bartlett's 球形检验	AVE	Cronbach's α 系数
消费者品牌延伸评价	我认为 A 品牌的 B 产品质量会很好	0.861	5.531	79.013%	0.964	0.918	1 214.838	0.790	0.955
	我觉得 A 品牌的 B 产品会很实用	0.891							
	我觉得 A 品牌的 B 产品值得信赖	0.885							
	我会喜欢 A 品牌的 B 产品	0.871							
	A 品牌的 B 产品对我很有吸引力	0.890							
	如有需要，我可能会考虑购买 A 品牌的 B 产品	0.889							
	如有需要，我会推荐朋友购买 A 品牌的 B 产品	0.934							

表 5-12　产品伤害危机事件类型操控量表信度效度表

<table>
<tr><th>测量构念</th><th>题项</th><th>因子载荷</th><th>总体特征值</th><th>累计解释变异</th><th>组合信度（CR）</th><th>KMO</th><th>Bartlett's 球形检验</th><th>AVE</th><th>Cronbach's α 系数</th></tr>
<tr><td rowspan="4">产品伤害危机事件类型</td><td>此次产品伤害危机事件只涉及一家企业（反向问题）</td><td>0.968</td><td rowspan="4">3.691</td><td rowspan="4">92.280%</td><td rowspan="4">0.980</td><td rowspan="4">0.884</td><td rowspan="4">943.829</td><td rowspan="4">0.923</td><td rowspan="4">0.970</td></tr>
<tr><td>只有一家企业的洗发水中查出含有二恶烷（反向问题）</td><td>0.963</td></tr>
<tr><td>此次产品伤害危机事件涉及多家企业</td><td>0.953</td></tr>
<tr><td>多家企业的洗发水中查出含有二恶烷</td><td>0.959</td></tr>
</table>

3. 共同方法偏差的控制

针对研究中可能存在的共同方法偏差，在数据收集过程中，实验一尽可能地通过程序控制减少共同方法偏差的产生：一方面是实验一采取匿名填答的方式，所使用的量表也是成熟的量表，尽量采取了消除社会赞许性、一致性倾向、项目的模糊性等手段；另一方面，实验一事先对测试项目进行了仔细研究，并未有容易产生共同方法偏差的测量项目，而且在题项设计时通过反向题目设计以及合理设计量表长度等方法以尽可能减少共同方法偏差对研究的影响。

4. 操控检验

对于产品伤害危机事件，本操控检验的目的在于检验被试对群发型产品伤害危机事件与单发型产品伤害危机事件能否有很好的区别。独立样本 t 检验表明，群发型产品伤害危机事件组与单发型产品伤害危机事件组对事件的评价存在显著差异[t（171）=80.724，p<0.05]，以上分析表明，不同类型产品伤害危机事件的组间差异性被成功操控。

5. 假设检验

独立样本 t 检验分析表明，就消费者感知背叛而言，不同发生规模下的产品伤害危机事件对消费者感知背叛存在显著影响[t（171）=12.936，p<0.05]，即与单发型产品伤害危机事件引发的消费者感知背叛相比（$M_{单发-感知背叛}$=4.396，

$SD_{单发-感知背叛}$=0.574），群发型产品伤害危机事件引发消费者较高的感知背叛（$M_{群发-感知背叛}$=5.496，$SD_{群发-感知背叛}$=0.543），该结果证实了本章研究提出的假设 H_{5-1} 成立；就消费者品牌延伸评价而言，不同发生规模下的产品伤害危机事件对消费者品牌延伸评价存在显著影响[t（171）=−7.492，$p<0.05$]，即与单发型的产品伤害危机事件下的消费者品牌延伸评价相比（$M_{单发-延伸评价}$=4.300，$SD_{单发-延伸评价}$=1.000），群发型产品伤害危机事件下的消费者品牌延伸评价较低（$M_{群发-延伸评价}$=3.127，$SD_{群发-延伸评价}$=0.936），该结果证实了本章研究提出的假设 H_{5-2} 成立；此外，实验一按消费者感知背叛均值的大小，将消费者感知背叛分成高、低 2 个水平组（按照均值大小，分别取总样本的前 27%和后 27%），进一步独立样本 t 检验分析表明，消费者感知背叛（高、低）对消费者品牌延伸评价的影响存在显著差异[t（100）=−17.318，$p<0.05$]，就消费者品牌延伸评价均值而言，高消费者感知背叛带来的品牌延伸评价均值（$M_{高感知背叛-延伸评价}$=2.738，$SD_{高感知背叛-延伸评价}$=0.614）显著低于低感知背叛带来的品牌延伸评价均值（$M_{低感知背叛-延伸评价}$=4.833，$SD_{低感知背叛-延伸评价}$=0.607），即消费者感知背叛越高，消费者品牌延伸评价越低，该结果证实了本章研究提出的假设 H_{5-3} 成立。

对消费者感知背叛可能存在的中介作用，实验一采用 Baron 和 Kenny（1986）的方法进行检验。首先，将消费者品牌延伸评价作因变量，产品伤害危机事件作自变量进行线性回归分析。回归分析表明，不同类型的产品伤害危机事件对消费者品牌延伸评价存在显著影响[F（1，172）=63.069，$p<0.05$；$\beta_{事件类型-延伸评价}$=−0.519，t=−7.942，$p<0.05$]。其次，将消费者感知背叛作因变量，产品伤害危机事件作自变量进行线性回归分析。回归结果显示，不同类型的产品伤害危机事件对消费者感知背叛存在显著影响[F（1，172）=167.349，$p<0.05$；$\beta_{事件类型-感知背叛}$= 0.703，t=12.936，$p<0.05$]。再次，将消费者品牌延伸评价作因变量，消费者感知背叛作自变量进行线性回归分析。回归结果表明，消费者感知背叛对消费者品牌延伸评价存在显著影响[F（1，172）=256.793，$p<0.05$；$\beta_{感知背叛-延伸评价}$=−0.775，t=−16.025，$p<0.05$]。最后，将产品伤害危机事件和消费者感知背叛同时作自变量，以消费者品牌延伸评价作因变量进行线性回归分析。回归分析结果表明，不同类型的产品伤害危机事件对消费者品牌延伸评价的影响不再显著[F（2，172）=128.348，$p<0.05$；$\beta_{事件类型-延伸评价}$=0.051，t=0.750，p=0.454]，而消费者感知背叛对消费者品牌延伸评价的影响仍然显著[F（2，172）= 128.348，$p<0.05$；$\beta_{感知背叛-延伸评价}$=−0.811，t=−11.905，$p<0.05$]。可见，消费者感知背叛在不同类型的产品伤害危机事件（单发型产品伤害危机事件、群发型产品伤害危机事件）对消费者品牌延伸评价影响中起到显著的中介作用，该结果证实了本章研究提出的假设 H_{5-4} 成立。

5.3.2　实验二研究结果：心理距离（空间距离）（远、近）的调节作用分析

1. 样本结构

本实验共发放 175 份问卷，进入分析的有效问卷为 151 份（86.29%），无效问卷主要是填答不认真，答案趋同性。从样本结构来看，女性 73 人（48.3%），男性 78 人（51.7%）；20 岁及以下 58 人（38.4%），21~25 岁 51 人（33.8%），26 岁及以上 42 人（27.8%）；本科及以下学历 83 人（55.0%），硕士研究生学历 37 人（24.5%），博士研究生学历 31 人（20.5%）。以品牌延伸评价为因变量，以性别、年龄、学历为自变量，构建回归模型，结果显示回归模型不显著[F（3，150）= 0.104，p=0.957]，排除了人口统计特征变化可能给因变量带来的影响。

2. 信度与效度

从信度来看，对中介变量“消费者感知背叛”量表的信度分析表明，该量表的 Cronbach’s α 为 0.861；对因变量“消费者品牌延伸评价”量表的信度分析表明，该量表的 Cronbach’s α 为 0.817；“产品伤害危机事件类型操控检验”量表的信度分析表明，该量表的 Cronbach’s α 为 0.954。以上信度分析表明，实验二使用的量表的 Cronbach’s α 系数均符合 Nunnally（1978）认为 Cronbach’s α 至少要大于 0.7 才能够被接受的结论，实验二使用的问卷具有一定的信度。

同时，探索性因子分析发现，“消费者感知背叛”量表的 KMO 值为 0.811。Bartlett’s 球形检验的值为 353.562（p<0.05），表明数据适合进行因子分析。进一步因子分析发现，所有的因子载荷均大于 0.5，且 AVE 值（0.646）大于 0.5，消费者感知背叛量表具有很好的收敛效度。

“消费者品牌延伸评价”量表的 KMO 值为 0.949，Bartlett’s 球形检验的值为 1 031.815（p<0.05），表明数据适合进行因子分析。进一步因子分析发现，所有的因子载荷均大于 0.5，且 AVE 值（0.795）大于 0.5，消费者品牌延伸评价量表也具有很好的收敛效度。

“产品伤害危机事件类型操控”量表的 KMO 值为 0.870，Bartlett’s 球形检验的值为 649.474（p<0.05），表明数据适合进行因子分析。进一步因子分析发现，所有的因子载荷均大于 0.5，且 AVE 值（0.883）大于 0.5，产品伤害危机事件类型操控量表也具有很好的收敛效度，具体指标见表 5-13、表 5-14、表 5-15。

表 5-13　消费者感知背叛量表信度效度表

测量构念	题项	因子载荷	总体特征值	累计解释变异	组合信度（CR）	KMO	Bartlett's 球形检验	AVE	Cronbach's α 系数
消费者感知背叛	我感到被欺骗了	0.746	3.228	64.551%	0.901	0.811	353.562	0.646	0.861
	我感到被出卖了	0.807							
	我觉得企业说谎	0.835							
	我觉得这家企业故意利用我	0.846							
	这家企业试图虐待我	0.779							

表 5-14　消费者品牌延伸评价量表信度效度表

测量构念	题项	因子载荷	总体特征值	累计解释变异	组合信度（CR）	KMO	Bartlett's 球形检验	AVE	Cronbach's α 系数
消费者品牌延伸评价	我认为 A 品牌的 B 产品质量会很好	0.885	5.568	79.538%	0.965	0.949	1 031.815	0.795	0.817
	我觉得 A 品牌的 B 产品会很实用	0.871							
	我觉得 A 品牌的 B 产品值得信赖	0.911							
	我会喜欢 A 品牌的 B 产品	0.876							
	A 品牌的 B 产品对我很有吸引力	0.907							
	如有需要，我可能会考虑购买 A 品牌的 B 产品	0.897							
	如有需要，我会推荐朋友购买 A 品牌的 B 产品	0.895							

表 5-15　产品伤害危机事件类型操控量表信度效度表

测量构念	题项	因子载荷	总体特征值	累计解释变异	组合信度（CR）	KMO	Bartlett's 球形检验	AVE	Cronbach's α 系数
产品伤害危机事件类型	此次产品伤害危机事件只涉及一家企业（反向问题）	0.926	3.533	88.332%	0.968	0.870	649.474	0.883	0.954
	只有一家企业的洗发水中查出含有二恶烷（反向问题）	0.937							
	此次产品伤害危机事件涉及多家企业	0.954							

续表

测量构念	题项	因子载荷	总体特征值	累计解释变异	组合信度（CR）	KMO	Bartlett's 球形检验	AVE	Cronbach's α 系数
产品伤害危机事件类型	多家企业的洗发水中查出含有二恶烷	0.941	3.533	88.332%	0.968	0.870	649.474	0.883	0.954

此外，从内容效度来看，该变量测量语句来源于已有文献，并与相关专家进行了深入讨论，具有一定的内容效度。

3. 共同方法偏差的控制

针对研究中可能存在的共同方法偏差，在数据收集过程中，实验二尽可能地通过程序控制减少共同方法偏差的产生：一方面是实验二采取匿名填答的方式，所使用的量表也是成熟的量表，尽量采取了消除社会赞许性、一致性倾向、项目的模糊性等手段；另一方面，实验二事先对测试项目进行了仔细研究，并未有容易产生共同方法偏差的测量项目，而且在题项设计时通过反向题目设计以及合理设计量表长度等方法以尽可能减少共同方法偏差对研究的影响。

4. 操控检验

对于产品伤害危机事件，本操控检验的目的在于检验被试对群发型产品伤害危机事件与单发型产品伤害危机事件能否有很好的区别。独立样本 t 检验表明，群发型产品伤害危机事件组与单发型产品伤害危机事件组对事件的评价存在显著差异[t（136.870）=56.934，$p<0.05$]，以上分析表明，不同类型产品伤害危机事件的组间差异性被成功操控。

对于空间距离（远、近），本操控检验的目的在于检验实验材料设计的空间距离（远、近）（沈阳或武汉）能否在被试中操控成功。独立样本 t 检验表明，空间距离远的被试组与空间距离近的被试组对实验材料中空间距离设计的评价存在显著差异[t（149）=−27.903，$p<0.05$]，以上分析表明，本实验空间距离（远、近）组间差异性被成功操控。

5. 假设检验

1）不同类型的产品伤害危机事件对消费者品牌延伸评价的影响以及消费者感知背叛的中介作用

独立样本 t 检验分析表明，就消费者感知背叛而言，不同发生规模下的产品伤害危机事件对消费者感知背叛存在显著影响[t（149）=−7.427，$p<0.05$]，即与单发型产品伤害危机事件引发的消费者感知背叛相比（$M_{单发-感知背叛}$=4.163，$SD_{单发-感知背叛}$=0.734），群发型产品伤害危机事件引发消费者较高的感知背叛（$M_{群发-感知背叛}$=5.115，$SD_{群发-感知背叛}$=0.837），该结果证实了本章研究提出的假设

$H_{5\text{-}1}$ 成立；就消费者品牌延伸评价而言，不同发生规模下的产品伤害危机事件对消费者品牌延伸评价存在显著影响[t（138.379）=−5.109，p<0.05]，即与单发型产品伤害危机事件下的消费者品牌延伸评价相比（$M_{单发\text{–}延伸评价}$=4.912，$SD_{单发\text{–}延伸评价}$=0.836），群发型产品伤害危机事件下的消费者品牌延伸评价较低（$M_{群发\text{–}延伸评价}$=4.101，$SD_{群发\text{–}延伸评价}$=1.095），该结果证实了本章研究提出的假设 $H_{5\text{-}2}$ 成立；此外，实验二按消费者感知背叛均值的大小，将消费者感知背叛分成高、低 2 个水平组（按照均值大小，分别取总样本的前 27%和后 27%），进一步独立样本 t 检验分析表明，消费者感知背叛（高、低）对消费者品牌延伸评价的影响存在显著差异[t（91）=13.145，p<0.05]，就消费者品牌延伸评价均值而言，高消费者感知背叛带来的品牌延伸评价均值（$M_{高感知背叛\text{–}延伸评价}$=3.668，$SD_{高感知背叛\text{–}延伸评价}$=0.945）显著低于低感知背叛带来的品牌延伸评价均值（$M_{低感知背叛\text{–}延伸评价}$=5.254，$SD_{低感知背叛\text{–}延伸评价}$=0.763），即消费者感知背叛越高，消费者品牌延伸评价越低，该结果证实了本章研究提出的假设 $H_{5\text{-}3}$ 成立。

对消费者感知背叛可能存在的中介作用，实验二采用 Baron 和 Kenny（1986）的方法进行检验。首先，将消费者品牌延伸评价作因变量，产品伤害危机事件作自变量进行线性回归分析。回归分析表明，不同类型的产品伤害危机事件对消费者品牌延伸评价存在显著影响[F（1，150）=26.193，p<0.05；$\beta_{事件类型\text{–}延伸评价}$=−0.387，t=−5.118，p<0.05]。其次，将消费者感知背叛作因变量，产品伤害危机事件作自变量进行线性回归分析。回归结果显示，不同类型的产品伤害危机事件对消费者感知背叛存在显著影响[F（1，150）=55.164，p<0.05；$\beta_{事件类型\text{–}感知背叛}$=0.520，t=7.427，p<0.05]。再次，将消费者品牌延伸评价作因变量，消费者感知背叛作自变量进行线性回归分析。回归结果表明，消费者感知背叛对消费者品牌延伸评价存在显著影响[F（1，150）131.831，p<0.05；$\beta_{感知背叛\text{–}延伸评价}$= −0.685，t=−11.482，p<0.05]。最后，将产品伤害危机事件和消费者感知背叛同时作自变量，以消费者品牌延伸评价作因变量进行线性回归分析。回归分析结果表明，不同类型的产品伤害危机事件对消费者品牌延伸评价的影响不再显著[F（2，150）=65.809，p<0.05；$\beta_{事件类型\text{–}延伸评价}$=−0.042，t=−0.597，p= 0.551]，而消费者感知背叛对消费者品牌延伸评价的影响仍然显著[F（2，150）= 65.809，p<0.05；$\beta_{感知背叛\text{–}延伸评价}$=−0.663，t=−9.477，p<0.05]。可见，消费者感知背叛在不同类型的产品伤害危机事件（群发型产品伤害危机事件、单发型产品伤害危机事件）对消费者品牌延伸评价影响中起到显著的中介作用，该结果证实了本章研究提出的假设 $H_{5\text{-}4}$ 成立。

2）心理距离（空间距离）（远、近）的调节作用

针对心理距离（空间距离）（远、近）可能起到的调节作用，实验二采用双因子方差分析进行数据处理。方差分析结果显示不同类型的产品伤害危机事件[F（1，150）=64.828，p<0.05]、空间距离[F（1，150）=14.372，p<0.05]均具有显

著主效应，而且产品伤害危机事件与空间距离之间存在显著交互作用[F（1，150）= 4.733，p=0.031]。

同时，进一步单纯主效应分析发现，就近空间距离而言，单发型产品伤害危机事件导致的消费者感知背叛显著低于群发型产品伤害危机事件导致的消费者感知背叛[F（1，69）=44.465，p<0.05；$M_{\text{近-单发-感知背叛}}$=4.267，$SD_{\text{近-单发-感知背叛}}$=0.762；$M_{\text{近-群发-感知背叛}}$=5.512，$SD_{\text{近-群发-感知背叛}}$=0.800]；就远空间距离而言，单发型产品伤害危机事件导致的消费者感知背叛显著低于群发型产品伤害危机事件导致的消费者感知背叛[F（1，80）=20.304，p<0.05；$M_{\text{远-单发-感知背叛}}$=4.070，$SD_{\text{远-单发-感知背叛}}$=0.705；$M_{\text{远-群发-感知背叛}}$=4.785，$SD_{\text{远-群发-感知背叛}}$=0.723]。可见，不论产品伤害危机事件是群发型产品伤害危机事件还是单发型产品伤害危机事件，近空间距离下的消费者感知背叛均高于远空间距离下的消费者感知背叛（$M_{\text{近-群发-感知背叛}}$=5.512>$M_{\text{远-群发-感知背叛}}$=4.785；$M_{\text{近-单发-感知背叛}}$=4.267>$M_{\text{远-单发-感知背叛}}$=4.070），而且近空间距离下不同类型产品伤害危机事件导致的感知背叛均值差（$\Delta M_{\text{近-感知背叛}}$=1.245）大于远空间距离下不同类型产品伤害危机事件导致的感知背叛均值差（$\Delta M_{\text{远-感知背叛}}$=0.715），也就是说，空间距离近加剧了产品伤害危机对消费者感知背叛的影响。可见空间距离（远、近）在不同类型产品伤害危机事件影响消费者感知背叛之间存在一定的调节作用，本章研究提出的 $H_{5\text{-}5a}$ 得到验证。具体结果见表 5-16 和图 5-2。

表 5-16　产品伤害危机、空间距离与消费者感知背叛的双因子方差分析摘要表

来源	平方和 SS	自由度 df	均方和 MS	F 值	显著性 Sig.
事件类型	36.061	1	36.061	64.828	0.000
空间距离	7.994	1	7.994	14.372	0.000
事件类型×空间距离	2.633	1	2.633	4.733	0.031
校正的总计	126.487	150			

注：因变量：消费者感知背叛均值

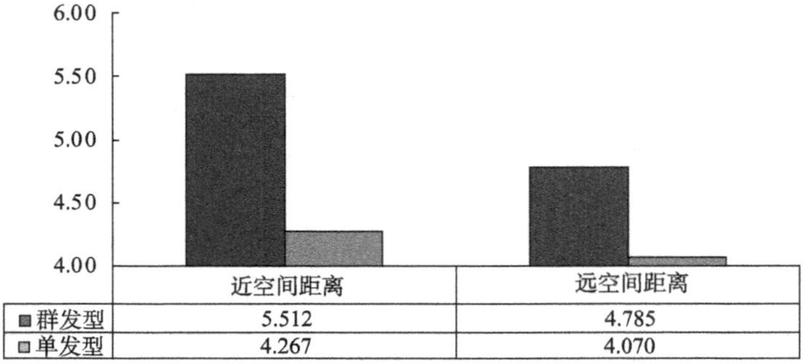

图 5-2　产品伤害危机、空间距离与消费者感知背叛交互影响图

5.3.3 实验二研究结果：心理距离（社会距离）（远、近）的调节作用分析

1. 样本结构

本实验共发放 170 份问卷，进入分析的有效问卷为 156 份（91.76%），无效问卷主要是填答不认真，填答矛盾。从样本结构来看，女性 79 人（50.6%），男性 77 人（49.4%）；20 岁及以下 70 人（44.9%），21~25 岁 52 人（33.3%），26 岁及以上 34 人（21.8%）；本科及以下学历 92 人（59.0%），硕士研究生学历 42 人（26.9%），博士研究生学历 22 人（14.1%）。以品牌延伸评价为因变量，以性别、年龄、学历为自变量，构建回归模型，结果显示回归模型不显著 [F（3，154）=0.817，p=0.486]，排除了人口统计特征变化可能给因变量带来的影响。

2. 信度与效度

从信度来看，对中介变量“消费者感知背叛”量表的信度分析表明，该量表的 Cronbach's α 为 0.821；对因变量“消费者品牌延伸评价”量表的信度分析表明，该量表的 Cronbach's α 为 0.951；“产品伤害危机事件类型操控”检验量表的 Cronbach's α 为 0.954；“社会距离（远、近）操控”检验量表的 Cronbach's α 为 0.944。以上信度分析表明，实验二使用的量表的 Cronbach's α 系数均符合 Nunnally（1978）认为 Cronbach's α 至少要大于 0.7 才能够被接受的结论，实验二使用的问卷具有一定的信度。

同时，探索性因子分析发现，“消费者感知背叛”量表的 KMO 值为 0.779，Bartlett's 球形检验的值为 282.783（p<0.05），表明数据适合进行因子分析。进一步因子分析发现，所有的因子载荷均大于 0.5，且 AVE 值（0.585）大于 0.5，消费者感知背叛量表也具有很好的收敛效度。

“消费者品牌延伸评价”量表的 KMO 值为 0.913，Bartlett's 球形检验的值为 1 261.259（p<0.05），表明数据适合进行因子分析。进一步因子分析发现，所有的因子载荷均大于 0.5，且 AVE 值（0.784）大于 0.5，消费者品牌延伸评价量表具有很好的收敛效度。

“产品伤害危机事件类型操控”量表的 KMO 值为 0.846，Bartlett's 球形检验的值为 667.456（p<0.05），表明数据适合进行因子分析。进一步因子分析发现，所有的因子载荷均大于 0.5，且 AVE 值（0.839）大于 0.5，产品伤害危机事件类型操控量表具有很好的收敛效度。

“社会距离（远、近）操控”量表的 KMO 值为 0.869，Bartlett's 球形检验的

值为 583.688（p<0.05），表明数据适合进行因子分析。进一步因子分析发现，所有的因子载荷均大于 0.5，且 AVE 值（0.813）大于 0.5，该量表具有很好的收敛效度。具体结果见表 5-17、表 5-18、表 5-19 和表 5-20。

表 5-17　消费者感知背叛量表信度效度表（社会距离）

测量构念	题项	因子载荷	总体特征值	累计解释变异	组合信度（CR）	KMO	Bartlett's 球形检验	AVE	Cronbach's α 系数
消费者感知背叛	我感到被欺骗了	0.768	2.927	58.532%	0.876	0.779	282.783	0.585	0.821
	我感到被出卖了	0.760							
	我觉得企业说谎	0.782							
	我觉得这家企业故意利用我	0.806							
	这家企业试图虐待我	0.705							

表 5-18　消费者品牌延伸评价量表信度效度表（社会距离）

测量构念	题项	因子载荷	总体特征值	累计解释变异	组合信度（CR）	KMO	Bartlett's 球形检验	AVE	Cronbach's α 系数
消费者品牌延伸评价	我认为 A 品牌的 B 产品质量会很好	0.905	5.689	81.275%	0.962	0.913	1 261.259	0.784	0.951
	我觉得 A 品牌的 B 产品会很实用	0.874							
	我觉得 A 品牌的 B 产品值得信赖	0.847							
	我会喜欢 A 品牌的 B 产品	0.782							
	A 品牌的 B 产品对我很有吸引力	0.954							
	如有需要，我可能会考虑购买 A 品牌的 B 产品	0.963							
	如有需要，我会推荐朋友购买 A 品牌的 B 产品	0.860							

表 5-19　产品伤害危机事件类型操控量表信度效度表

测量构念	题项	因子载荷	总体特征值	累计解释变异	组合信度（CR）	KMO	Bartlett's 球形检验	AVE	Cronbach's α 系数
产品伤害危机事件类型	此次产品伤害危机事件只涉及一家企业（反向问题）	0.930	3.517	87.937%	0.954	0.846	667.456	0.839	0.954
	只有一家企业的洗发水中查出含有二恶烷（反向问题）	0.912							
	此次产品伤害危机事件涉及多家企业	0.911							
	多家企业的洗发水中查出含有二恶烷	0.911							

表 5-20　社会距离（远、近）操控量表信度效度表

测量构念	题项	因子载荷	总体特征值	累计解释变异	组合信度（CR）	KMO	Bartlett's 球形检验	AVE	Cronbach's α 系数
社会距离	我觉得我和我好朋友之间的距离很近	0.892	3.437	85.917%	0.946	0.869	583.688	0.813	0.944
	我觉得我和我好朋友之间的距离很远	0.890							
	我觉得我和陌生人之间的距离很近	0.933							
	我觉得我和陌生人之间的距离很远	0.890							

此外，从内容效度来看，以上变量测量语句来源于已有文献，并与相关专家进行了深入讨论，具有一定的内容效度。

3. 共同方法偏差的控制

针对研究中可能存在的共同方法偏差，在数据收集过程中，实验二尽可能地通过程序控制减少共同方法偏差的产生：一方面是实验二采取匿名填答的方式，所使用的量表也是成熟的量表，尽量采取了消除社会赞许性、一致性倾向、项目的模糊性等手段；另一方面，实验二事先对测试项目进行了仔细研究，并未有容易产生共同方法偏差的测量项目，而且在题项设计时通过设计反向问题以及合理设计量表长度等方法以尽可能减少共同方法偏差对研究的影响。

4. 操控检验

对于产品伤害危机事件，独立样本 t 检验表明，群发型产品伤害危机事件组与单发型产品伤害危机事件组对事件的评价存在显著差异[t（154）=50.220，p<0.05；$M_{群发}$=5.464，$SD_{群发}$=0.400；$M_{单发}$=2.517，$SD_{单发}$=0.320]，以上分析表明，不同类型产品伤害危机事件的组间差异性被成功操控。

对于社会距离（远、近），本操控检验的目的在于检验实验材料设计的社会距离（远、近）（好朋友或陌生人）能否在被试中操控成功。独立样本 t 检验表明，社会距离远的被试组与社会距离近的被试组对实验材料中社会距离设计的评价存在显著差异[t（154）=36.249，p<0.05；$M_{近}$=5.276，$SD_{近}$=0.428；$M_{远}$=2.568，$SD_{远}$=0.505]，以上分析表明，本实验社会距离（远、近）组间差异性被成功操控。

5. 假设检验

1）不同类型的产品伤害危机事件对消费者品牌延伸评价的影响以及消费者

感知背叛的中介作用

独立样本 t 检验分析表明，就消费者感知背叛而言，不同发生规模下的产品伤害危机事件对消费者感知背叛存在显著影响[t（154）=6.052，p<0.05]，即与单发型产品伤害危机事件引发的消费者感知背叛相比（$M_{单发-感知背叛}$=4.417，$SD_{单发-感知背叛}$=0.678），群发型产品伤害危机事件引发消费者较高的感知背叛（$M_{群发-感知背叛}$=5.041，$SD_{群发-感知背叛}$=0.797），该结果进一步证实了本章研究提出的假设 $H_{5\text{-}1}$ 成立；就消费者品牌延伸评价而言，不同发生规模下的产品伤害危机事件对消费者品牌延伸评价存在显著影响[t（152.776）=−5.420，p<0.05]，即与单发型产品伤害危机事件下的消费者品牌延伸评价相比（$M_{单发-延伸评价}$=4.849，$SD_{单发-延伸评价}$=0.734），群发型产品伤害危机事件下的消费者品牌延伸评价较低（$M_{群发-延伸评价}$=4.136，$SD_{群发-延伸评价}$=0.903），该结果进一步证实了本章研究提出的假设 $H_{5\text{-}2}$ 成立；此外，实验二按消费者感知背叛均值的大小，将消费者感知背叛分成高、低 2 个水平组（按照均值大小，分别取总样本的前 27%和后 27%），进一步独立样本 t 检验分析表明，消费者感知背叛（高、低）对消费者品牌延伸评价的影响存在显著差异[t（91.014）=−25.733，p<0.05]，就消费者品牌延伸评价均值而言，高消费者感知背叛带来的品牌延伸评价均值（$M_{高感知背叛-延伸评价}$=3.364，$SD_{高感知背叛-延伸评价}$=0.421）显著低于低消费者感知背叛带来的品牌延伸评价均值（$M_{低感知背叛-延伸评价}$=5.359，$SD_{低感知背叛-延伸评价}$=0.336），即消费者感知背叛越高，消费者品牌延伸评价越低，该结果进一步证实了本章研究提出的假设 $H_{5\text{-}3}$ 成立。

对消费者感知背叛可能存在的中介作用，实验二采用 Baron 和 Kenny（1986）的方法进行检验。首先，将消费者品牌延伸评价作因变量，产品伤害危机事件作自变量进行线性回归分析。回归分析表明，不同类型的产品伤害危机事件对消费者品牌延伸评价存在显著影响[F（1，154）=28.381，p<0.05；$\beta_{事件类型-延伸评价}$=−0.396，t=−5.327，p<0.05]。其次，将消费者感知背叛作因变量，产品伤害危机事件作自变量进行线性回归分析。回归结果显示，不同类型的产品伤害危机事件对消费者感知背叛存在显著影响[F（1，154）=36.626，p<0.05；$\beta_{事件类型-感知背叛}$=0.438，t=6.052，p<0.05]。再次，将消费者品牌延伸评价作因变量，消费者感知背叛作自变量进行线性回归分析。回归结果表明，消费者感知背叛对消费者品牌延伸评价存在显著影响[F（1，154）=502.737，p<0.05；$\beta_{感知背叛-延伸评价}$=−0.876，t=−22.422，p<0.05]。最后，将产品伤害危机事件和消费者感知背叛同时作自变量，以消费者品牌延伸评价作因变量进行线性回归分析。回归分析结果表明，不同类型的产品伤害危机事件对消费者品牌延伸评价的影响不再显著[F（2，154）=249.792，p<0.05；$\beta_{事件类型-延伸评价}$=−0.008，t=−0.176，p=0.860]，而消费者感知背叛对消费者品牌延伸评价的影响仍然显著[F（2，154）=249.792，

$p<0.05$；$\beta_{感知背叛-延伸评价}=-0.872$，$t=-19.941$，$p<0.05$]。可见，消费者感知背叛在不同类型的产品伤害危机事件（单发型产品伤害危机事件、群发型产品伤害危机事件）对消费者品牌延伸评价影响中起到显著的中介作用，该结果进一步证实了本章研究提出的假设 $H_{5\text{-}4}$ 成立。

2）心理距离（社会距离）（远、近）的调节作用

针对心理距离（社会距离）（远、近）可能起到的调节作用，实验二采用双因子方差分析进行数据处理。方差分析结果显示不同类型的产品伤害危机事件[$F(1, 154)=55.469$，$p<0.05$]、社会距离[$F(1, 154)=91.335$，$p<0.05$]均具有显著主效应，而且产品伤害危机事件与社会距离之间存在显著交互作用[$F(1, 154)=8.501$，$p=0.004$]。

同时，进一步单纯主效应分析发现，就近社会距离而言，单发型产品伤害危机事件导致的消费者感知背叛显著低于群发型产品伤害危机事件导致的消费者感知背叛[$F(1, 81)=70.156$，$p<0.05$；$M_{近-单发-感知背叛}=4.616$，$SD_{近-单发-感知背叛}=0.530$；$M_{近-群发-感知背叛}=5.578$，$SD_{近-群发-感知背叛}=0.507$]；就远社会距离而言，单发型产品伤害危机事件导致的消费者感知背叛显著低于群发型产品伤害危机事件导致的消费者感知背叛[$F(1, 73)=8.047$，$p=0.006$；$M_{远-单发-感知背叛}=4.000$，$SD_{远-单发-感知背叛}=0.679$；$M_{远-群发-感知背叛}=4.421$，$SD_{远-群发-感知背叛}=0.596$]。可见，不论产品伤害危机事件是群发型产品伤害危机事件还是单发型产品伤害危机事件，近社会距离下的消费者感知背叛均高于远社会距离下的消费者感知背叛（$M_{近-群发-感知背叛}=5.578>M_{远-群发-感知背叛}=4.421$；$M_{近-单发-感知背叛}=4.616>M_{远-单发-感知背叛}=4.000$），而且近社会距离下不同类型产品伤害危机事件导致的感知背叛均值差（$\Delta M_{近-感知背叛}=0.962$）大于远社会距离下的不同类型产品伤害危机事件导致的感知背叛均值差（$\Delta M_{远-感知背叛}=0.421$），也就是说，社会距离近加剧了产品伤害危机对消费者感知背叛的影响。可见社会距离（远、近）在不同类型产品伤害危机事件影响消费者感知背叛之间存在一定的调节作用，本章研究提出的 $H_{5\text{-}5b}$ 得到验证。具体结果见表 5-21 和图 5-3。

表 5-21　产品伤害危机、社会距离与消费者感知背叛的双因子方差分析摘要表

来源	平方和 SS	自由度 df	均方和 MS	*F* 值	显著性 Sig.
事件类型	18.462	1	18.462	55.469	0.000
社会距离	30.400	1	30.400	91.335	0.000
事件类型×社会距离	2.829	1	2.829	8.501	0.004
校正的总计	105.714	155			

注：因变量为消费者感知背叛均值

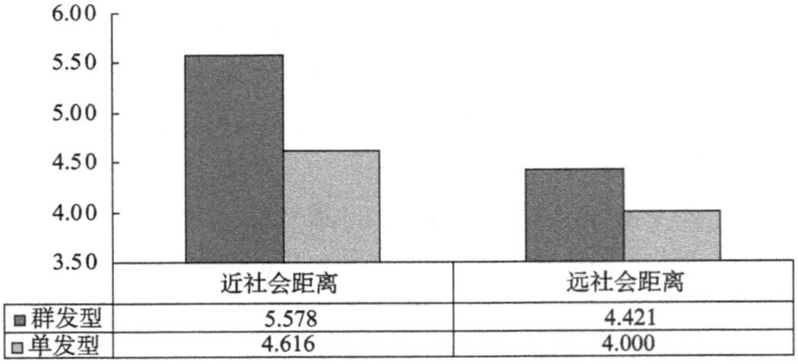

图 5-3　产品伤害危机、社会距离与消费者感知背叛交互影响图

5.3.4　实验三研究结果：关系质量（高、低）的调节作用分析

1. 样本结构

本实验共发放 200 份问卷，进入分析的有效问卷为 185 份（92.50%），无效问卷主要是填答不认真，答案趋同性与矛盾。从样本结构来看，女性 100 人（54.1%），男性 85 人（45.9%）；20 岁及以下 86 人（46.5%），21~25 岁 57 人（30.8%），26 岁及以上 42 人（22.7%）；本科及以下学历 109 人（58.9%），硕士研究生学历 45 人（24.3%），博士研究生学历 31 人（16.8%）。以品牌延伸评价为因变量，以性别、年龄、学历为自变量，构建回归模型，结果显示回归模型不显著[$F(3, 184)=1.258$，$p=0.290$]，排除了人口统计特征变化可能给因变量带来的影响。

2. 信度与效度

从信度来看，对中介变量“消费者感知背叛”量表的信度分析表明，该量表的 Cronbach's α 为 0.901；对因变量“消费者品牌延伸评价”量表的信度分析表明，该量表的 Cronbach's α 为 0.834；“产品伤害危机事件类型操控检验”量表的信度分析表明，该量表的 Cronbach's α 为 0.956；“关系质量（高、低）操控检验”量表的 Cronbach's α 为 0.945。以上信度分析表明，实验三使用的量表的 Cronbach's α 系数均符合 Nunnally（1978）认为 Cronbach's α 至少要大于 0.7 才能够被接受的结论，实验三使用的问卷具有一定的信度。

同时，探索性因子分析发现，“消费者感知背叛”量表的 KMO 值为 0.864，Bartlett's 球形检验的值为 557.247（$p<0.05$），表明数据适合进行因子分析。进一步因子分析发现，所有的因子载荷均大于 0.5，且 AVE 值（0.719）大于 0.5，消费者感知背叛量表具有很好的收敛效度。

“消费者品牌延伸评价”量表的 KMO 值为 0.816，Bartlett's 球形检验的值为

477.705（$p<0.05$），表明数据适合进行因子分析。进一步因子分析发现，所有的因子载荷均大于0.5，且AVE值（0.506）大于0.5，消费者品牌延伸评价量表也具有很好的收敛效度。

“产品伤害危机事件类型操控”量表的 KMO 值为 0.861，Bartlett’s 球形检验的值为 814.178（$p<0.05$），表明数据适合进行因子分析。进一步因子分析发现，所有的因子载荷均大于 0.5，且 AVE 值（0.887）大于 0.5，该量表具有很好的收敛效度，

“关系质量（高、低）操控”量表的 KMO 值为 0.870，Bartlett’s 球形检验的值为 697.402（$p<0.05$），表明数据适合进行因子分析。进一步因子分析发现，所有的因子载荷均大于0.5，且AVE值（0.859）大于0.5，该量表具有很好的收敛效度，具体结果见表 5-22、表 5-23、表 5-24、表 5-25。

表 5-22　消费者感知背叛量表信度效度表

测量构念	题项	因子载荷	总体特征值	累计解释变异	组合信度（CR）	KMO	Bartlett’s 球形检验	AVE	Cronbach’s α 系数
消费者感知背叛	我感到被欺骗了	0.864	3.592	71.844%	0.927	0.864	557.247	0.719	0.901
	我感到被出卖了	0.797							
	我觉得企业说谎	0.873							
	我觉得这家企业故意利用我	0.855							
	这家企业试图虐待我	0.847							

表 5-23　消费者品牌延伸评价量表信度效度表

测量构念	题项	因子载荷	总体特征值	累计解释变异	组合信度（CR）	KMO	Bartlett’s 球形检验	AVE	Cronbach’s α 系数
消费者品牌延伸评价	我认为 A 品牌的 B 产品质量会很好	0.667	1.136	66.812%	0.877	0.816	477.705	0.506	0.834
	我觉得 A 品牌的 B 产品会很实用	0.767							
	我觉得 A 品牌的 B 产品值得信赖	0.671							
	我会喜欢 A 品牌的 B 产品	0.735							
	A 品牌的 B 产品对我很有吸引力	0.748							
	如有需要，我可能会考虑购买 A 品牌的 B 产品	0.698							
	如有需要，我会推荐朋友购买 A 品牌的 B 产品	0.687							

表 5-24　产品伤害危机事件类型操控量表信度效度表

测量构念	题项	因子载荷	总体特征值	累计解释变异	组合信度（CR）	KMO	Bartlett's 球形检验	AVE	Cronbach's α 系数
产品伤害危机事件类型	此次产品伤害危机事件只涉及一家企业	0.938	3.548	88.708%	0.969	0.861	814.178	0.887	0.956
	只有一家企业的洗发水中查出含有二恶烷	0.936							
	此次产品伤害危机事件涉及多家企业	0.948							
	多家企业的洗发水中查出含有二恶烷	0.945							

表 5-25　关系质量（高、低）操控量表信度效度表

测量构念	题项	因子载荷	总体特征值	累计解释变异	组合信度（CR）	KMO	Bartlett's 球形检验	AVE	Cronbach's α 系数
关系质量（高、低）	我对我和这家公司的关系感到满意	0.909	2.793	85.899%	0.961	0.870	697.402	0.859	0.945
	我和这家企业的关系非常好	0.940							
	我忠于与这家企业的关系	0.921							
	我打算与该企业保持长期关系	0.937							

此外，从内容效度来看，以上变量测量语句来源于已有文献，并与相关专家进行了深入讨论，具有一定的内容效度。

3. 共同方法偏差的控制

针对研究中可能存在的共同方法偏差，在数据收集过程中，实验三尽可能地通过程序控制减少共同方法偏差的产生：一方面是实验三采取匿名填答的方式，所使用的量表也是成熟的量表，尽量采取了消除社会赞许性、一致性倾向、项目的模糊性等手段；另一方面，实验三事先对测试项目进行了仔细研究，并未有容易产生共同方法偏差的测量项目，而且在题项设计时通过反向问题设计和合理设计量表长度等方法以尽可能减少共同方法偏差对研究的影响。

4. 操控检验

对于产品伤害危机事件，独立样本 t 检验表明，单发型产品伤害危机事件组与群发型产品伤害危机事件组对事件的评价存在显著差异[t（183）=52.213，p<0.05，$M_{单发}$=2.651，$M_{群发}$=5.612]，以上分析表明，不同类型产品伤害危机事件的组间差异性被成功操控。

对于关系质量（高、低），本操控检验的目的在于检验实验材料设计的关系质量（高、低）能否在被试中操控成功。独立样本 t 检验表明，高关系质量的被试组与低关系质量的被试组对实验材料中关系质量设计的评价存在显著差异[t（183）= 21.284，p<0.05，$M_{高}$=5.095，$M_{低}$=2.918]，以上分析表明，本实验关系质量（高、低）组间差异性被成功操控。

5. 假设检验

1）不同类型的产品伤害危机事件对消费者品牌延伸评价的影响以及消费者感知背叛的中介作用

独立样本 t 检验分析表明，就消费者感知背叛而言，不同发生规模下的产品伤害危机事件对消费者感知背叛存在显著影响[t（183）=9.786，p<0.05]，即与单发型产品伤害危机事件引发的消费者感知背叛相比（$M_{单发-感知背叛}$=3.927，$SD_{单发-感知背叛}$=0.708），群发型产品伤害危机事件引发消费者较高的感知背叛（$M_{群发-感知背叛}$=5.054，$SD_{群发-感知背叛}$=0.856），该结果进一步证实了本章研究提出的假设 $H_{5\text{-}1}$ 成立；就消费者品牌延伸评价而言，不同发生规模下的产品伤害危机事件对消费者品牌延伸评价存在显著影响[t（164.514）=−7.443，p<0.05]，即与单发型产品伤害危机事件下的消费者品牌延伸评价相比（$M_{单发-延伸评价}$=4.502，$SD_{单发-延伸评价}$=0.437），群发型产品伤害危机事件下的消费者品牌延伸评价较低（$M_{群发-延伸评价}$=3.886，$SD_{群发-延伸评价}$=0.437），该结果进一步证实了本章研究提出的假设 $H_{5\text{-}2}$ 成立；此外，实验三按消费者感知背叛均值的大小，将消费者感知背叛分成高、低 2 个水平组（按照均值大小，分别取总样本的前 27%和后 27%），进一步独立样本 t 检验分析表明，消费者感知背叛（高、低）对消费者品牌延伸评价的影响存在显著差异[t（69.978）=−11.909，p<0.05]，就消费者品牌延伸评价均值而言，高消费者感知背叛带来的品牌延伸评价均值（$M_{高感知背叛-延伸评价}$= 3.678，$SD_{高感知背叛-延伸评价}$=0.214）显著低于低消费者感知背叛带来的品牌延伸评价均值（$M_{低感知背叛-延伸评价}$=4.831，$SD_{低感知背叛-延伸评价}$=0.707），即消费者感知背叛越高，消费者品牌延伸评价越低，该结果进一步证实了本章研究提出的假设 $H_{5\text{-}3}$ 成立。

对消费者感知背叛可能存在的中介作用，实验三采用 Baron 和 Kenny（1986）的方法进行检验。首先，将消费者品牌延伸评价作因变量，产品伤害危机事件作自变量进行线性回归分析。回归分析表明，不同类型的产品伤害危机事件对消费者品牌延伸评价存在显著影响[F（1，184）=53.714，p<0.05；$\beta_{事件类型-延伸评价}$= −0.476，t=−7.329，p<0.05]。其次，将消费者感知背叛作因变量，产品伤害危机事件作自变量进行线性回归分析。回归结果显示，不同类型的产品伤害危机事件对消费者感知背叛存在显著影响[F（1，184）=95.759，p<0.05；$\beta_{事件类型-感知背叛}$=

0.586，t=9.786，p<0.05]。再次，将消费者品牌延伸评价作因变量，消费者感知背叛作自变量进行线性回归分析。回归结果表明，消费者感知背叛对消费者品牌延伸评价存在显著影响[F（1，184）=264.542，p<0.05；$\beta_{感知背叛-延伸评价}$= −0.769，t=−16.265，p<0.05]。最后，将产品伤害危机事件和消费者感知背叛同时作自变量，以消费者品牌延伸评价作因变量进行线性回归分析。回归分析结果表明，不同类型的产品伤害危机事件对消费者品牌延伸评价的影响不再显著[F（2，184）=132.099，p<0.05；$\beta_{事件类型-延伸评价}$=−0.039，t=−671，p=0.503]，而消费者感知背叛对消费者品牌延伸评价的影响仍然显著[F（2，184）= 132.099，p<0.05；$\beta_{感知背叛-延伸评价}$=−0.746，t=−12.765，p<0.05]。可见，消费者感知背叛在不同类型的产品伤害危机事件（群发型产品伤害危机事件、单发型产品伤害危机事件）对消费者品牌延伸评价影响中起到显著的中介作用，该结果进一步证实了本章研究提出的假设 $H_{5\text{-}4}$ 成立。

2）关系质量（高、低）的调节作用

针对关系质量（高、低）可能起到的调节作用，实验三采用双因子方差分析进行数据处理。方差分析结果显示不同类型的产品伤害危机事件[F（1，184）= 106.574，p<0.05]、关系质量（高、低）[F（1，184）=4.936，p<0.05]均具有显著主效应，而且产品伤害危机事件与关系质量（高、低）之间存在显著交互作用[F（1，184）=25.737，p<0.05]。

同时，进一步单纯主效应分析发现，就低关系质量而言，单发型产品伤害危机事件导致的消费者感知背叛显著低于群发型产品伤害危机事件导致的消费者感知背叛[F（1，87）=16.308，p<0.05；$M_{低-单发-感知背叛}$=4.223，$SD_{低-单发-感知背叛}$= 0.633；$M_{低-群发-感知背叛}$=4.823，$SD_{低-群发-感知背叛}$=0.646]；就高关系质量而言，单发型产品伤害危机事件导致的消费者感知背叛显著低于群发型产品伤害危机事件导致的消费者感知背叛[F（1，96）=108.437，p<0.05；$M_{高-单发-感知背叛}$=3.388，$SD_{高-单发-感知背叛}$=0.490；$M_{高-群发-感知背叛}$=5.149，$SD_{高-群发-感知背叛}$=0.916]。可见，在单发型产品伤害危机事件情境下，关系质量对产品伤害危机引发的消费者感知背叛存在一定的缓解作用，即关系质量越高，消费者感知背叛越低（$M_{高-单发-感知背叛}$= 3.388<$M_{低-单发-感知背叛}$=4.223）。但在群发型产品伤害危机事件情境下，关系质量对产品伤害危机引发消费者感知背叛非但不能起到缓解的作用，相反会加剧这种影响，即关系质量越高，消费者感知背叛越高（$M_{高-群发-感知背叛}$=5.149>$M_{低-群发-感知背叛}$= 4.823）。可见关系质量（高、低）在不同类型产品伤害危机事件影响消费者感知背叛之间存在一定的调节作用，本章研究提出的 $H_{5\text{-}6}$ 得到验证。具体结果见表 5-26 和图 5-4。

表 5-26　产品伤害危机、关系质量与消费者感知背叛的双因子方差分析摘要表

来源	平方和 SS	自由度 df	均方和 MS	*F* 值	显著性 Sig.
事件类型	55.835	1	55.835	106.574	0.000
关系质量	2.586	1	2.586	4.936	0.028
事件类型×关系质量	13.484	1	13.484	25.737	0.000
校正的总计	170.714	184			

注：因变量为消费者感知背叛均值

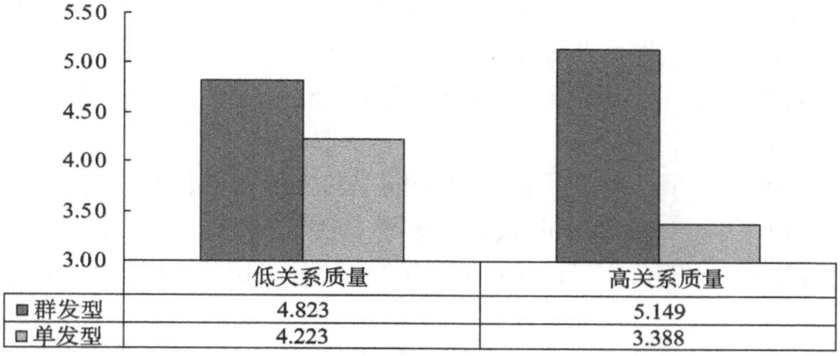

图 5-4　产品伤害危机、关系质量与消费者感知背叛交互影响图

5.3.5　实验四研究结果：品牌延伸契合度（高、低）的调节作用分析

1. 样本结构

本实验共发放 200 份问卷，进入分析的有效问卷为 180 份（90.00%），无效问卷主要是填答不认真，答案前后矛盾。从样本结构来看，女性 92 人（51.1%），男性 88 人（48.9%）；20 岁及以下 84 人（46.7%），21~25 岁 60 人（33.3%），26 岁及以上 36 人（20.0%）；本科及以下学历 106 人（58.9%），硕士研究生学历 50 人（27.8%），博士研究生学历 24 人（13.3%）。以品牌延伸评价为因变量，以性别、年龄、学历为自变量，构建回归模型，结果显示回归模型不显著[F（3，179）=1.971，p=0.120]，排除了人口统计特征变化可能给因变量带来的影响。

2. 信度与效度

从信度来看，对中介变量“消费者感知背叛”量表的信度分析表明，该量表的 Cronbach’s α 为 0.858；对因变量“消费者品牌延伸评价”量表的信度分析表明，该量表的 Cronbach’s α 为 0.928；“产品伤害危机事件类型操控检验”量表的信度分析表明，该量表的 Cronbach's α 为 0.900；“品牌延伸契合度（高、低）操控”量表的 Cronbach's α 为 0.893。以上信度分析表明，实验四使用的量表的 Cronbach's α 系数均符合 Nunnally（1978）认为 Cronbach's α 至少要大于 0.7 才能够被接受的结论，实验四使用的问卷具有一定的信度。

同时，探索性因子分析发现，“消费者感知背叛”量表的 KMO 值为 0.823，Bartlett's 球形检验的值为 415.861（$p<0.05$），表明数据适合进行因子分析。进一步因子分析发现，所有的因子载荷均大于0.5，且 AVE 值（0.643）大于0.5，消费者感知背叛量表具有很好的收敛效度。

“消费者品牌延伸评价”量表的 KMO 值为 0.925，Bartlett's 球形检验的值为 865.583（$p<0.05$），表明数据适合进行因子分析。进一步因子分析发现，所有的因子载荷均大于0.5，且 AVE 值（0.700）大于0.5，消费者品牌延伸评价量表也具有很好的收敛效度。

“产品伤害危机事件类型操控”量表的 KMO 值为 0.845，Bartlett's 球形检验的值为 439.145（$p<0.05$），表明数据适合进行因子分析。进一步因子分析发现，所有的因子载荷均大于0.5，且 AVE 值（0.771）大于0.5，该量表具有很好的收敛效度。

“品牌延伸契合度（高、低）操控”量表的 KMO 值为 0.853，Bartlett's 球形检验的值为 506.600（$p<0.05$），表明数据适合进行因子分析。进一步因子分析发现，所有的因子载荷均大于0.5，且 AVE 值（0.701）大于0.5，该量表具有很好的收敛效度，具体结果见表 5-27、表 5-28、表 5-29、表 5-30。

表 5-27　消费者感知背叛量表信度效度表

测量构念	题项	因子载荷	总体特征值	累计解释变异	组合信度（CR）	KMO	Bartlett's 球形检验	AVE	Cronbach's α 系数
消费者感知背叛	我感到被欺骗了	0.809	3.217	64.350%	0.900	0.823	415.861	0.643	0.858
	我感到被出卖了	0.841							
	我觉得企业说谎	0.835							
	我觉得这家企业故意利用我	0.834							
	这家企业试图虐待我	0.680							

表 5-28　消费者品牌延伸评价量表信度效度表

测量构念	题项	因子载荷	总体特征值	累计解释变异	组合信度（CR）	KMO	Bartlett's 球形检验	AVE	Cronbach's α 系数
消费者品牌延伸评价	我认为 A 品牌的沐浴露/A 品牌的牙膏质量会很好	0.865	4.902	70.025%	0.942	0.925	865.583	0.700	0.928

续表

测量构念	题项	因子载荷	总体特征值	累计解释变异	组合信度（CR）	KMO	Bartlett's 球形检验	AVE	Cronbach's α 系数
消费者品牌延伸评价	我觉得 A 品牌的沐浴露/A 品牌的牙膏会很实用	0.843	4.902	70.025%	0.942	0.925	865.583	0.700	0.928
	我觉得 A 品牌的沐浴露/A 品牌的牙膏值得信赖	0.870							
	我会喜欢 A 品牌的沐浴露/A 品牌的牙膏	0.831							
	A 品牌的沐浴露/A 品牌的牙膏对我很有吸引力	0.818							
	如有需要，我可能会考虑购买 A 品牌的沐浴露/A 品牌的牙膏	0.795							
	如有需要，我会推荐朋友购买 A 品牌的沐浴露/A 品牌的牙膏	0.834							

表 5-29　产品伤害危机事件类型操控量表信度效度表

测量构念	题项	因子载荷	总体特征值	累计解释变异	组合信度（CR）	KMO	Bartlett's 球形检验	AVE	Cronbach's α 系数
产品伤害危机事件类型	此次产品伤害危机事件只涉及一家企业	0.898	3.085	77.115%	0.931	0.845	439.145	0.771	0.900
	只有一家企业的洗发水中查出含有二恶烷	0.895							
	此次产品伤害危机事件涉及多家企业	0.873							
	多家企业的洗发水中查出含有二恶烷	0.845							

表 5-30　品牌延伸契合度（高、低）操控量表信度效度表

测量构念	题项	因子载荷	总体特征值	累计解释变异	组合信度（CR）	KMO	Bartlett's 球形检验	AVE	Cronbach's α 系数
品牌延伸契合度（高、低）	相当适配的	0.806	3.506	70.115%	0.921	0.853	506.600	0.701	0.893
	相当合乎逻辑的	0.834							
	相当恰当的	0.842							
	不令人感到意外的	0.853							
	可被预期的	0.851							

此外，从内容效度来看，以上变量测量语句来源于已有文献，并与相关专家进行了深入讨论，具有一定的内容效度。

3. 共同方法偏差的控制

针对实验中可能存在的共同方法偏差，在数据收集过程中，实验四尽可能地通过程序控制减少共同方法偏差的产生：一方面，实验四采取匿名填答的方式，所使用的量表也是成熟的量表，尽量采取了消除社会赞许性、一致性倾向、项目的模糊性等手段；另一方面，实验四事先对测试项目进行了仔细研究，并未有容易产生共同方法偏差的测量项目，而且在题项设计时通过反向问题设计与合理设计量表长度等方法以尽可能减少共同方法偏差对实验的影响。

4. 操控检验

对于产品伤害危机事件，独立样本 t 检验表明，群发型产品伤害危机事件组与单发型产品伤害危机事件组对事件的评价存在显著差异[t（178）=16.397，$p<0.05$，$M_{群发}=5.382$，$M_{单发}=2.916$]，以上分析表明，不同类型产品伤害危机事件的组间差异性被成功操控。

对于品牌延伸契合度（高、低），本操控检验的目的在于检验实验材料设计的品牌延伸契合度（高、低）能否在被试中操控成功。独立样本 t 检验表明，品牌延伸契合度高的被试组与品牌延伸契合度低的被试组对实验材料中品牌延伸契合度设计的评价存在显著差异[t（178）=10.196，$p<0.05$，$M_{高}=4.863$，$M_{低}=3.606$]，以上分析表明，本实验品牌延伸契合度（高、低）组间差异性被成功操控。

5. 假设检验

1）不同类型的产品伤害危机事件对消费者品牌延伸评价的影响以及消费者感知背叛的中介作用

独立样本 t 检验分析表明，就消费者感知背叛而言，不同发生规模下的产品伤害危机事件对消费者感知背叛存在显著影响[t（178）=13.004，$p<0.05$]，即与单发型产品伤害危机事件引发的消费者感知背叛相比（$M_{单发-感知背叛}=4.168$，$SD_{单发-感知背叛}=0.634$），群发型产品伤害危机事件引发消费者较高的感知背叛（$M_{群发-感知背叛}=5.419$，$SD_{群发-感知背叛}=0.655$），该结果进一步证实了本章研究提出的假设 $H_{5\text{-}1}$ 成立；就消费者品牌延伸评价而言，不同发生规模下的产品伤害危机事件对消费者品牌延伸评价存在显著影响[t（154.500）=−7.164，$p<0.05$]，即与单发型产品伤害危机事件下的消费者品牌延伸评价相比（$M_{单发-延伸评价}=5.268$，$SD_{单发-延伸评价}=0.777$），群发型产品伤害危机事件下的消费者品牌延伸评价较低（$M_{群发-延伸评价}=4.279$，$SD_{群发-延伸评价}=1.039$），该结果进一步证实了本章研究提出

的假设 $H_{5\text{-}2}$ 成立；此外，实验四按消费者感知背叛均值的大小，将消费者感知背叛分成高、低 2 个水平组（按照均值大小，分别取总样本的前 27%和后 27%），进一步独立样本 t 检验分析表明，消费者感知背叛（高、低）对消费者品牌延伸评价的影响存在显著差异[t（63.320）=−11.579，p<0.05]，就消费者品牌延伸评价均值而言，高消费者感知背叛带来的品牌延伸评价均值（$M_{\text{高感知背叛–延伸评价}}$=3.885，$SD_{\text{高感知背叛–延伸评价}}$=1.002）显著低于低消费者感知背叛带来的品牌延伸评价均值（$M_{\text{低感知背叛–延伸评价}}$=5.588，$SD_{\text{低感知背叛–延伸评价}}$=0.375），即消费者感知背叛越高，消费者品牌延伸评价越低，该结果进一步证实了本章研究提出的假设 $H_{5\text{-}3}$ 成立。

对消费者感知背叛可能存在的中介作用，实验四采用 Baron 和 Kenny（1986）的方法进行检验。首先，将消费者品牌延伸评价作因变量，产品伤害危机事件作自变量进行线性回归分析。回归分析表明，不同类型的产品伤害危机事件对消费者品牌延伸评价存在显著影响[F（1，179）=52.971，p<0.05；$\beta_{\text{事件类型–延伸评价}}$=−0.479，t=−7.278，p<0.05]。其次，将消费者感知背叛作因变量，产品伤害危机事件作自变量进行线性回归分析。回归结果显示，不同类型的产品伤害危机事件对消费者感知背叛存在显著影响[F（1，179）=169.093，p<0.05；$\beta_{\text{事件类型–感知背叛}}$=0.698，t=13.004，p<0.05]。再次，将消费者品牌延伸评价作因变量，消费者感知背叛作自变量进行线性回归分析。回归结果表明，消费者感知背叛对消费者品牌延伸评价存在显著影响[F（1，179）=166.254，p<0.05；$\beta_{\text{感知背叛–延伸评价}}$= −0.695，t=−12.894，p<0.05]。最后，将产品伤害危机事件和消费者感知背叛同时作自变量，以消费者品牌延伸评价作因变量进行线性回归分析。回归分析结果表明，不同类型的产品伤害危机事件对消费者品牌延伸评价的影响不再显著[F（2，179）=82.684，p<0.05；$\beta_{\text{事件类型–延伸评价}}$=0.012，t=0.159，p=0.874]，而消费者感知背叛对消费者品牌延伸评价的影响仍然显著[F（2，179）=82.684，p<0.05；$\beta_{\text{感知背叛–延伸评价}}$=−0.703，t=−9.319，p<0.05]。可见，消费者感知背叛在不同类型的产品伤害危机事件（单发型产品伤害危机事件、群发型产品伤害危机事件）对消费者品牌延伸评价影响中起到显著的中介作用，该结果进一步证实了本章研究提出的假设 $H_{5\text{-}4}$ 成立。

2）品牌延伸契合度（高、低）的调节作用

针对品牌延伸契合度（高、低）可能起到的调节作用，实验四先按消费者感知背叛均值的大小，将消费者感知背叛分成高、低 2 个水平组（按照均值大小，分别取总样本的前 27%和后 27%），在此基础上采用双因子方差分析进行数据处理。方差分析结果显示消费者感知背叛高低[F（1，111）=87.257，p<0.05]、品牌延伸契合度高低[F（1，111）=23.980，p<0.05]均具有显著主效应，而且消费者感知背叛（高、低）与品牌延伸契合度（高、低）之间存在显著交互作

用[F（1，111）=9.510，p=0.003]。

同时，进一步单纯主效应分析发现，就低品牌延伸契合度而言，低消费者感知背叛下的品牌延伸评价显著高于高消费者感知背叛下的品牌延伸评价[F（1，58）=58.179，p<0.05；$M_{低契合度-低背叛-延伸评价}$=5.649，$SD_{低契合度-低背叛-延伸评价}$=0.366；$M_{低契合度-高背叛-延伸评价}$=4.747，$SD_{低契合度-高背叛-延伸评价}$=0.413]；就高品牌延伸契合度而言，低消费者感知背叛下的品牌延伸评价显著高于高消费者感知背叛下的品牌延伸评价[F（1，52）=44.608，p<0.05；$M_{高契合度-低背叛-延伸评价}$=5.388，$SD_{高契合度-低背叛-延伸评价}$=0.343；$M_{高契合度-高背叛-延伸评价}$=3.597，$SD_{高契合度-高背叛-延伸评价}$=0.977]。进一步分析发现，在低品牌延伸契合度情境下消费者不同高低水平的感知背叛下的延伸产品评价均高于高品牌延伸契合度情境下消费者不同高低水平感知背叛下的延伸产品评价。而且对于相同高低水平下的消费者感知背叛，高品牌延伸契合度下的消费者品牌延伸评价明显低于相同状态下低品牌延伸契合度下的消费者品牌延伸评价。可见，品牌延伸契合度（高、低）改变了消费者感知背叛对品牌延伸评价的影响强度，品牌延伸契合度越高，母品牌产品伤害危机的影响越容易延伸到延伸产品上，导致消费者对延伸产品产生较低的评价。品牌延伸契合度（高、低）在消费者感知背叛影响延伸评价之间存在一定的调节作用，本章研究提出的H_{5-7}得到验证。具体结果见表 5-31 和图 5-5。

表 5-31 消费者感知背叛、品牌延伸契合度与消费者品牌延伸评价双因子方差分析摘要表

来源	平方和 SS	自由度 df	均方和 MS	F 值	显著性 Sig.
消费者感知背叛	37.038	1	37.038	87.257	0.000
品牌延伸契合度	10.179	1	10.179	23.980	0.000
消费者感知背叛×品牌延伸契合度	4.037	1	4.037	9.510	0.003
校正的总计	140.312	111			

注：因变量为消费者品牌延伸评价均值

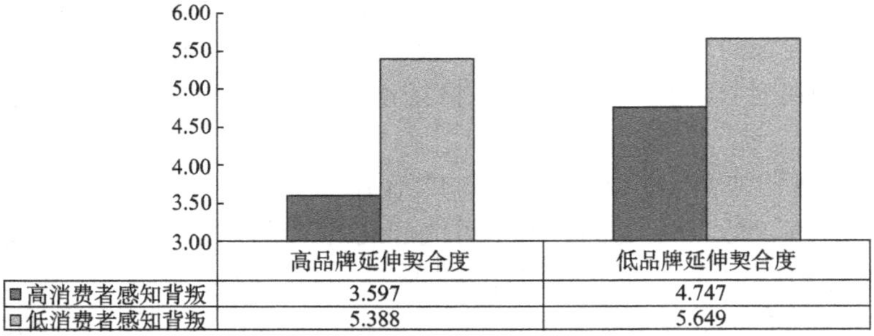

图 5-5 消费者感知背叛、品牌延伸契合度与消费者品牌延伸评价交互影响图

5.4 研究小结

本章研究通过四个实验研究探讨了不同发生规模下的产品伤害危机事件（单发型产品伤害危机事件、群发型产品伤害危机事件）对消费者品牌延伸评价的影响机制以及对应的边界条件。研究表明，不同类型的产品伤害危机事件（单发型产品伤害危机事件、群发型产品伤害危机事件）通过消费者感知背叛影响消费者品牌延伸评价，消费者感知背叛被证实是本章研究的关键机制变量。同时，在本章研究中，心理距离（远、近）、关系质量（高、低）、品牌延伸契合度（高、低）等变量存在显著调节作用，进一步明确了不同类型的产品伤害危机事件（单发型产品伤害危机事件、群发型产品伤害危机事件）影响消费者品牌延伸评价中的干扰因素或边界条件，具体研究结果如表 5-32 所示。

表 5-32　本章研究假设关系及验证结果一览表

研究假设	验证结果
$H_{5\text{-}1}$：相对于单发型产品伤害危机，群发型产品伤害危机下的消费者感知背叛更强烈 $H_{5\text{-}2}$：相对于单发型产品伤害危机，群发型产品伤害危机下的消费者品牌延伸评价较低 $H_{5\text{-}3}$：消费者感知背叛感对品牌延伸评价存在显著影响，即消费者感知背叛感越高，消费者品牌延伸评价越低 $H_{5\text{-}4}$：消费者感知背叛在不同发生规模的产品伤害危机事件影响消费者品牌延伸评价中存在中介作用	成立
$H_{5\text{-}5}$：心理距离（远、近）在不同发生规模产品伤害危机事件影响消费者感知背叛中存在调节作用 $H_{5\text{-}5a}$：空间距离（远、近）会调节不同发生规模产品伤害危机事件对消费者感知背叛的影响，即空间距离越远，不同发生规模产品伤害危机事件对消费者感知背叛的影响越小；空间距离越近，不同发生规模产品伤害危机事件对消费者感知背叛的影响越大 $H_{5\text{-}5b}$：社会距离（远、近）会调节不同发生规模产品伤害危机事件对消费者感知背叛的影响，即社会距离越远，不同发生规模产品伤害危机事件对消费者感知背叛的影响越小；社会距离越近，不同发生规模产品伤害危机事件对消费者感知背叛的影响越大	成立
$H_{5\text{-}6}$：关系质量（高、低）会调节不同发生规模的产品伤害危机事件对消费者感知背叛的影响 $H_{5\text{-}6a}$：对高关系质量的顾客而言，企业不同发生规模的产品伤害危机事件所导致的消费者感知背叛差异大于低关系质量的顾客 $H_{5\text{-}6b}$：对低关系质量的顾客而言，企业不同发生规模的产品伤害危机事件所导致的消费者感知背叛差异小于高关系质量的顾客	成立
$H_{5\text{-}7}$：品牌延伸契合度（高、低）会调节消费者感知背叛对品牌延伸评价的影响 $H_{5\text{-}7a}$：当品牌延伸契合度高时，消费者感知背叛对品牌延伸评价的负面影响大于品牌延伸契合度低时的影响 $H_{5\text{-}7b}$：当品牌延伸契合度低时，消费者感知背叛对品牌延伸评价的负面影响小于品牌延伸契合度高时的影响	成立

第 6 章　不同责任归因的产品伤害危机事件影响消费者品牌延伸评价的心理机制

6.1　研究假设推演

6.1.1　不同责任归因的产品伤害危机事件对消费者感知背叛的影响

产品伤害危机事件是一个较宽泛的概念，Pullig 等（2006）按照产品伤害危机产生的原因，将产品伤害危机事件分为与性能相关的产品伤害危机事件和与价值观相关的产品伤害危机事件，这种分类与 Votola 和 Unnava（2006）把产品伤害危机事件分为与能力相关的事件和与道德相关的事件基本一致。在以上基础上，庄爱玲和余伟萍（2011）将产品伤害危机事件分为产品性能型（指技术失误、标准偏差等客观因素或意外操作失误等导致的具体产品属性缺陷或伤害，如 iPhone4 天线门事件）、公司道德型（指因忽视安全健康等问题导致的劳动事故、与社会或伦理问题相关的企业犯罪和管理层不端行为等，如西门子贿赂基金事件）和道德引致产品性能型（指因企业或员工个人违背基本的社会和伦理道德准则而引发的具体品牌或产品属性缺陷或伤害，如锦湖轮胎质量事件）等三类。产品性能型产品伤害危机事件和道德引致产品性能型产品伤害危机事件均与产品缺陷等问题直接关联，为了更好地进行对比，本书选择产品性能型与公司道德型两种类型的产品伤害危机事件进行研究。

研究发现，不同类型的负面信息以不同方式影响消费者，Ahluwalia 等（2000）研究表明，相对于道德缺失，产品缺陷信息更具有可诊断性，这种可诊断性会影响消费者对信息正面与负面的感知。同时感知负性被认为是影响态度的关键因素，其来源可分为内属性和外属性。内属性指产品具体的、自然的属性，如产品质量，产品性能型产品伤害危机事件引起内属性感知负性。外属性包括管理层、员工、企业文化等方面的属性，公司道德型产品伤害危机事件引起外属性感知负性（庄爱玲和余伟萍，2011）。由此可见，产品性能型产品伤害危机事件较公司道德型产品伤害危机事件会引起消费者更强烈的负面感受。

根据人际关系的研究，背叛感是个体面对与自身有互动关系的其他人做出不当行为时产生的心理反应（Ward and O'strom，2006），是消费者与互动关系中某些互动规范遭受到企业有意违背时的信念程度（Koehler and Gershoff，2003），是对被信任的人的故意行为产生的感觉（Rachman，2010），它是导致人际关系受损的重要心理因素（Finkel et al.，2002）。当互动的双方感受到另外一方的蓄意行为可能会对其福利产生影响时，便会产生被对方背叛的感受，使个体失去对另外一方的信任，且会导致各种负面反应。引起背叛感的因素很多，如环境的不确定程度、关系质量、承诺和信任、产品或服务质量以及价格的公平性等（Lee et al.，2013）。信任和承诺是影响背叛感的重要因素，背叛感是信任和承诺遭到破坏时产生的心理反应（Jim，2013）。当个体感知到之前的信任和承诺被违背，个体往往会产生背叛感，产生"由爱生恨"这一现象（Grégoire and Fisher，2008），而且信任和承诺越强，感知背叛感越强烈（Tsai et al.，2014）。产品伤害危机事件是企业违背与消费者间互动规范的表现，也是违背企业承诺的表现，消费者面对企业产品伤害危机事件往往会产生背叛感，影响到消费者对品牌的信任（Gao et al.，2012）。可见，产品伤害危机事件会影响到消费者的信任，而且产品伤害危机事件引起的负面感受越强烈，消费者认为企业违背自身承诺的可能性越大，消费者由此产生的信任感越低，进而产生更高的背叛感，即产品伤害危机事件引发的负面感受越强烈，消费者感知背叛越强烈。基于以上分析，本书提出如下研究假设：

$H_{6\text{-}1}$：不同责任归因下的产品伤害危机事件对消费者感知背叛的影响存在显著差异，即相对于产品性能型产品伤害危机事件，公司道德型产品伤害危机事件引发的消费者感知背叛较低。

6.1.2　不同责任归因的产品伤害危机事件对消费者品牌延伸评价的影响

信息可诊断性理论是近年来在消费者决策信息加工领域中被广泛应用的一种理论框架，指用信息进行认知判断的有效性程度（Janakiraman et al.，2009），即消费者所获取的信息是否足以帮助消费者形成对物体的判断与看法（Ahluwalia and Gürhan-Canli，2000）。信息可诊断性理论认为，信息或概念之间的关联性越强，共享知识越多，信息用于判断的作用越突出，可诊断性越强，人们越倾向于用它去解释所面对的环境。研究表明，企业负面信息比正面信息对消费者而言更具可诊断性（Ahluwalia et al.，2000），不同类型的产品伤害危机事件也具有不同的可诊断性。具体来说，产品性能型产品伤害危机事件与企业提供产品或服务的专业知识技术相关性较高，公司道德型产品伤害危机事件与企业提供产品或服务的专业知识技术相关性较低。因此，产品性能型产品伤害危机事件信息在消费者品牌延伸评价上具有较高的可诊断性（王妙真和杨俊明，2011）。进一步来说，产品性能型产品伤害危机事件提供消费者在形成品牌延伸印象与品质推论上更有力的线索，消费者会认为这类事件与其未来品牌延伸下的其他产品有直接关系，更有助于负面信息向延伸产品转移。相反，对于公司道德型产品伤害危机事件来说，该类事件与企业提供产品或服务的专业知识技术相关性较低，该事件对消费者进行品牌延伸评价无法提供有效信息，这类事件信息对品牌延伸评价的影响较小。基于以上分析，本书提出如下研究假设：

$H_{6\text{-}2}$：不同责任归因下的产品伤害危机事件对消费者品牌延伸评价的影响存在显著差异，即相对于产品性能型产品伤害危机事件，公司道德型产品伤害危机事件会产生较高的品牌延伸评价。

6.1.3 消费者感知背叛对消费者品牌延伸评价的影响

基于社会交换理论，背叛被视为违反隐含的或明确的道德和公平的规范，最终损害相互作用方的角色的完整性，并导致消极的情绪和行为反应（Fitness，2001），背叛引起一系列负面情绪（Fehr and Baldwin，1996），甚至可以唤起各种侵略性行为（Haden and Hojjat，2006），如愤怒（Fehr and Baldwin，1996；Haden and Hojjat，2006）、悲伤、失望和失去自尊（Finkel et al.，2002），同时侵蚀信任和对未来违规的期待（Chan，2009；Finkel et al.，2002），影响个体的后续信任（Lee and Selart，2015）。背叛反映了对信任的错误决定，并且经常导致对关系的重新评估（Finkel et al.，2002）。而且，根据公平理论，违背公平准则将在消费者心目中产生背叛感（Elangovan and Shapiro，1998；Koehler and Gershoff，2003），反过来迫使消费者通过两种机制恢复公平：修复和报复（Walster et al.，1973）。

研究表明，产品伤害危机事件是企业违背与消费者间互动规范的表现，消费者面对与企业互动关系中某些互动规范遭受企业有意违背时，就会产生背叛感（Ward and O’strom，2006；Koehler and Gershoff，2003）。面对背叛，消费者往往会产生悲伤、自我怀疑、愤怒等情感反应（Rachman，2010），并产生情绪调节障碍（Goldsmith et al.，2013）。消费者会通过一定的行为或手段进行自我调整，如产生报复欲望或行为（庞隽等，2014；Grégoire et al.，2009；Grégoire and

Fisher，2008）。部分研究也显示，消费者在面对企业背叛时，会通过一些具体的行动平复这种背叛感。例如，Ward 和 O'strom（2006）发现，消费者通过架设攻击企业的网站散布负面经验平复背叛感；Wang 和 Huff（2007）也指出，当消费者感知到企业的背叛时，会有较低的再购意愿和较强的负面口碑。Grégoire 和 Fisher（2008）则通过直接测量背叛感，验证了感知背叛感是消费者报复行为的重要驱力。因此，可以推断负面感受反应越强烈，消费者感知背叛感越强，同时消费者为了平复这种负面感受，越会对品牌延伸给予较低的评价。基于以上分析，本书提出如下研究假设：

$H_{6\text{-}3}$：消费者感知背叛对品牌延伸评价存在显著影响，即消费者感知背叛越高，消费者品牌延伸评价越低。

6.1.4　不同责任归因的产品伤害危机事件、消费者感知背叛和消费者品牌延伸评价：消费者感知背叛的中介作用

根据可接近-可诊断理论，不同产生原因下的产品伤害危机信息具有不同的可诊断性。一般而言，相对于公司道德型产品伤害危机事件，由于产品性能型产品伤害危机事件与企业提供产品或服务的专业知识技术相关性较高，因此，产品性能型产品伤害危机事件信息在消费者品牌延伸评价上具有较高的可诊断性（王妙真和杨俊明，2011）。而且，产品性能型产品伤害危机事件提供消费者在形成品牌延伸印象与品质推论上更有力的线索，消费者会认为这类事件与其未来品牌延伸下的其他产品有直接关系，更有助于负面信息向延伸产品转移。此外，Ahluwalia 等（2000）研究表明，相对于道德缺失，产品缺陷信息更具有可诊断性。产品性能型产品伤害危机事件较公司道德型产品伤害危机事件会引起消费者更强烈的负面感受，进而引发消费者不同的感知背叛，而且产品伤害危机事件引起的负面感受越强烈，消费者认为企业违背自身承诺的可能性越大，消费者由此产生的信任感越低，进而产生更高的背叛感，即不同类型产品伤害危机事件引发消费者不同的负面感受，导致消费者不同的感知背叛，二者成正向变化。

消费者感知背叛会引发消费者的情绪和认知失调，出现情绪调节障碍（Goldsmith et al.，2013），并可以唤起消费者各种侵略性行为（Haden and Hojjat，2006），同时侵蚀信任和对未来违规的期待（Chan，2009；Finkel et al.，2002），甚至会引发消费者的报复行为（Grégoire and Fisher，2008）。消费者为了平复感知背叛，可能会采取相关行为，如散布企业负面信息（Ward and O'strom，2006）、减少购买和增加负面口碑（Wang and Huff，2007）等。而且，消费者感知背叛还会影响消费者的后续信任（Lee and Selart，2015），引起消费者对企业后续行为的质疑，对企业行为给予较低的评价。由此可以推断，产品伤害危机事

件是企业违背与顾客间的互动规范的表现，会导致消费者产生背叛感，消费者为了平复这种负面感受，会对延伸产品有较低的评价。此外，背叛感的强烈程度与产品伤害危机产生的原因有很强的相关性。因此，不同责任归因的产品伤害危机事件与品牌延伸评价关系会受到消费者感知背叛的中介作用。基于以上分析，本书提出如下研究假设：

$H_{6\text{-}4}$：消费者感知背叛在不同责任归因下的产品伤害危机事件影响消费者品牌延伸评价中存在中介作用。

6.1.5 心理距离（远、近）的调节作用

心理距离是行为人在其心理空间中对事件距离的主观感知，主要由时间距离、空间距离、社会距离、结果的确定程度等四个维度组成（Kim et al., 2008）。考虑到本章研究中的负面事件已经发生，且结果已经确定，所以本章研究只探讨空间距离、社会距离带来的影响。其中，空间距离指的是行为人对事件或目标物进行评价时，个体对空间远近的感知。不少研究已经发现空间距离对事件或目标物评价的影响，认为事件或目标物距离行为人越近，空间距离对事件或目标物评价的影响就越大（Fujita et al., 2006）。社会距离是社会客体与个体自我差异的大小（如自我-他人；朋友-陌生人）。Liviatan 等（2008）的研究指出，当个体与我们相似时，心理距离（社会距离）较近；而当个体与我们不相似时，心理距离（社会距离）较远。研究表明，产品伤害危机事件发生后，当受影响者由陌生人转变为好朋友时，心理距离感知（社会距离）将会由远到近发生变化；同理，发生产品伤害危机事件不同的地点，也会影响消费者心理距离感知（空间距离）的变化（黄静等，2011）。

根据解释水平理论，心理距离通过影响个体对事物的表征来影响个体对事物的心理加工。人们倾向于用更抽象的心理模型，即高水平解释，来表征距离远的事物；用更具体的心理模型，即低水平解释，来表征距离近的事物。高水平解释是简单、抽象、去情境化的，而低水平解释则是复杂、具体、情境相关的。之所以存在这样的差别主要在于距离远近不同的事物其信息的可得性和完备性存在差异而且不同距离还会导致卷入度的差异（陈海贤和何贵兵，2014），即心理距离越远，事物及其背景的具体信息越不可靠甚至不易得，消费者的卷入度越低，而当心理距离越近时，具体信息变得详细、清晰、可靠，同时消费者卷入度亦将提高。具体到产品伤害危机事件这一情境，产品伤害危机事件发生地越远（空间距离远），消费者对产品伤害危机事件信息的解读往往是简单、抽象、去情境化的（高水平解释），产品伤害危机事件的信息变得模糊、不可得，而且消费者卷入度较低，会产生“与己无关”的认识。根据认知心理学理论，越抽象的事物越不

易引起人们感知的敏感性，越难建立情感关系（Dhar and Kim，2007），个体受到的影响较小。因此，可以推断产品伤害危机事件空间距离越远，消费者受到的影响越小，由此产生的感知背叛感越小。相反，如果消费者距离产品伤害危机事件发生地较近（空间距离近），产品伤害危机事件的信息变得详细、清晰、可靠，同时消费者卷入度将提高，消费者对产品伤害危机事件信息的解读往往是复杂、具体、情境相关的（低水平解释），会更具体、清晰地认识负面事件，空间距离对产品伤害危机事件评价的影响就越大（Fujita et al.，2006），由此产生的感知背叛感越大。同理，在产品伤害危机事件情境下，消费者社会距离（远、近）亦会对消费者产生不同影响。例如，产品伤害危机事件发生在朋友或家人身上（社会距离近），消费者卷入度较高，对信息的解读往往是复杂、具体的（低水平解释），能够更加详细、清晰地认识产品伤害危机事件，产品伤害危机事件对消费者产生的刺激量增强，消费者感知背叛感增加。相反，若产品伤害危机事件发生在陌生人身上（社会距离远），消费者则不会产生较大的背叛感。基于以上分析，本书提出如下研究假设：

$H_{6\text{-}5}$：心理距离（远、近）在不同责任归因下的产品伤害危机事件影响消费者感知背叛中存在调节作用。

$H_{6\text{-}5a}$：空间距离（远、近）会调节不同责任归因下的产品伤害危机事件对消费者感知背叛的影响，即空间距离越远，不同责任归因下的产品伤害危机事件对消费者感知背叛的影响越小；空间距离越近，不同责任归因下的产品伤害危机事件对消费者感知背叛的影响越大。

$H_{6\text{-}5b}$：社会距离（远、近）会调节不同责任归因下的产品伤害危机事件对消费者感知背叛的影响，即社会距离越远，不同责任归因下的产品伤害危机事件对消费者感知背叛的影响越小；社会距离越近，不同责任归因下的产品伤害危机事件对消费者感知背叛的影响越大。

6.1.6　关系质量（高、低）的调节作用

关系质量是关系强度的整体评估（Smith，1998），是关系营销文献中的核心构念（Smith，1998），是企业的重要资产之一（Heskett et al.，1997）。以往的文献已经证实，稳定和持续的关系可以为企业带来许多好处，如提高盈利能力、提高客户忠诚度、传播正面口碑、促进再次购买。高关系质量代表了消费者对以前交易经历的满意，并希望今后的进一步互动（Wong and Sohal，2002）。在服务失败的文献中，消费者与企业间的关系是影响消费者对服务失败和修复响应的重要因素（Kelley and Davis，1994；Ha and Jang，2009；Kwon and Jang，2012）。针对不同的关系质量水平，消费者对服务失败展现出不同的态度

（Kwon and Jang，2012）。Yi 和 La（2004）发现顾客对企业服务失败后的态度存在不一致，这取决于顾客与企业的关系质量。当关系质量高时，顾客收到与他们现有信念不一致的新信息时，他们会倾向于忽略这些信息，并认为这是一个暂时性的问题。与此相反，当关系质量低时，由于缺乏过去的经验，顾客对企业的信心低，并导致对企业不切实际的和不准确的期望。因此，低关系质量的顾客倾向于把服务失败作为一个重要的指标，并调整他们先前对企业的期望。而且，高关系质量消费者会将服务失败归因于不稳定性或不可控制性等企业之外的因素，而低关系质量消费者会将服务失败归因于稳定性或可控制性等企业自身的因素（Vázquez-Casielles et al.，2007）。

围绕企业产品伤害危机事件的研究中，多半认为或发现顾客对于企业的认同感、忠诚度与承诺对于企业产品伤害危机事件所造成的影响具有缓冲效果（Ahluwalia，2002；Ahluwalia et al.，2000，2001；Liu et al.，2010；Grégoire and Fisher，2006，2008）。这是因为高关系质量的顾客在面对产品伤害危机事件时会启动心中的防御机制（Ahluwalia et al.，2001），将产品伤害危机事件扭曲成与心中既有信念一致（Ahluwalia et al.，2000），以避免认知失调，此类化过程会使得高关系质量顾客认为产品伤害危机事件的信息可诊断性不高，后续的反应自然较不受影响。但近年的研究发现，关系质量非但很可能无法缓解产品伤害危机事件的冲击，反而会造成扩大危机的负面效果。Aaker 等（2004）发现服务失败对于高关系质量顾客带来的负面冲击较大。Roehm 和 Brady（2007）则发现面对高严重性的服务失败，高品牌权益的品牌给消费者带来的负面感受更为强烈，而且当责任归因于企业时，高关系质量的受伤害顾客比低关系质量的受伤害顾客有更高的感知背叛高，产生更强的负面情绪（Grégoire et al.，2010），且高关系质量顾客的负面情绪会持续更长时间，购买意向的恢复更慢（Grégoire et al.，2009）。Grégoire 和 Fisher（2008）以及 Grégoire 等（2009）针对顾客报复与服务补救评价的研究更直接指出高关系质量的顾客反而会更倾向于做出报复企业的行为。学者将这种高关系质量的顾客所产生强烈负面反应的现象叫作“由爱生恨”效果（Grégoire and Fisher，2008；Wan et al.，2011）。

两种看似极端冲突的结果，实际上并不相互抵触。Grégoire 和 Fisher（2008）认为，在某些情境下高关系质量的确可以发挥纾缓的效果。例如，当企业对于服务失败的控制力较低时，高关系质量的顾客会持续产生较为正面的反应。但当服务补救明显不符合公平规范（Grégoire and Fisher，2008）、品牌明显违背顾客与品牌之间的互动规范时（Aaker et al.，2004；Aggarwal，2004），或企业可以对于服务失败的发生有高度控制力（Grégoire and Fisher，2006；Wan et al.，2011）、企业的行为在道德上有严重瑕疵时（Liu et al.，2010），或顾客有时间与资源仔细思考服务失败的情境时（Roehm and Brady，2007），就可能会产生由爱生恨后果。可见，高关系质量之所以出现不仅不能形成对企业危机的缓解反而还会出现强化企业危机的影响这种反转现象，主要与产品伤害危机事件的具体情境有关。针对公司道德型产品伤害危机和产品性能型产品伤害危机两种事件，公司道德型产品伤害危机指因忽视安全健康等问题导致的劳动事故、与社会或伦理问题相关的企业犯罪和管理层不端行为导致的危机事件；产品性能型产品伤害危机指技术失误、标准偏差等客观因素或意外操作失误等导致的具体产品属性缺陷或伤害（庄爱玲和余伟萍，2011）。很显然，公司道德型产品伤害危机主要强调企业道德层面的问题，而产品性能型产品伤害危机主要强调产品层面的问题。由此可以推断，相对于产品性能型产品伤害危机事件，消费者面对公司道德型产品伤害危机事件，高关系质量不仅无法形成对企业的保护，相反还会引发消费者更大的感知背叛，即相对于产品性能型产品伤害危机事件，关系质量越高，公司道德型产品伤害危机事件引发的消费者感知背叛越强烈。基于以上分析，本书提出如下研究假设：

$H_{6\text{-}6}$：关系质量（高、低）会调节产品伤害危机事件不同责任归因对消费者感知背叛的影响。

$H_{6\text{-}6a}$：对高关系质量的顾客而言，企业不同责任归因下的产品伤害危机事件所导致的消费者感知背叛差异大于低关系质量的顾客。

$H_{6\text{-}6b}$：对低关系质量的顾客而言，企业不同责任归因下的产品伤害危机事件所导致的消费者感知背叛差异小于高关系质量的顾客。

6.1.7　品牌延伸契合度（高、低）的调节作用

品牌研究中最持久的发现之一就是消费者以母品牌与延伸产品之间的感知匹配（契合）性为基础来评价品牌延伸（Kim and John，2008），它用来描述母品牌既有产品与延伸产品间的相似度或母品牌既有产品与延伸产品的概念一致性程度（Aaker and Keller，1990），母品牌与延伸产品之间的匹配（契合）程度是品牌延伸成功与否的关键（Buil et al.，2009；Milberg et al.，2010）。

研究表明，母品牌与延伸产品愈相似，消费者愈容易回想母品牌与延伸产品之间的关联性，进而感知到母品牌与延伸产品间较高的感知契合度；母品牌与延伸产品相似性低时，消费者不易对母品牌与延伸产品产生联想，所感觉到的知觉契合度亦较低（Lane，2000）。因此，契合程度高意味着原产品与延伸产品之间在技术、知识、质量、形象等方面具有很强的一致性，而契合程度低则指原产品与延伸产品之间在技术、知识、质量、形象等方面存在很大差异。研究发现，品牌契合程度会调节负面信息对消费者的影响，契合程度越低负面信息影响越小（Ahluwalia and Gürhan-Canli，2000）。Lei 等（2008）研究也指出，企业内母品牌与子品牌之间的联结强度对子品牌产品伤害危机事件的外溢效果有显著的影响，当母子品牌之间的

联结越强时，则外溢效果越强，即母品牌与子品牌之间的相似程度影响到产品伤害危机事件的外溢效果。这主要在于当消费者发现母品牌与延伸产品之间有契合，消费者会通过品牌联想将母品牌知觉移转到延伸产品上（Schmitt and Dubé，1992），而且一般来说，相似性越高，母品牌信息被转移可能性越高，对延伸评估的影响也越大（Aaker and Keller，1990）。可见，当消费者面对企业产品伤害危机事件时，契合程度会影响到母品牌信息向延伸产品的转移，契合程度越高，母品牌信息转移的可能性越高；契合程度越低，母品牌信息转移的可能性越低。而且，契合程度高的产品伤害危机事件会被视作具有比较高的可诊断性（Ahluwalia and Gürhan-Canli，2000；Lei et al.，2008）。因此可以推断，在企业发生产品伤害危机事件之后，会引发消费者的感知背叛，但消费者感知背叛与品牌延伸评价之间的关系会受到延伸契合度的调节。基于以上分析，本书提出如下研究假设：

$H_{6\text{-}7}$：品牌延伸契合度（高、低）会调节消费者感知背叛对品牌延伸评价的影响。

$H_{6\text{-}7a}$：当品牌延伸契合度高时，消费者感知背叛对品牌延伸评价的负面影响大于品牌延伸契合度低时的影响。

$H_{6\text{-}7b}$：当品牌延伸契合度低时，消费者感知背叛对品牌延伸评价的负面影响小于品牌延伸契合度高时的影响。

根据以上分析，本章研究的理论框架如图 6-1 所示。

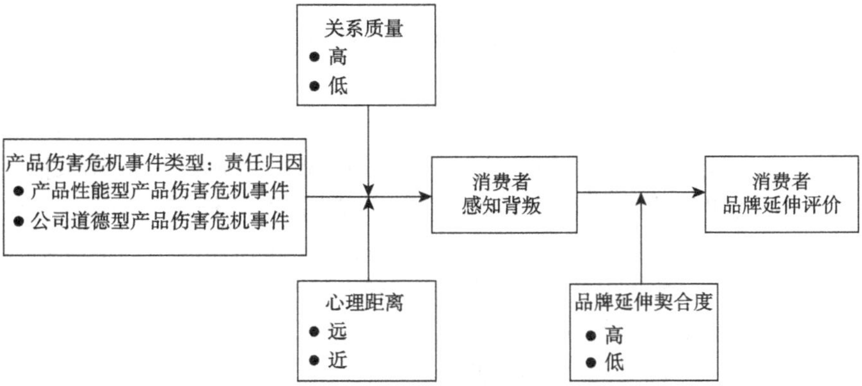

图 6-1　本章研究的理论框架

6.2 研究设计

根据本章研究的理论框架，本章研究将安排四个实验完成研究：

实验一：不同责任归因的产品伤害危机事件对消费者品牌延伸评价的影响。
实验二：心理距离（远、近）的调节作用。
实验三：关系质量（高、低）的调节作用。
实验四：品牌延伸契合度（高、低）的调节作用。

6.2.1　实验一：不同责任归因的产品伤害危机事件对消费者品牌延伸评价的影响

1. 实验目的与设计

实验一的目的在于验证不同类型的产品伤害危机事件对于消费者品牌延伸的负面溢出效应（H_{6-1}、H_{6-2}、H_{6-3}）和消费者感知背叛的中介作用（H_{6-4}）。实验一是单因子二水平组间设计，操控自变量为产品伤害危机事件的类型，分为产品性能型产品伤害危机事件和公司道德型产品伤害危机事件。

2. 研究样本

实验一主要探讨不同类型的产品伤害危机事件（产品性能型产品伤害危机事件、公司道德型产品伤害危机事件）如何通过消费者感知背叛影响到消费者品牌延伸评价，研究的目的主要在于探讨这些变量之间的关系。为了减少外生变量带来的干扰，达到较好的内部效度，实验一仍使用武汉市的大学生作为实验样本。

3. 产品选择

考虑到实验产品应该是实验一样本熟悉的且经常接触到的产品，并为了提高研究结果的广泛性和一般性，实验一选择与前面研究不同的产品。综合以上考虑，实验一选择电脑作为实验产品。

4. 实验刺激及操控

实验一需要操控的是产品性能型产品伤害危机事件和公司道德型产品伤害危机事件，实验一通过采用虚拟新闻以形成不同责任归因的产品伤害危机事件。

产品伤害危机事件通常被界定为偶然出现并被广泛宣传的某种产品存在缺陷或是对顾客产生伤害的事件（Siomkos and Kurzbard，1994）。Pullig 等（2006）按照产品伤害危机产生的原因，将产品伤害危机事件分为与性能相关的产品伤害危机事件和与价值观相关的产品伤害危机事件。在以上基础上，庄爱玲和余伟萍（2011）将产品伤害危机事件分为产品性能型（指技术失误、标准偏差等客观因素或意外操作失误等导致的具体产品属性缺陷或伤害，如 iPhone4 天线门事件）、公司道德型（指因忽视安全健康等问题导致的劳动事故、与社会或伦理问题相关的企业犯罪和管理层不端行为等，如西门子贿赂基金事件）和道德引致产品性能型（指因企业或员工个人违背基本的社会和伦理道德准则而引发的具体品牌或产品属性缺陷或伤害，如锦湖轮胎质量事件）等三类。因产品性能型产品伤害危机事件与道德引致产品性能型产品伤害危机事件均与产品缺陷等问题直接关联，为了更好地进行对比，实验一选择产品性能型与公司道德型两种类型的负面事件进行研究。其中产品性能型产品伤害危机事件强调产品本身给消费者带来的伤害，而公司道德型产品伤害危机事件主要指企业违背社会伦理道德，强调忽视社会或道德伦理等问题和管理层不端等行为。同时，为了减少产品伤害危机事件的严重程度可能给被试带来的影响，实验一将两种不同事件产生的影响统一操控成“给消费者身体带来了不适”，以尽量减少其他外在因素给研究结果带来的影响。结合以上研究分析，实验一在进行实验情景设计时将产品性能型产品伤害危机事件操控成“某企业是生产电脑的企业，主要生产 A 品牌的电脑。最近在市场检查过程中发现 A 品牌的电脑使用有害的劣质原材料生产产品，致使消费者在使用中身体出现了不适”；将公司道德型产品伤害危机事件操控成“某企业是生产电脑的企业，主要生产 A 品牌的电脑。最近有媒体报道称该企业生产过程中压榨工人的工资、超时加班，使工人身体出现了不适”。

对于产品性能型产品伤害危机事件与公司道德型产品伤害危机事件的前测，测试方式为请受测者阅读并评价“某企业是生产电脑的企业，主要生产 A 品牌的电脑。最近在市场检查过程中发现 A 品牌的电脑使用有害的劣质原材料生产产品，致使消费者在使用中身体出现了不适”与“某企业是生产电脑的企业，主要生产 A 品牌的电脑。最近有媒体报道称该企业生产过程中压榨工人的工资、超时加班，使工人身体出现了不适”这两个事件（1 表示非常不同意，7 表示非常同意），前测随机选择 40 人完成。方差分析结果显示，两组的评价无显著差异[M_1=3.050，M_2=2.800，F（1，39）=0.657，p=0.423]。可见，实验一选择的两种产品伤害危机事件存在差别，能够在被试心中形成一定的区分。因此，实验一选择“某企业是生产电脑的企业，主要生产 A 品牌的电脑。最近在市场检查过程中发现 A 品牌的电脑使用有害的劣质原材料生产产品，致使消费者在使用中身体出现了不适”作为产品性能型产品伤害危机事件的操控，选择“某企业是生产电脑的企业，主要生产 A 品牌的电脑。最近有媒体报道称该企业生产过程中压榨工人的工资、超时加班，使工人身体出现了不适”作为公司道德型产品伤害危机事件的操控。

5. 实验场景设计

实验一在实验材料中虚拟出“某企业”“A 品牌的电脑”等信息，并将产品性能型产品伤害危机事件和公司道德型产品伤害危机事件的操控融入材料中。同时考虑到品牌延伸契合度可能对消费者品牌延伸评价的影响，本实验在进行实验场景设计时只强调 A 品牌在生产电脑的基础上，开始生产、销售 A 品牌的 B 产品，具体场景设计如下：

实验场景一：产品性能型产品伤害危机事件

某企业是生产电脑的企业，主要生产 A 品牌的电脑。最近根据《中国质量报》的消息，在市场检查过程中发现 A 品牌的电脑使用有害的劣质原材料生产产品，致使消费者在使用中身体出现了不适。目前，该企业正在开展多元化经营，在电脑生产的基础上，开始生产、销售 A 品牌的 B 产品。

实验场景二：公司道德型产品伤害危机事件

某企业是生产电脑的企业，主要生产 A 品牌的电脑。最近有媒体报道称该企业生产过程中压榨工人的工资、超时加班，使工人身体出现了不适。目前，该企业正在开展多元化经营，在电脑生产的基础上，开始生产、销售 A 品牌的 B 产品。

6. 实验操控检验

为了检验本章研究中对产品伤害危机事件的类型操控是否成功，专门设计了如下操控检验问题，以检验本章研究的设计，测量采取七点语义差别量表进行评估。

问题 1：您认为材料中描述的产品伤害危机事件产生的原因：

与公司道德有关　1　2　3　4　5　6　7　与产品性能有关

7. 实验方法与程序

学者们对消费者行为的研究往往借鉴心理学和经济学方面的成果，而这两个学科越来越重视现场实验（Cialdini，2009）。国内外学者在研究营销问题中大多通过现场实验进行了数据的收集（Baca-Motes et al.，2013）。具体到产品伤害危机事件的研究中，现场实验也是学者们主要采取的研究方法之一，如 Vassilikopoulou 等（2009）、汪兴东等（2013）、方正等（2011）均使用现场实验进行产品伤害危机事件相关主题的研究。现场实验相对于其他实验方法能够使实验主体感到更接近现实，外部效度更高（Malhotra and Spss，2009），实验一采用现场实验法进行数据收集。同时，实验一的自变量在实验材料中具有明确的表述，因变量测量也有具体的量表。而且被试在进行填答过程中安排专门的访问员进行陪同，以减少现场实验的不可控性。这些措施在一定程度上弥补了现场实验因缺乏必要的控制导致现场实验内部效度低等问题。

实验前，被试通过校园拦截等方式获取，即在校园人员流动比较多的位置，选择某一固定参照物，要求调查人员每隔 10 个人拦截下 1 个人作为调查实验对象，以尽量保证被试选择的随机性。然后，在确定被拦截对象愿意参与实验一的基础上，将这些被试随机分配到不同的实验组中，完成数据收集工作。实验中，第一步，向被试说明本次研究的目的以打消被试的顾虑；第二步，要求被试阅读背景材料，阅读完材料之后，要求被试对该事件进行评价，以一题七点尺度问项来评价事件（1=公司道德型，7=产品性能型）（这些打分用于检验操控是否成功）；第三步，要求被试填写消费者感知背叛测量量表和消费者品牌延伸评价测量量表（这些分数用于假设检验）；第四步，被试填写人口统计信息（用于描述样本）。填答完毕后，表示感谢。

8. 变量测量

（1）消费者感知背叛。背叛感是个体面对与自身有互动关系的其他人做出不当行为时产生的心理反应（Ward and O'strom，2006），是消费者与互动关系中某些互动规范遭受到企业有意违背时的信念程度（Koehler and Gershoff，2003），是对被信任的人的故意行为产生的感觉（Rachman，2010）。对于该变量的测量，实验一借鉴 Grégoire 和 Fisher（2008）的消费者感知背叛测量量表，该量表包含“我觉得这家企业故意利用我”等五个题项，采取利克特七点尺度，从 1（非常不同意）到 7（非常同意）供被试作答，具体测量量表见表 6-1。

表 6-1　消费者感知背叛测量量表

题项	非常不同意	不同意	稍微不同意	一般	稍微同意	同意	非常同意
我感到被欺骗了							
我感到被出卖了							
我觉得企业说谎							
我觉得这家企业故意利用我							
这家企业试图虐待我							

（2）消费者品牌延伸评价。消费者品牌延伸评价是消费者对延伸产品态度的评价，衡量消费者对延伸产品的接收程度（Bottomley and Doyle，1996）。过去文献关于品牌延伸评价的构面主要有 Aaker 和 Keller（1990）的整体知觉质量及购买可能性；Boush 和 Loken（1991）的偏好态度及购买意愿；Park 等（1991）的偏好态度及购买意愿；Kim 等（2001）的知觉质量与购买意愿；Taylor 和 Bearden（2002）的知觉质量、知觉价值与购买意愿，以及 Kumar（2005）的知觉质量、知觉价值、偏好态度与购买意愿；等等。在以上研究的基础上，实验一将消费者品牌延伸评价分为“知觉质量”、“知觉价值”、“偏好态度”和“购买意愿”等四个构面来衡量消费者对于品牌延伸的评价，该量表包含“我认为这个延伸产品质量会很好”等七个题项，采取利克特七点尺度，从 1（非常不同意）到 7（非常同意）供被试作答，消费者品牌延伸评价测量量表见表 6-2。

表 6-2　消费者品牌延伸评价测量量表

题项	非常不同意	不同意	稍微不同意	一般	稍微同意	同意	非常同意
我认为 A 品牌的 B 产品质量会很好							
我觉得 A 品牌的 B 产品会很实用							
我觉得 A 品牌的 B 产品值得信赖							
我会喜欢 A 品牌的 B 产品							
A 品牌的 B 产品对我很有吸引力							
如有需要，我可能会考虑购买 A 品牌的 B 产品							
如有需要，我会推荐朋友购买 A 品牌的 B 产品							

9. 实验一的问卷设计

根据以上实验材料设计和变量测量量表，实验一形成研究过程中使用的问卷。

亲爱的朋友：

您好！

我是******大学的教师，在进行一项有关消费者行为的研究工作。这是一份学术问卷，您对本问卷所做出的选择，仅做学术研究之用，没有对错之分，且不用记名，请放心作答。恳请您在百忙中拨冗填答，谢谢！

敬祝 万事如意

第一部分：背景材料

请先阅读下面的背景材料，设想您自己就是材料中的主角，读后请您根据自己的判断进行选择与回答。

某企业是生产电脑的企业，主要生产 A 品牌的电脑，最近根据《中国质量报》的消息，在市场检查过程中发现 A 品牌的电脑使用有害的劣质原材料生产产品，致使消费者在使用中身体出现了不适。目前，该企业正在开展多元化经营，在电脑生产的基础上，开始生产、销售 A 品牌的 B 产品。

根据以上材料，请对以下问题做出判断。

问题 1：您认为材料中描述的产品伤害危机事件产生的原因：

与公司道德有关　1　2　3　4　5　6　7　与产品性能有关

第二部分：请回答下列问题

问题 1：结合以上材料回答对下面的评价做出判断：

题项	非常不同意	不同意	稍微不同意	一般	稍微同意	同意	非常同意
我感到被欺骗了							
我感到被出卖了							
我觉得企业说谎							

续表

题项	非常不同意	不同意	稍微不同意	一般	稍微同意	同意	非常同意
我觉得这家企业故意利用我							
这家企业试图虐待我							

问题 2：请对该企业生产的 A 品牌的 B 产品的评价做出判断：

题项	非常不同意	不同意	稍微不同意	一般	稍微同意	同意	非常同意
我认为 A 品牌的 B 产品质量会很好							
我觉得 A 品牌的 B 产品会很实用							
我觉得 A 品牌的 B 产品值得信赖							
我会喜欢 A 品牌的 B 产品							
A 品牌的 B 产品对我很有吸引力							
如有需要，我可能会考虑购买 A 品牌的 B 产品							
如有需要，我会推荐朋友购买 A 品牌的 B 产品							

第三部分：个人资料

1. 请问您的性别：

A. 男　　B. 女

2. 请问您的年龄：

A. 20 岁及以下　B. 21~25 岁　C. 26 岁及以上

3. 请问您的学历水平：

A. 本科及以下　B. 硕士研究生　C. 博士研究生

问卷到此结束，再次感谢您对实验一的支持！

6.2.2　实验二：心理距离（远、近）的调节作用

1. 实验目的与设计

实验二一共有两个主要目的，第一个目的在于重复验证实验一所得到的结果，包括不同类型的产品伤害危机事件对消费者品牌延伸的负面外溢效果，以及消费者感知背叛的中介效果。第二个目的是验证心理距离（远、近）在不同类型的产品伤害危机事件影响消费者感知背叛中的调节作用（H_{6-5}）。实验二采取 2

（产品伤害危机事件类型：产品性能型产品伤害危机事件 vs 公司道德型产品伤害危机事件）×2（空间距离：远 vs 近）/（社会距离：远 vs 近）组间设计。

2. 研究样本

实验二主要探讨不同类型的产品伤害危机事件（产品性能型产品伤害危机事件、公司道德型产品伤害危机事件）如何通过消费者感知背叛影响到消费者品牌延伸评价，以及在这一影响过程中心理距离（远、近）可能存在的调节作用，研究的目的主要在于探讨这些变量之间的关系。为了减少外生变量带来的干扰，达到较好的内部效度，实验二使用武汉市的大学生作为实验样本。

3. 产品选择

与实验一相同，实验二仍选择电脑作为实验产品。

4. 实验刺激及操控

（1）产品伤害危机事件。按照实验一研究的结果，实验二选择“某企业是生产电脑的企业，主要生产 A 品牌的电脑，最近在市场检查过程中发现 A 品牌的电脑使用有害的劣质原材料生产产品，致使消费者在使用中身体出现了不适”作为产品性能型产品伤害危机事件的操控，选择“某企业是生产电脑的企业，主要生产 A 品牌的电脑，最近有媒体报道称该企业生产过程中压榨工人的工资、超时加班，使工人身体出现了不适”作为公司道德型产品伤害危机事件的操控。

（2）心理距离（远、近）。由于在第 4 章中对心理距离（远、近）的操控已经进行了前测，而且前测的结果较理想。因此，实验二对心理距离的操控仍然按照实验一的操控方法，即空间距离远设计成产品伤害危机发生在 1 500 千米外的沈阳，空间距离近设计成产品伤害危机事件发生在武汉；社会距离近设计成好朋友在产品伤害危机事件中受到了伤害，社会距离远设计成陌生人/不认识的人在产品伤害危机事件中受到了伤害。

5. 实验场景设计

实验二在实验材料中虚拟出“某企业”“A 品牌的电脑”等信息，并将产品性能型产品伤害危机事件、公司道德型产品伤害危机事件以及心理距离（远、近）的操控手段融入材料中。同时考虑到品牌延伸契合度可能对消费者品牌延伸评价的影响，本实验在进行实验场景设计时只强调 A 品牌在生产洗发水的基础上，开始生产、销售 A 品牌的 B 产品，具体场景设计如下：

实验场景一：产品性能型产品伤害危机事件×空间距离远

某企业是生产电脑的企业，主要生产 A 品牌的电脑。最近根据《中国质量报》的消息，在距离武汉 1 500 千米外的沈阳市场中检查市场，检查过程中发现 A 品牌的电脑使用有害的劣质原材料生产产品，致使消费者在使用中身体出现了不适。

目前，该企业正在开展多元化经营，在电脑生产的基础上，开始生产、销售 A 品牌的 B 产品。

实验场景二：公司道德型产品伤害危机事件×空间距离近

某企业是生产电脑的企业，主要生产 A 品牌的电脑。最近有媒体报道称该企业在武汉的工厂生产过程中压榨工人的工资、超时加班，使工人身体出现了不适。目前，该企业正在开展多元化经营，在电脑生产的基础上，开始生产、销售 A 品牌的 B 产品。

实验场景三：产品性能型产品伤害危机事件×社会距离近

某企业是生产电脑的企业，主要生产 A 品牌的电脑。最近根据《中国质量报》的消息，在市场检查过程中发现 A 品牌的电脑使用有害的劣质原材料生产产品，致使消费者在使用中身体出现了不适，恰巧您的一个朋友也由于使用该品牌的电脑出现了身体不适。目前，该企业正在开展多元化经营，在电脑生产的基础上，开始生产、销售 A 品牌的 B 产品。

实验场景四：公司道德型产品伤害危机事件×社会距离远

某企业是生产电脑的企业，主要生产 A 品牌的电脑。最近有媒体报道称该企业生产过程中压榨工人的工资、超时加班，使您不认识的工人身体出现了不适。目前，该企业正在开展多元化经营，在电脑生产的基础上，开始生产、销售 A 品牌的 B 产品。

6. 实验操控检验

借助 Fujita 等（2006）设计空间距离（远、近）的操控检验，采取七点语义差别量表；借助 Liviatan 等（2008）提出的社会距离近的对象与自己的关系较亲近且拥有较多的共同性，因此实验二以三个项目检测情境中的社会距离操控是否成功（非常陌生/非常亲密，没有共同点/拥有许多共同点，关系亲密/关系疏远），评价采取七点语义差别量表进行评估，得分越高表示社会距离越近。具体操控检验问题如下：

问题 1：您认为材料中描述的产品伤害危机事件产生的原因：

与公司道德有关　1　2　3　4　5　6　7　与产品性能有关

问题 2：您与材料中描述的沈阳：

距离近　1　2　3　4　5　6　7　距离远

或问题 2：您与材料中描述的武汉：

距离近　1　2　3　4　5　6　7　距离远

问题 3：您认为您和您朋友的关系：

非常陌生　1　2　3　4　5　6　7　非常亲密

没有共同点 1 2 3 4 5 6 7 拥有许多共同点

关系亲近 1 2 3 4 5 6 7 关系疏远（反向问题）

或问题 3：您认为您和陌生人/不认识的人的关系：

非常陌生 1 2 3 4 5 6 7 非常亲密

没有共同点 1 2 3 4 5 6 7 拥有许多共同点

关系亲近 1 2 3 4 5 6 7 关系疏远（反向问题）

7. 实验方法与程序

与实验一相同，实验二仍然使用现场实验法进行数据收集。并通过对自变量和因变量的客观控制和测量以及强化调查人员的指导，以减少现场实验的不可控制性。

实验前，被试通过校园拦截等方式获取，即在校园人员流动比较多的位置，选择某一固定参照物，要求调查人员每隔 10 个人拦截下 1 个人作为调查实验对象，以尽量保证被试选择的随机性。然后，在确定被拦截对象愿意参与实验二的基础上，将这些被试随机分配到不同的实验组中，完成数据收集工作。实验中，第一步，向被试说明本次研究的目的以打消被试的顾虑；第二步，要求被试阅读背景材料，阅读完材料之后，要求被试对不同类型的产品伤害危机事件与心理距离（远、近）的描述进行判断（这些打分用于检验操控是否成功）；第三步，要求被试填写消费者感知背叛测量量表和消费者品牌延伸评价测量量表（这些分数用于假设检验）；第四步，被试填写人口统计信息（用于描述样本）。填答完毕后，表示感谢。

8. 变量测量

与实验一一致，实验二借鉴 Grégoire 和 Fisher（2008）的消费者感知背叛测量量表，该量表包含“我觉得这家企业故意利用我”等五个题项，采取利克特七点尺度，从 1（非常不同意）到 7（非常同意）供被试作答，具体测量量表见表 6-3。

表 6-3　消费者感知背叛测量量表

题项	非常不同意	不同意	稍微不同意	一般	稍微同意	同意	非常同意
我感到被欺骗了							
我感到被出卖了							
我觉得企业说谎							
我觉得这家企业故意利用我							
这家企业试图虐待我							

借鉴相关研究，实验二将消费者品牌延伸评价分为“知觉质量”、“知觉价值”、“偏好态度”和“购买意愿”等四个构面来衡量消费者对于品牌延伸的评价，该量表包含“我认为这个延伸产品质量会很好”等七个题项，采取利克特七点尺度，从1（非常不同意）到7（非常同意）供被试作答，消费者品牌延伸评价测量量表见表6-4。

表6-4　消费者品牌延伸评价测量量表

题项	非常不同意	不同意	稍微不同意	一般	稍微同意	同意	非常同意
我认为A品牌的B产品质量会很好							
我觉得A品牌的B产品会很实用							
我觉得A品牌的B产品值得信赖							
我会喜欢A品牌的B产品							
A品牌的B产品对我很有吸引力							
如有需要，我可能会考虑购买A品牌的B产品							
如有需要，我会推荐朋友购买A品牌的B产品							

9. 实验二的问卷设计

根据以上实验材料设计和变量测量量表，实验二形成研究过程中使用的问卷，问卷举例如下：

亲爱的朋友：

您好！

我是******大学的教师，在进行一项有关消费者行为的研究工作。这是一份学术问卷，您对本问卷所做出的选择，仅做学术研究之用，没有对错之分，且不用记名，请放心作答。恳请您在百忙中拨冗填答，谢谢！

敬祝 万事如意

第一部分：背景材料

请先阅读下面的背景材料，设想您自己就是材料中的主角，读后请您根据自己的判断进行选择与回答。

某企业是生产电脑的企业，主要生产A品牌的电脑。最近根据《中国质量报》的消息，在市场检查过程中发现A品牌的电脑使用有害的劣质原材料生产产品，致使消费者在使用中身体出现了不适，恰巧您的一个朋友也由于使用该品牌电脑出现了身体不适。目前，该企业正在开展多元化经营，在电脑生产的基础上，开始生产、销售A品牌的B产品。

根据以上材料，请对以下问题做出判断。

问题1：您认为材料中描述的产品伤害危机事件产生的原因：

与公司道德有关 1 2 3 4 5 6 7 与产品性能有关

问题2：您认为您和您朋友的关系：

非常陌生 1 2 3 4 5 6 7 非常亲密

没有共同点 1 2 3 4 5 6 7 拥有许多共同点

关系亲近 1 2 3 4 5 6 7 关系疏远

第二部分：请回答下列问题

问题1：结合以上材料回答对下面的评价做出判断：

题项	非常不同意	不同意	稍微不同意	一般	稍微同意	同意	非常同意
我感到被欺骗了							
我感到被出卖了							
我觉得企业说谎							
我觉得这家企业故意利用我							
这家企业试图虐待我							

问题2：请对该企业生产的A品牌的B产品的评价做出判断：

题项	非常不同意	不同意	稍微不同意	一般	稍微同意	同意	非常同意
我认为A品牌的B产品质量会很好							
我觉得A品牌的B产品会很实用							
我觉得A品牌的B产品值得信赖							
我会喜欢A品牌的B产品							
A品牌的B产品对我很有吸引力							
如有需要，我可能会考虑购买A品牌的B产品							
如有需要，我会推荐朋友购买A品牌的B产品							

第三部分：个人资料

1. 请问您的性别：

A. 男 B. 女

2. 请问您的年龄：

A. 20岁及以下 B. 21~25岁 C. 26岁及以上

3. 请问您的学历水平：

A. 本科及以下 B. 硕士研究生 C. 博士研究生

问卷到此结束，再次感谢您对实验二的支持！

6.2.3 实验三：关系质量（高、低）的调节作用

1. 实验目的与设计

实验三一共有两个主要目的，第一个目的在于重复验证实验一所得到的结果，包括不同责任归因的产品伤害危机事件对消费者品牌延伸的负面外溢效果，以及消费者感知背叛的中介效果。第二个目的是验证关系质量（高、低）在不同类型的产品伤害危机事件影响消费者感知背叛中的调节作用（$H_{6\text{-}6}$）。实验三采取 2（产品伤害危机事件：产品性能型产品伤害危机事件 vs 公司道德型产品伤害危机事件）×2（关系质量：高 vs 低）组间设计。

2. 研究样本

实验三主要探讨不同类型的产品伤害危机事件（产品性能型产品伤害危机事件、公司道德型产品伤害危机事件）如何通过消费者感知背叛影响到消费者品牌延伸评价，以及在这一影响过程中关系质量（高、低）可能存在的调节作用，研究的目的主要在于探讨这些变量之间的关系。为了减少外生变量带来的干扰，达到较好的内部效度，实验三使用武汉市的大学生作为实验样本。

3. 产品选择

与实验一相同，实验三仍选择电脑作为实验产品。

4. 实验刺激及操控

（1）产品伤害危机事件。按照实验一研究的结果，实验三选择“某企业是生产电脑的企业，主要生产 A 品牌的电脑，最近在市场检查过程中发现 A 品牌的电脑使用有害的劣质原材料生产产品，致使消费者在使用中身体出现了不适”作为产品性能型产品伤害危机事件的操控，选择“某企业是生产电脑的企业，主要生产 A 品牌的电脑，最近有媒体报道称该企业生产过程中压榨工人的工资、超时加班，使工人身体出现了不适”作为公司道德型产品伤害危机事件的操控。

（2）关系质量（高、低）。关系质量是指消费者对其与企业间关系满足自身期望、预测、目标和欲望程度的感知评价（Kim and Cha，2002），它揭示了消费者对其与企业关系的整体印象（侯如靖等，2012）。由于在第 4 章中对关系质量（高、低）的操控已经进行了前测，而且前测的结果较理想。因此，实验三仍按照第 4 章中的操控手段对关系质量（高、低）进行操控，即高关系质量在材料中设计成“您以前曾经使用过该企业的产品，对过去的消费经验感到满意，并对该企业有深厚的感情基础”，而低关系质量则描述成“您过去没有使用过该企业的产品”。

5. 实验场景设计

在实验材料中虚拟出“某企业”“A 品牌的电脑”等信息，并将产品性能型产品伤害危机事件、公司道德型产品伤害危机事件和关系质量（高、低）的操控手段融入材料中。同时考虑到品牌延伸契合度可能对消费者品牌延伸评价的影响，本实验在进行实验场景设计时只强调 A 品牌在生产电脑的基础上，开始生产、销售 A 品牌的 B 产品，具体场景设计如下：

实验场景一：产品性能型产品伤害危机事件×高关系质量

某企业是生产电脑的企业，主要生产 A 品牌的电脑，您以前曾经使用过该企业的产品，对过去的消费经验感到满意，并对该企业有深厚的感情基础。最近根据《中国质量报》的消息，在市场检查过程中发现 A 品牌的电脑使用有害的劣质原材料生产产品，致使消费者在使用中身体出现了不适。目前，该企业正在开展多元化经营，在电脑生产的基础上，开始生产、销售 A 品牌的 B 产品。

实验场景二：公司道德型产品伤害危机事件×低关系质量

某企业是生产电脑的企业，主要生产 A 品牌的电脑，您过去没有使用过该企业的产品。最近有媒体报道称该企业生产过程中压榨工人的工资、超时加班，使工人身体出现了不适。目前，该企业正在开展多元化经营，在电脑生产的基础上，开始生产、销售 A 品牌的 B 产品。

6. 实验操控检验

针对实验三产品伤害危机事件类型以及关系质量（高、低）的操控，实验三设计了不同操控检验问题进行了检验，如借助 Grégoire 和 Fisher（2008）、Grégoire 等（2009）关系质量量表，测量被试对材料中操控的关系质量的描述，采取利克特七点尺度，从 1（非常不同意）到 7（非常同意），测量材料中对品牌延伸契合度的操控是否成功，具体题目或量表如下：

问题 1：您认为材料中描述的产品伤害危机事件产生的原因：

与公司道德有关　1　2　3　4　5　6　7　与产品性能有关

问题 2：结合以上材料回答对下面的评价做出判断：

题项	非常不同意	不同意	稍微不同意	一般	稍微同意	同意	非常同意
我对我和这家企业的关系感到满意							
我和这家企业的关系非常好							
我忠于与这家企业的关系							
我打算与该企业保持长期关系							

7. 实验方法与程序

与实验一相同，实验三仍然使用现场实验法进行数据收集。并通过对自变量和因变量的客观控制和测量以及强化调查人员的指导，以减少现场实验的不可控制性。

实验前，被试通过校园拦截等方式获取，即在校园人员流动比较多的位置，选择某一固定参照物，要求调查人员每隔 10 个人拦截下 1 个人作为调查实验对象，以尽量保证被试选择的随机性。然后，在确定被拦截对象愿意参与实验三的基础上，将这些被试随机分配到不同的实验组中，完成数据收集工作。实验中，第一步，向被试说明本次研究的目的以打消被试的顾虑；第二步，要求被试阅读背景材料，阅读完材料之后，要求被试对不同类型的产品伤害危机事件与关系质量（高、低）的描述进行判断（这些打分用于检验操控是否成功）；第三步，要求被试填写消费者感知背叛测量量表和消费者品牌延伸评价测量量表（这些分数用于假设检验）；第四步，被试填写人口统计信息（用于描述样本）。填答完毕后，表示感谢。

8. 变量测量

实验三借鉴 Grégoire 和 Fisher（2008）的消费者感知背叛测量量表，该量表包含“我觉得这家企业故意利用我”等五个题项，采取利克特七点尺度，从 1（非常不同意）到 7（非常同意）供被试作答，具体测量量表见表 6-5。

表 6-5　消费者感知背叛测量量表

题项	非常不同意	不同意	稍微不同意	一般	稍微同意	同意	非常同意
我感到被欺骗了							
我感到被出卖了							
我觉得企业说谎							
我觉得这家企业故意利用我							
这家企业试图虐待我							

借鉴相关研究，实验三将消费者品牌延伸评价分为“知觉质量”、“知觉价值”、“偏好态度”和“购买意愿”等四个构面来衡量消费者对于品牌延伸的评价，该量表包含“我认为这个延伸产品质量会很好”等七个题项，采取利克特七点尺度，从 1（非常不同意）到 7（非常同意）供被试作答，消费者品牌延伸评价测量量表见表 6-6。

表 6-6　消费者品牌延伸评价测量量表

题项	非常不同意	不同意	稍微不同意	一般	稍微同意	同意	非常同意
我认为 A 品牌的 B 产品质量会很好							
我觉得 A 品牌的 B 产品会很实用							
我觉得 A 品牌的 B 产品值得信赖							
我会喜欢 A 品牌的 B 产品							
A 品牌的 B 产品对我很有吸引力							
如有需要，我可能会考虑购买 A 品牌的 B 产品							
如有需要，我会推荐朋友购买 A 品牌的 B 产品							

9. 实验三的问卷设计

根据以上实验材料设计和变量测量量表，实验三形成研究过程中使用的问卷，问卷举例如下：

亲爱的朋友：

您好！

我是******大学的教师，在进行一项有关消费者行为的研究工作。这是一份学术问卷，您对本问卷所做出的选择，仅做学术研究之用，没有对错之分，且不用记名，请放心作答。恳请您在百忙中拨冗填答，谢谢！

敬祝 万事如意

第一部分：背景材料

请先阅读下面的背景材料，设想您自己就是材料中的主角，读后请您根据自己的判断进行选择与回答。

某企业是生产电脑的企业，主要生产 A 品牌的电脑，您以前曾经使用过该企业的产品，对过去的消费经验感到满意，并对该企业有深厚的感情基础。最近根据《中国质量报》的消息，在市场检查过程中发现 A 品牌的电脑使用有害的劣质原材料生产产品，致使消费者在使用中身体出现了不适。目前，该企业正在开展多元化经营，在电脑生产的基础上，开始生产、销售 A 品牌的 B 产品。

根据以上材料，请对以下问题做出判断。

问题 1：您认为材料中描述的产品伤害危机事件产生的原因：

与公司道德有关　1　2　3　4　5　6　7　与产品性能有关

问题 2：结合以上材料回答对下面的评价做出判断：

题项	非常不同意	不同意	稍微不同意	一般	稍微同意	同意	非常同意
我对我和这家企业的关系感到满意							
我和这家企业的关系非常好							
我忠于与这家企业的关系							
我打算与该企业保持长期关系							

第二部分：请回答下列问题

问题 1：结合以上材料回答对下面的评价做出判断：

题项	非常不同意	不同意	稍微不同意	一般	稍微同意	同意	非常同意
我感到被欺骗了							
我感到被出卖了							
我觉得企业说谎							
我觉得这家企业故意利用我							
这家企业试图虐待我							

问题 2：请对该企业生产的 A 品牌的 B 产品的评价做出判断：

题项	非常不同意	不同意	稍微不同意	一般	稍微同意	同意	非常同意
我认为 A 品牌的 B 产品质量会很好							
我觉得 A 品牌的 B 产品会很实用							
我觉得 A 品牌的 B 产品值得信赖							
我会喜欢 A 品牌的 B 产品							
A 品牌的 B 产品对我很有吸引力							
如有需要，我可能会考虑购买 A 品牌的 B 产品							
如有需要，我会推荐朋友购买 A 品牌的 B 产品							

第三部分：个人资料

1. 请问您的性别：

A. 男　　B. 女

2. 请问您的年龄：

A. 20 岁及以下　B. 21~25 岁　C. 26 岁及以上

3. 请问您的学历水平：

A. 本科及以下　B. 硕士研究生　C. 博士研究生

问卷到此结束，再次感谢您对实验三的支持！

6.2.4　实验四：品牌延伸契合度（高、低）的调节作用

1. 实验目的与设计

实验四一共有两个主要目的，第一个目的在于重复验证实验一所得到的结果，包括不同类型产品伤害危机事件对消费者品牌延伸的负面外溢效果，以及消费者感知背叛的中介效果。第二个目的是验证品牌延伸契合度（高、低）在消费者感知背叛影响消费者品牌延伸评价中的调节作用（$H_{6\text{-}7}$）。实验四采取 2（产品伤害危机事件类型：产品性能型产品伤害危机事件 vs 公司道德型产品伤害危机事件）×2（品牌延伸契合度：高 vs 低）组间设计。

2. 研究样本

实验四主要探讨不同类型的产品伤害危机事件（产品性能型产品伤害危机事件、公司道德型产品伤害危机事件）如何通过消费者感知背叛影响到消费者品牌延伸评价，以及在这一影响过程中品牌延伸契合度（高、低）可能存在的调节作用，研究的目的主要在于探讨这些变量之间的关系。为了减少外生变量带来的干扰，达到较好的内部效度，实验四使用武汉市的大学生作为实验样本。

3. 产品选择

与实验一相同，实验四仍选择电脑作为实验产品，为了更好地操控品牌延伸契合度，实验四重点选择台式电脑作为研究产品。

4. 实验刺激及操控

（1）产品伤害危机事件。按照实验一研究的结果，实验四选择“某企业是生产电脑的企业，主要生产 A 品牌的电脑，最近在市场检查过程中发现 A 品牌的电脑使用有害的劣质原材料生产产品，致使消费者在使用中身体出现了不适”作为产品性能型产品伤害危机事件的操控，选择“某企业是生产电脑的企业，主要生产 A 品牌的电脑，最近有媒体报道称该企业生产过程中压榨工人的工资、超时加班，使工人身体出现了不适”作为公司道德型产品伤害危机事件的操控。

（2）品牌延伸契合度（高、低）。品牌延伸契合度是指母品牌与延伸产品间的有形、无形相似程度（萧至惠等，2010），是母品牌既有产品与延伸产品间的相似度或者是母品牌既有产品与延伸产品的概念一致性程度（Xie，2008）。实验四认为品牌延伸契合度指母品牌既有产品与延伸产品间在提供服务的技术或

专业知识上的一致程度，品牌延伸契合度高代表两者间使用共同的技术或知识；品牌延伸契合度低则代表两者间在知识和技术上有相当大的差异。根据以上定义，实验四将台式电脑延伸到平板电脑作为契合度高的品牌延伸，将台式电脑延伸到显示器作为契合度低的品牌延伸。

对于品牌延伸契合度（高、低）的前测，请被试随机对“品牌延伸契合度高指新产品与母品牌产品在技术或知识使用上的一致，而品牌延伸契合度低则指新产品与母品牌产品在技术或知识使用上的不同。因此，由台式电脑延伸到平板电脑属于高品牌延伸契合度”、“品牌延伸契合度高指新产品与母品牌产品在技术或知识使用上的一致，而品牌延伸契合度低则指新产品与母品牌产品在技术或知识使用上的不同。因此，由台式电脑延伸到平板电脑属于低品牌延伸契合度”、“品牌延伸契合度高指新产品与母品牌产品在技术或知识使用上的一致，而品牌延伸契合度低则指新产品与母品牌产品在技术或知识使用上的不同。因此，由台式电脑延伸到显示器属于高品牌延伸契合度”、“品牌延伸契合度高指新产品与母品牌产品在技术或知识使用上的一致，而品牌延伸契合度低则指新产品与母品牌产品在技术或知识使用上的不同。因此，由台式电脑延伸到显示器属于低品牌延伸契合度”等四个问题进行评价，以利克特七点尺度量表（1 表示非常不同意，7 表示非常同意）进行衡量。前测共发放、回收 80 份问卷，透过配对样本 t 检验显示，将“台式电脑延伸至平板电脑”被试认为其为“品牌延伸契合度高”的均值大于认为其为“品牌延伸契合度低”的均值（$M_{高}=5.940>M_{低}=2.240$，$t=19.799$，$p<0.05$）；将“台式电脑延伸至显示器”被试认为其为“品牌延伸契合度低”的均值大于认为其为“品牌延伸契合度高”的均值（$M_{低}=4.430>M_{高}=3.300$，$t=5.895$，$p<0.05$）。可见，实验四选择的“台式电脑延伸到平板电脑”属于品牌延伸契合度高，“台式电脑延伸到显示器”属于品牌延伸契合度低，在被试心中存在差别，能够在被试心中形成一定的区分。因此，实验四采用“台式电脑延伸到平板电脑”作为品牌延伸契合度高的操控，采用“台式电脑延伸到显示器”作为品牌延伸契合度低的操控。

5. 实验场景设计

在实验材料中虚拟出“某企业”“A 品牌的台式电脑”等信息，并将产品性能型产品伤害危机事件、公司道德型产品伤害危机事件和品牌延伸契合度（高、低）的操控手段融入材料中，部分具体场景设计如下：

实验场景一：产品性能型产品伤害危机事件 × 品牌延伸契合度高

某企业是生产电脑的企业，主要生产 A 品牌的台式电脑，最近根据《中国质量报》的消息，在市场检查过程中发现 A 品牌的台式电脑使用有害的劣质原材料生产产品，致使消费者在使用中身体出现了不适。目前，该企业正在开展多元化经营，在台式电脑生产的基础上，开始生产、销售 A 品牌的平板电脑。

实验场景二：公司道德型产品伤害危机事件 × 品牌延伸契合度低

某企业是生产电脑的企业，主要生产 A 品牌的台式电脑，最近有媒体报道称该企业生产过程中压榨工人的工资、超时加班，使工人身体出现了不适。目前，该企业正在开展多元化经营，在台式电脑生产的基础上，开始生产、销售 A 品牌的显示器。

6. 实验操控检验

通过设计问项或量表，针对不同类型的产品伤害危机事件以及品牌延伸契合度（高、低）的操控是否成功进行检验。借助Bridges等（2000）品牌延伸契合度测量量表或题项，衡量材料中的操控是否成功，具体问题或量表如下：

问题 1：您认为材料中描述的产品伤害危机事件产生的原因：

与公司道德有关　1　2　3　4　5　6　7　与产品性能有关

问题 2：您认为 A 品牌推出平板电脑：

题项	非常不同意	不同意	稍微不同意	一般	稍微同意	同意	非常同意
相当适配的							
相当合乎逻辑的							
相当恰当的							
不令人感到意外的							
可被预期的							

或问题 2：您认为 A 品牌推出显示器：

题项	非常不同意	不同意	稍微不同意	一般	稍微同意	同意	非常同意
相当适配的							
相当合乎逻辑的							
相当恰当的							
不令人感到意外的							
可被预期的							

7. 实验方法与程序

与实验一相同，实验四仍然使用现场实验法进行数据收集。并通过对自变量和因变量的客观控制和测量以及强化调查人员的指导．以减少现场实验的不可控制性。

实验前，被试通过校园拦截等方式获取，即在校园人员流动比较多的位置，选择某一固定参照物，要求调查人员每隔 10 个人拦截下 1 个人作为调查实验对象，以尽量保证被试选择的随机性。然后，在确定被拦截对象愿意参与实验四的基础上，将这些被试随机分配到不同的实验组中，完成数据收集工作。实验中，第一步，向被试说明本次研究的目的以打消被试的顾虑；第二步，要求被试阅读背景材料，阅读完材料之后，要求被试对该不同类型的产品伤害危机事件与品牌延伸契合度（高、低）的描述进行判断（这些打分用于检验操控是否成功）；第三步，要求被试填写消费者感知背叛测量量表和消费者品牌延伸评价测量量表（这些分数用于假设检验）；第四步，被试填写人口统计信息（用于描述样本）。填答完毕后，表示感谢。

8. 变量测量

与实验一一致，实验四借鉴 Grégoire 和 Fisher（2008）的消费者感知背叛测量量表，该量表包含“我觉得这家企业故意利用我”等五个题项，采取利克特七点尺度，从 1（非常不同意）到 7（非常同意）供被试作答，测量量表见表 6-7。

表 6-7　消费者感知背叛测量量表

题项	非常不同意	不同意	稍微不同意	一般	稍微同意	同意	非常同意
我感到被欺骗了							
我感到被出卖了							
我觉得企业说谎							
我觉得这家企业故意利用我							
这家企业试图虐待我							

借鉴相关研究，实验四将消费者品牌延伸评价分为“知觉质量”、“知觉价值”、“偏好态度”和“购买意愿”等四个构面来衡量消费者对于品牌延伸的评价，该量表包含“我认为这个延伸产品质量会很好”等七个题项，采取利克特七点尺度，从 1（非常不同意）到 7（非常同意）供被试作答，消费者品牌延伸评价测量量表见表 6-8、表 6-9。

表 6-8　消费者品牌延伸评价测量量表（品牌延伸契合度高）

题项	非常不同意	不同意	稍微不同意	一般	稍微同意	同意	非常同意
我认为 A 品牌的平板电脑质量会很好							
我觉得 A 品牌的平板电脑会很实用							
我觉得 A 品牌的平板电脑值得信赖							
我会喜欢 A 品牌的平板电脑							

续表

题项	非常不同意	不同意	稍微不同意	一般	稍微同意	同意	非常同意
A 品牌的平板电脑对我很有吸引力							
如有需要，我可能会考虑购买A品牌的平板电脑							
如有需要，我会推荐朋友购买A品牌的平板电脑							

表 6-9　消费者品牌延伸评价测量量表（品牌延伸契合度低）

题项	非常不同意	不同意	稍微不同意	一般	稍微同意	同意	非常同意
我认为 A 品牌的显示器质量会很好							
我觉得 A 品牌的显示器会很实用							
我觉得 A 品牌的显示器值得信赖							
我会喜欢 A 品牌的显示器							
A 品牌的显示器对我很有吸引力							
如有需要，我可能会考虑购买 A 品牌的显示器							
如有需要，我会推荐朋友购买 A 品牌的显示器							

9. 实验四的问卷设计

根据以上实验材料设计和变量测量量表，实验四形成研究过程中使用的问卷，问卷举例如下：

亲爱的朋友：

您好！

我是******大学的教师，在进行一项有关消费者行为的研究工作。这是一份学术问卷，您对本问卷所做出的选择，仅做学术研究之用，没有对错之分，且不用记名，请放心作答。恳请您在百忙中拨冗填答，谢谢！

敬祝 万事如意

第一部分：背景材料

请先阅读下面的背景材料，设想您自己就是材料中的主角，读后请您根据自己的判断进行选择与回答。

某企业是生产电脑的企业，主要生产 A 品牌的台式电脑，最近根据《中国质量报》的消息，在市场检查过程中发现 A 品牌的台式电脑使用有害的劣质原材料生产产品，致使消费者在使用中身体出现了不适。目前，该企业正在开展多元化经营，在台式电脑生产的基础上，开始生产、销售 A 品牌的平板电脑。

根据以上材料，请对以下问题做出判断。

问题 1：您认为材料中描述的产品伤害危机事件产生的原因：

与公司道德有关 1 2 3 4 5 6 7 与产品性能有关

问题 2：您认为 A 品牌推出平板电脑：

题项	非常不同意	不同意	稍微不同意	一般	稍微同意	同意	非常同意
相当适配的							
相当合乎逻辑的							
相当恰当的							
不令人感到意外的							
可被预期的							

第二部分：请回答下列问题

问题 1：结合以上材料回答对下面的评价做出判断：

题项	非常不同意	不同意	稍微不同意	一般	稍微同意	同意	非常同意
我感到被欺骗了							
我感到被出卖了							
我觉得企业说谎							
我觉得这家企业故意利用我							
这家企业试图虐待我							

问题 2：请对该企业生产的 A 品牌的平板电脑的评价做出判断：

题项	非常不同意	不同意	稍微不同意	一般	稍微同意	同意	非常同意
我认为 A 品牌的平板电脑质量会很好							
我觉得 A 品牌的平板电脑会很实用							
我觉得 A 品牌的平板电脑值得信赖							
我会喜欢 A 品牌的平板电脑							
A 品牌的平板电脑对我很有吸引力							
如有需要，我可能会考虑购买A品牌的平板电脑							
如有需要，我会推荐朋友购买A品牌的平板电脑							

第三部分：个人资料

1. 请问您的性别：

A. 男　　B. 女

2. 请问您的年龄：

A. 20 岁及以下　B. 21~25 岁　C. 26 岁及以上

3. 请问您的学历水平：

A. 本科及以下　B. 硕士研究生　C. 博士研究生

问卷到此结束，再次感谢您对实验四的支持！

6.3 研究结果

6.3.1 实验一研究结果：不同责任归因的产品伤害危机对消费者品牌延伸评价的影响分析

1. 样本结构

本实验共发放 130 份问卷，进入分析的有效问卷为 119 份（91.54%），无效问卷主要是填答缺失较多。从样本结构来看，女性 52 人（43.7%），男性 67 人（56.3%）；20 岁及以下 58 人（48.7%），21~25 岁 38 人（31.9%），26 岁及以上 23 人（19.3%）；本科及以下学历 74 人（62.2%），硕士研究生学历 26 人（21.8%），博士研究生学历 19 人（16.0%）。以品牌延伸评价为因变量，以性别、年龄、学历为自变量，构建回归模型，结果显示回归模型不显著[$F(3,118)=0.960$，$p=0.414$]，排除了人口统计特征变化可能给因变量带来的影响。

2. 信度与效度

从信度来看，对中介变量"消费者感知背叛"量表的信度分析表明，该量表的 Cronbach's α 为 0.894；对因变量"消费者品牌延伸评价"量表的信度分析表明，该量表的 Cronbach's α 为 0.953。以上信度分析表明，实验一使用的量表的 Cronbach's α 系数均符合 Nunnally（1978）认为 Cronbach's α 至少要大于 0.7 才能够被接受的结论，实验一使用的问卷具有一定的信度。

同时，本章研究分析发现，"消费者感知背叛"量表的 KMO 值为 0.873，Bartlett's 球形检验的值为 323.964（$p<0.05$），表明数据适合进行因子分析。进一步因子分析发现，所有的因子载荷均大于 0.5，且 AVE 值（0.703）大于 0.50，消费者感知背叛量表具有很好的收敛效度。

"消费者品牌延伸评价"量表的 KMO 值为 0.922，Bartlett's 球形检验的值为 811.130（$p<0.05$），表明数据适合进行因子分析。进一步因子分析发现，所有的因子载荷均大于 0.5，且 AVE 值（0.785）大于 0.50，消费者品牌延伸评价量表也

具有很好的收敛效度，具体指标见表 6-10、表 6-11。

表 6-10　消费者感知背叛量表信度效度表

测量构念	题项	因子载荷	总体特征值	累计解释变异	组合信度（CR）	KMO	Bartlett's 球形检验	AVE	Cronbach's α 系数
消费者感知背叛	我感到被欺骗了	0.810	3.516	70.323%	0.922	0.873	323.964	0.703	0.894
	我感到被出卖了	0.842							
	我觉得企业说谎	0.860							
	我觉得这家企业故意利用我	0.826							
	这家企业试图虐待我	0.853							

表 6-11　消费者品牌延伸评价量表信度效度表

测量构念	题项	因子载荷	总体特征值	累计解释变异	组合信度（CR）	KMO	Bartlett's 球形检验	AVE	Cronbach's α 系数
消费者品牌延伸评价	我认为 A 品牌的 B 产品质量会很好	0.888	5.494	78.479%	0.962	0.922	811.130	0.785	0.953
	我觉得 A 品牌的 B 产品会很实用	0.829							
	我觉得 A 品牌的 B 产品值得信赖	0.898							
	我会喜欢 A 品牌的 B 产品	0.898							
	A 品牌的 B 产品对我很有吸引力	0.883							
	如有需要，我可能会考虑购买 A 品牌的 B 产品	0.887							
	如有需要，我会推荐朋友购买 A 品牌的 B 产品	0.916							

此外，从内容效度来看，该变量测量语句来源于已有文献，并与相关专家进行了深入讨论，具有一定的内容效度。

3. 共同方法偏差的控制

在数据收集过程中，实验一尽可能地通过程序控制减少共同方法偏差的产生：一方面是实验一采取匿名填答的方式，所使用的量表也是成熟的量表，尽量采取了消除社会赞许性、一致性倾向、项目的模糊性等手段；另一方面，实验一事先对测试项目进行了仔细研究，并未有容易产生共同方法偏差的测量项目，而且在题项设计时通过合理设计量表长度等方法以尽可能减少共同方法偏差对研究的影响。

4. 操控检验

本操控检验的目的在于检验被试对产品性能型产品伤害危机事件与公司道德型产品伤害危机事件能否有很好的区别。独立样本 t 检验表明，产品性能型产品伤害危机事件组与公司道德型产品伤害危机事件组对事件的评价存在显著差异[t（117）=11.479，p<0.05；$M_{公司道德}$=3.129，$M_{产品性能}$=5.158]，以上分析表明，不同类型产品伤害危机事件的组间差异性被成功操控。

5. 假设检验

独立样本 t 检验分析表明，就消费者感知背叛而言，不同责任归因下的产品伤害危机事件对消费者感知背叛存在显著影响[t（117）=12.884，p<0.05]，即与公司道德型产品伤害危机事件引发的消费者感知背叛相比（$M_{公司道德-感知背叛}$=3.913，$SD_{公司道德-感知背叛}$=0.676），产品性能型产品伤害危机事件引发消费者较高的感知背叛（$M_{产品性能-感知背叛}$=5.358，$SD_{产品性能-感知背叛}$=0.531），该结果证实了本章研究提出的假设 H_{6-1} 成立；就消费者品牌延伸评价而言，不同责任归因下的产品伤害危机事件对消费者品牌延伸评价存在显著影响[t（117）=−9.072，p<0.05]，即与公司道德型产品伤害危机事件下的消费者品牌延伸评价相比（$M_{公司道德-延伸评价}$=5.071，$SD_{公司道德-延伸评价}$=0.868），产品性能型产品伤害危机事件下的消费者品牌延伸评价较低（$M_{产品性能-延伸评价}$=3.734，$SD_{产品性能-延伸评价}$=0.726），该结果证实了本章研究提出的假设 H_{6-2} 成立；此外，实验一按消费者感知背叛均值的大小，将消费者感知背叛分成高、低 2 个水平组（按照均值大小，分别取总样本的前 27%和后 27%），进一步独立样本 t 检验分析表明，消费者感知背叛（高、低）对消费者品牌延伸评价的影响存在显著差异[t（51.076）=−15.406，p<0.05]，就消费者品牌延伸评价均值而言，高消费者感知背叛带来的品牌延伸评价均值（$M_{高感知背叛-延伸评价}$=3.416，$SD_{高感知背叛-延伸评价}$=0.339）显著低于低消费者感知背叛带来的品牌延伸评价均值（$M_{低感知背叛-延伸评价}$=5.316，$SD_{低感知背叛-延伸评价}$=0.696），即消费者感知背叛越高，消费者品牌延伸评价越低，该结果证实了本章研究提出的假设 H_{6-3} 成立。

对消费者感知背叛可能存在的中介作用，实验一采用 Baron 和 Kenny（1986）的方法进行检验。首先，将消费者品牌延伸评价作因变量，产品伤害危机事件作自变量进行线性回归分析。回归分析表明，不同类型的产品伤害危机事件对消费者品牌延伸评价存在显著影响[F（1，118）=82.303，p<0.05；$\beta_{事件类型-延伸评价}$=−0.643，t=−9.072，p<0.05]。其次，将消费者感知背叛作因变量，产品伤害危机事件作自变量进行线性回归分析。回归结果显示，不同类型的产品伤害危机事件对消费者感知背叛存在显著影响[F（1，118）=165.985，p<0.05；$\beta_{事件类型-感知背叛}$=0.766，t=12.884，p<0.05]。再次，将消费者品牌延伸评价作因变量，消费者感知

背叛作自变量进行线性回归分析。回归结果表明，消费者感知背叛对消费者品牌延伸评价存在显著影响[F（1，118）=143.819，p<0.05；$\beta_{感知背叛-延伸评价}$= −0.743，t=−11.992，p<0.05]。最后，将产品伤害危机事件和消费者感知背叛同时作自变量，以消费者品牌延伸评价作因变量进行线性回归分析。回归分析结果表明，不同类型的产品伤害危机事件对消费者品牌延伸评价的影响不再显著[F（2，118）= 75.218，p<0.05；$\beta_{事件类型-延伸评价}$=0.179，t=−1.876，p=0.063]，而消费者感知背叛对消费者品牌延伸评价的影响仍然显著[F（2，118）=75.218，p<0.05；$\beta_{感知背叛-延伸评价}$= −0.606，t=−6.357，p<0.05]。可见，消费者感知背叛在不同类型的产品伤害危机事件（公司道德型产品伤害危机事件、产品性能型产品伤害危机事件）对消费者品牌延伸评价影响中起到显著的中介作用，该结果证实了本章研究提出的假设 H_{6-4} 成立。

6.3.2　实验二研究结果：心理距离（空间距离）（远、近）的调节作用分析

1. 样本结构

本实验共发放 170 份问卷，进入分析的有效问卷为 156 份（91.76%），无效问卷主要是填答不认真，答案趋同性。从样本结构来看，女性 84 人（53.8%），男性 72 人（46.2%）；20 岁及以下 71 人（45.5%），21~25 岁 49 人（31.4%），26 岁及以上 36 人（23.1%）；本科及以下学历 87 人（55.8%），硕士研究生学历 45 人（28.8%），博士研究生学历 24 人（15.4%）。以品牌延伸评价为因变量，以性别、年龄、学历为自变量，构建回归模型，结果显示回归模型不显著[F（3，155）= 0.805，p=0.149]，排除了人口统计特征变化可能给因变量带来的影响。

2. 信度与效度

从信度来看，对中介变量“消费者感知背叛”量表的信度分析表明，该量表的 Cronbach's α 为 0.890；对因变量“消费者品牌延伸评价”量表的信度分析表明，该量表的 Cronbach's α 为 0.928。以上信度分析表明，实验二使用的量表的 Cronbach's α 系数均符合 Nunnally（1978）认为 Cronbach's α 至少要大于 0.7 才能够被接受的结论，实验二使用的问卷具有一定的信度。

同时，在探索性因子分析中，“消费者感知背叛”量表的 KMO 值为 0.841。Bartlett's 球形检验的值为 445.830（p<0.05），表明数据适合进行因子分析。进一步因子分析发现，所有的因子载荷均大于 0.5，且 AVE 值（0.697）大于 0.5，消费者感知背叛量表具有很好的收敛效度。

“消费者品牌延伸评价”量表的 KMO 值为 0.879，Bartlett’s 球形检验的值为 856.730（$p<0.05$），表明数据适合进行因子分析。进一步因子分析发现，所有的因子载荷均大于 0.5，且 AVE 值（0.704）大于 0.5，消费者品牌延伸评价量表也具有很好的收敛效度。具体指标见表 6-12、表 6-13。

表 6-12　消费者感知背叛量表信度效度表

测量构念	题项	因子载荷	总体特征值	累计解释变异	组合信度（CR）	KMO	Bartlett’s 球形检验	AVE	Cronbach’s α 系数
消费者感知背叛	我感到被欺骗了	0.830	3.485	69.696%	0.920	0.841	445.830	0.697	0.890
	我感到被出卖了	0.747							
消费者感知背叛	我觉得企业说谎	0.860							
	我觉得这家企业故意利用我	0.879							
	这家企业试图虐待我	0.851							

表 6-13　消费者品牌延伸评价量表信度效度表

测量构念	题项	因子载荷	总体特征值	累计解释变异	组合信度（CR）	KMO	Bartlett’s 球形检验	AVE	Cronbach’s α 系数
消费者品牌延伸评价	我认为 A 品牌的 B 产品质量会很好	0.845	4.929	70.420%	0.943	0.879	856.730	0.704	0.928
	我觉得 A 品牌的 B 产品会很实用	0.871							
	我觉得 A 品牌的 B 产品值得信赖	0.888							
	我会喜欢 A 品牌的 B 产品	0.744							
	A 品牌的 B 产品对我很有吸引力	0.745							
	如有需要，我可能会考虑购买 A 品牌的 B 产品	0.828							
	如有需要，我会推荐朋友购买 A 品牌的 B 产品	0.935							

此外，从内容效度来看，该变量测量语句来源于已有文献，并与相关专家进行了深入讨论，具有一定的内容效度。

3. 共同方法偏差的控制

针对研究中可能存在的共同方法偏差，在数据收集过程中，实验二尽可能地通过程序控制减少共同方法偏差的产生：一方面，实验二采取匿名填答的方式，所使用的量表也是成熟的量表，尽量采取了消除社会赞许性、一致性倾向、项目的模糊性等手段；另一方面，实验二事先对测试项目进行了仔细研究，并未有容易产生共同方法偏差的测量项目，而且在题项设计时通过合理设计量表长度等方法以尽可能减少共同方法偏差对研究的影响。

4. 操控检验

对于产品伤害危机事件，本操控检验的目的在于检验被试对公司道德型产品伤害危机事件与产品性能型产品伤害危机事件能否有很好的区别。独立样本 t 检验表明，公司道德型产品伤害危机事件组与产品性能型产品伤害危机事件组对事件的评价存在显著差异[t（149.235）=13.636，p<0.05，$M_{公司道德型}$=3.300，$M_{产品性能型}$=5.237]，以上分析表明，不同类型产品伤害危机事件的组间差异性被成功操控。

对于空间距离（远、近），本操控检验的目的在于检验实验材料设计的空间距离（远、近）（沈阳或武汉）能否在被试中操控成功。独立样本 t 检验表明，空间距离远的被试组与空间距离近的被试组对实验材料中空间距离设计的评价存在显著差异[t（154）=11.452，p<0.05，$M_{远}$=5.025，$M_{近}$=3.416]，以上分析表明，本实验空间距离（远、近）组间差异性被成功操控。

5. 假设检验

1）不同类型的产品伤害危机事件对消费者品牌延伸评价的影响以及消费者感知背叛的中介作用

独立样本 t 检验分析表明，就消费者感知背叛而言，不同责任归因下的产品伤害危机事件对消费者感知背叛存在显著影响[t（150.685）=6.766，p<0.05]，即与公司道德型产品伤害危机事件引发的消费者感知背叛相比（$M_{公司道德-感知背叛}$=4.433，$SD_{公司道德-感知背叛}$=0.887），产品性能型产品伤害危机事件引发消费者较高的感知背叛（$M_{产品性能-感知背叛}$=5.308，$SD_{产品性能-感知背叛}$=0.725），该结果进一步证实了本章研究提出的假设 H_{6-1} 成立；就消费者品牌延伸评价而言，不同责任归因下的产品伤害危机事件对消费者品牌延伸评价存在显著影响[t（139.996）=−5.065，p<0.05]，即与公司道德型产品伤害危机事件下的消费者品牌延伸评价相比（$M_{公司道德-延伸评价}$=5.063，$SD_{公司道德-延伸评价}$=0.588），产品性能型产品伤害危机事件下的消费者品牌延伸评价较低（$M_{产品性能-延伸评价}$=4.504，$SD_{产品性能-延伸评价}$=0.772），该结果进一步证实了本章研究提出的假设 H_{6-2} 成立；此外，实验二按消费者感知背叛均值的大小，将消费者感知背叛分成高、低 2 个水平组（按照均值大小，分别取总样本的前 27%和后 27%），进一步独立样本 t 检验分析表明，消费者感知背叛（高、低）对消费者品牌延伸评价的影响存在显著差异[t（106）=−9.728，p<0.05]，就消费者品牌延伸评价均值而言，高消费者感知背叛带来的品牌延伸评价均值（$M_{高感知背叛-延伸评价}$=4.143，$SD_{高感知背叛-延伸评价}$=

0.668）显著低于低消费者感知背叛带来的品牌延伸评价均值（$M_{低感知背叛-延伸评价}$=5.297，$SD_{低感知背叛-延伸评价}$=0.557），即消费者感知背叛越高，消费者品牌延伸评价越低，该结果进一步证实了本章研究提出的假设 $H_{6\text{-}3}$ 成立。

对消费者感知背叛可能存在的中介作用，实验二采用 Baron 和 Kenny（1986）的方法进行检验。首先，将消费者品牌延伸评价作因变量，产品伤害危机事件作自变量进行线性回归分析。回归分析表明，不同类型的产品伤害危机事件对消费者品牌延伸评价存在显著影响[F（1，155）=26.005，p<0.05；$\beta_{事件类型-延伸评价}$=−0.380，t=−5.100，p<0.05]。其次，将消费者感知背叛作因变量，产品伤害危机事件作自变量进行线性回归分析。回归结果显示，不同类型的产品伤害危机事件对消费者感知背叛存在显著影响[F（1，155）=45.310，p<0.05；$\beta_{事件类型-感知背叛}$=0.477，t=6.731 7，p<0.05]。再次，将消费者品牌延伸评价作因变量，消费者感知背叛作自变量进行线性回归分析。回归结果表明，消费者感知背叛对消费者品牌延伸评价存在显著影响[F（1，155）=81.001，p<0.05；$\beta_{感知背叛-延伸评价}$= −0.587，t=−9.000，p<0.05]。最后，将产品伤害危机事件和消费者感知背叛同时作自变量，以消费者品牌延伸评价作因变量进行线性回归分析。回归分析结果表明，不同类型的产品伤害危机事件对消费者品牌延伸评价的影响不再显著[F（2，155）=42.598，p<0.05；$\beta_{事件类型-延伸评价}$=−0.130，t=−1.759，p=0.081]，而消费者感知背叛对消费者品牌延伸评价的影响仍然显著[F（2，155）=42.598，p<0.05；$\beta_{感知背叛-延伸评价}$=−0.525，t=−7.126，p<0.05]。可见，消费者感知背叛在不同类型的产品伤害危机事件（公司道德型产品伤害危机事件、产品性能型产品伤害危机事件）对消费者品牌延伸评价影响中起到显著的中介作用，该结果进一步证实了本章研究提出的假设 $H_{6\text{-}4}$ 成立。

2）心理距离（空间距离）（远、近）的调节作用

针对心理距离（空间距离）（远、近）可能起到的调节作用，实验二采用双因子方差分析进行数据处理。方差分析结果显示不同类型的产品伤害危机事件[F（1，155）=11.584，p<0.05]、空间距离[F（1，155）=57.640，p<0.05]均具有显著主效应，而且产品伤害危机事件与空间距离之间存在显著交互作用[F（1，155）=4.770，p=0.030]。

同时，进一步单纯主效应分析发现，就近空间距离而言，公司道德型产品伤害危机事件导致的消费者感知背叛低于产品性能型产品伤害危机事件导致的消费者感知背叛[F（1，76）=1.457，p=0.231；$M_{近-公司道德-感知背叛}$=5.333，$SD_{近-公司道德-感知背叛}$=0.392；$M_{近-产品性能-感知背叛}$=5.486，$SD_{近-产品性能-感知背叛}$=0.526]；就远空间距离而言，公司道德型产品伤害危机事件导致的消费者感知背叛显著低于产品性能型产品伤害危机事件导致的消费者感知背叛[F（1，78）=10.494，p<0.05；$M_{远-公司道德-感知背叛}$=4.112，$SD_{远-公司道德-感知背叛}$=0.787；$M_{远-产品性能-感知背叛}$=4.810，

$SD_{远-产品性能-感知背叛}$=0.959]。可见，不论空间距离的远近，产品性能型产品伤害危机事件引发的消费者感知背叛均大于公司道德型产品伤害危机事件引发的消费者感知背叛（$M_{近-产品性能-感知背叛}$=5.486>$M_{近-公司道德-感知背叛}$=5.333；$M_{远-产品性能-感知背叛}$=4.810>$M_{远-公司道德-感知背叛}$=4.112），而且近空间距离下的消费者感知背叛均高于远空间距离下的消费者感知背叛（$M_{近-公司道德-感知背叛}$=5.333>$M_{远-公司道德-感知背叛}$=4.112；$M_{近-产品性能-感知背叛}$=5.486>$M_{远-产品性能-感知背叛}$=4.810）。特别是，近空间距离下不同类型产品伤害危机事件导致的消费者感知背叛均值差（$\Delta M_{近-感知背叛}$=0.153）小于远空间距离下的不同类型产品伤害危机事件导致的消费者感知背叛均值差（$\Delta M_{远-感知背叛}$=0.698），也就是说，在近空间距离下，空间距离缩小了不同类型的产品伤害危机事件对消费者感知背叛影响的差距；而在远空间距离下，空间距离扩大了不同类型的产品伤害危机事件对消费者感知背叛影响的差距。可见，空间距离（远、近）在不同类型产品伤害危机事件影响消费者感知背叛之间存在一定的调节作用，本章研究提出的 $H_{6\text{-}5a}$ 得到验证。具体结果见表 6-14 和图 6-2。

表 6-14　产品伤害危机、空间距离与消费者感知背叛的双因子方差分析摘要表

来源	平方和 SS	自由度 df	均方和 MS	*F* 值	显著性 Sig.
事件类型	5.463	1	5.463	11.584	0.001
空间距离	27.180	1	27.180	57.640	0.000
事件类型×空间距离	2.249	1	2.249	4.770	0.030
校正的总计	131.377	155			

注：因变量为消费者感知背叛均值

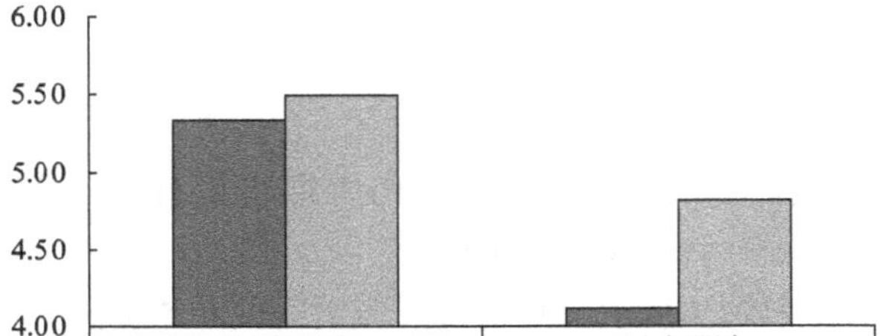

	近空间距离	远空间距离
■公司道德型	5.333	4.112
■产品性能型	5.486	4.810

图 6-2　产品伤害危机、空间距离与消费者感知背叛交互影响图

6.3.3　实验二研究结果：心理距离（社会距离）（远、近）的调节作用分析

1. 样本结构

本实验共发放200份问卷，进入分析的有效问卷为187份（93.50%），无效问卷主要是填答不认真，填答矛盾。从样本结构来看，女性 99 人（52.9%），男性 88 人（47.1%）；20 岁及以下 82 人（43.9%），21~25 岁 58 人（31.0%），26 岁及以上 47 人（25.1%）；本科及以下学历 101 人（54.0%），硕士研究生学历 55 人（29.4%），博士研究生学历 31 人（16.6%）。以消费者品牌延伸评价为因变量，以性别、年龄、学历为自变量，构建回归模型，结果显示回归模型不显著[F（3，186）= 0.889，p=0.448]，排除了人口统计特征变化可能给因变量带来的影响。

2. 信度与效度

从信度来看，对中介变量“消费者感知背叛”量表的信度分析表明，该量表的 Cronbach’s α 为 0.847；对因变量“消费者品牌延伸评价”量表的信度分析表明，该量表的 Cronbach’s α 为 0.893；“社会距离（远、近）操控”检验量表的 Cronbach’s α 为 0.850。以上信度分析表明，实验二使用的量表的 Cronbach’s α 系数均符合 Nunnally（1978）认为 Cronbach’s α 至少要大于 0.7 才能够被接受的结论，实验二使用的问卷具有一定的信度。

同时，探索性因子分析发现，“消费者感知背叛”量表的 KMO 值为 0.856，Bartlett’s 球形检验的值为 363.964（p<0.05），表明数据适合进行因子分析。进一步因子分析发现，所有的因子载荷均大于0.5，且 AVE 值（0.534）大于0.5，消费者感知背叛量表具有很好的收敛效度。

“消费者品牌延伸评价”量表的 KMO 值为 0.906，Bartlett’s 球形检验的值为 633.862（p<0.05），表明数据适合进行因子分析。进一步因子分析发现，所有的因子载荷均大于0.5，且 AVE 值（0.547）大于0.5，消费者品牌延伸评价量表也具有很好的收敛效度。

“社会距离（远、近）操控”量表的KMO值为0.774，Bartlett’s球形检验的值为 322.364（p<0.05），表明数据适合进行因子分析。进一步因子分析发现，所有的因子载荷均大于 0.5，且 AVE 值（0.590）大于 0.5，该量表具有很好的收敛效度，具体结果见表 6-15、表 6-16、表 6-17。

表 6-15 消费者感知背叛量表信度效度表（社会距离）

测量构念	题项	因子载荷	总体特征值	累计解释变异	组合信度（CR）	KMO	Bartlett's 球形检验	AVE	Cronbach's α 系数
消费者感知背叛	我感到被欺骗了	0.662	3.117	62.343%	0.850	0.856	363.964	0.534	0.847
	我感到被出卖了	0.837							
	我觉得企业说谎	0.798							
	我觉得这家企业故意利用我	0.675							
	这家企业试图虐待我	0.662							

表 6-16 消费者品牌延伸评价信度效度表（社会距离）

测量构念	题项	因子载荷	总体特征值	累计解释变异	组合信度（CR）	KMO	Bartlett's 球形检验	AVE	Cronbach's α 系数
消费者品牌延伸评价	我认为 A 品牌的 B 产品质量会很好	0.797	4.276	61.082%	0.894	0.906	633.862	0.547	0.893
	我觉得 A 品牌的 B 产品会很实用	0.762							
	我觉得 A 品牌的 B 产品值得信赖	0.759							
	我会喜欢 A 品牌的 B 产品	0.708							
	A 品牌的 B 产品对我很有吸引力	0.758							
	如有需要，我可能会考虑购买 A 品牌的 B 产品	0.683							
	如有需要，我会推荐朋友购买 A 品牌的 B 产品	0.701							

表 6-17 社会距离（远、近）操控量表信度效度表

测量构念	题项	因子载荷	总体特征值	累计解释变异	组合信度（CR）	KMO	Bartlett's 球形检验	AVE	Cronbach's α 系数
社会距离	我觉得我和我好朋友之间的距离很近	0.692	2.768	69.189%	0.852	0.774	322.364	0.590	0.850
	我觉得我和我好朋友之间的距离很远	0.771							
	我觉得我和陌生人之间的距离很近	0.823							
	我觉得我和陌生人之间的距离很远	0.781							

此外，从内容效度来看，以上变量测量语句来源于已有文献，并与相关专家进行了深入讨论，具有一定的内容效度。

3. 共同方法偏差的控制

针对研究中可能存在的共同方法偏差，在数据收集过程中，实验二尽可能地通过程序控制减少共同方法偏差的产生：一方面，实验二采取匿名填答的方式，所使用的量表也是成熟的量表，尽量采取了消除社会赞许性、一致性倾向、项目的模糊性等手段；另一方面，实验二事先对测试项目进行了仔细研究，并未有容易产生共同方法偏差的测量项目，而且在题项设计时通过设计反向问题以及合理设计量表长度等方法以尽可能减少共同方法偏差对研究的影响。

4. 操控检验

对于产品伤害危机事件，独立样本 t 检验表明，公司道德型产品伤害危机事件组与产品性能型产品伤害危机事件组对事件的评价存在显著差异[$t(185)=12.471$，$p<0.05$；$M_{产品性能}=4.790$，$SD_{产品性能}=0.926$；$M_{公司道德}=3.140$，$SD_{公司道德}=0.880$]，以上分析表明，不同类型产品伤害危机事件的组间差异性被成功操控。

对于社会距离（远、近），本操控检验的目的在于检验实验材料设计的社会距离（远、近）（好朋友或陌生人）能否在被试中操控成功。独立样本 t 检验表明，社会距离远的被试组与社会距离近的被试组对实验材料中社会距离设计的评价存在显著差异[$t(185)=-22.152$，$p<0.05$；$M_{近}=4.885$，$SD_{近}=0.532$；$M_{远}=3.103$，$SD_{远}=0.566$]，以上分析表明，本实验社会距离（远、近）组间差异性被成功操控。

5. 假设检验

1）不同类型的产品伤害危机事件对消费者品牌延伸评价的影响以及消费者感知背叛的中介作用

独立样本 t 检验分析表明，就消费者感知背叛而言，不同责任归因下的产品伤害危机事件对消费者感知背叛存在显著影响[$t(179.700)=5.936$，$p<0.05$]，即与公司道德型产品伤害危机事件引发的消费者感知背叛相比（$M_{公司道德-感知背叛}=4.785$，$SD_{公司道德-感知背叛}=0.619$），产品性能型产品伤害危机事件引发消费者较高的感知背叛（$M_{产品性能-感知背叛}=5.3791$，$SD_{产品性能-感知背叛}=0.744$），该结果进一步证实了本章研究提出的假设 $H_{6\text{-}1}$ 成立；就消费者品牌延伸评价而言，不同责任归因下的产品伤害危机事件对消费者品牌延伸评价存在显著影响[$t(149.361)=-3.769$，$p<0.05$]，即与公司道德型产品伤害危机事件下的消费者品牌延伸评价相比（$M_{公司道德-延伸评价}=5.002$，$SD_{公司道德-延伸评价}=0.571$），产品性能型产品伤害危机事件下的消费者品牌延伸评价较低（$M_{产品性能-延伸评价}=4.558$，$SD_{产品性能-延伸评价}=0.987$），该结果进一步证实了本章研究提出的假设 $H_{6\text{-}2}$ 成立；此外，实验二按消费者感知背叛均值的大小，将消费者感知背叛分成高、低 2 个水平组（按照均值大小，分别取总样本的前 27%和后 27%），进一步独立样本 t 检验分析表明，消

费者感知背叛（高、低）对消费者品牌延伸评价的影响存在显著差异[t（119）= −9.070，p<0.05]，就消费者品牌延伸评价均值而言，高消费者感知背叛带来的品牌延伸评价均值（$M_{高感知背叛-延伸评价}$=4.017，$SD_{高感知背叛-延伸评价}$=0.770）显著低于低消费者感知背叛带来的品牌延伸评价均值（$M_{低感知背叛-延伸评价}$=5.270，$SD_{低感知背叛-延伸评价}$= 0.749），即消费者感知背叛越高，消费者品牌延伸评价越低，该结果进一步证实了本章研究提出的假设 $H_{6\text{-}3}$ 成立。

对消费者感知背叛可能存在的中介作用，实验二采用 Baron 和 Kenny（1986）的方法进行检验。首先，将消费者品牌延伸评价作因变量，产品伤害危机事件作自变量进行线性回归分析。回归分析表明，不同类型的产品伤害危机事件对消费者品牌延伸评价存在显著影响[F（1，186）=14.129 1，p<0.05；$\beta_{事件类型-延伸评价}$= −0.266，t=−3.759，p<0.05]。其次，将消费者感知背叛作因变量，产品伤害危机事件作自变量进行线性回归分析。回归结果显示，不同类型的产品伤害危机事件对消费者感知背叛存在显著影响[F（1，186）=35.171，p<0.05；$\beta_{事件类型-感知背叛}$= 0.400，t=5.931，p<0.05]。再次，将消费者品牌延伸评价作因变量，消费者感知背叛作自变量进行线性回归分析。回归结果表明，消费者感知背叛对消费者品牌延伸评价存在显著影响[F（1，186）=133.695，p<0.05；$\beta_{感知背叛-延伸评价}$=−0.648，t=−11.563，p<0.05]。最后，将产品伤害危机事件和消费者感知背叛同时作自变量，以消费者品牌延伸评价作因变量进行线性回归分析。回归分析结果表明，不同类型的产品伤害危机事件对消费者品牌延伸评价的影响不再显著[F（2，186）= 66.505，p<0.05；$\beta_{事件类型-延伸评价}$=−0.009，t=−0.146，p=0.884]，而消费者感知背叛对消费者品牌延伸评价的影响仍然显著[F（2，186）=66.505，p<0.05；$\beta_{感知背叛-延伸评价}$= −0.644，t=−0.513，p<0.05]。可见，消费者感知背叛在不同类型的产品伤害危机事件（公司道德型产品伤害危机事件、产品性能型产品伤害危机事件）对消费者品牌延伸评价影响中起到显著的中介作用，该结果进一步证实了本章研究提出的假设 $H_{6\text{-}4}$ 成立。

2）心理距离（社会距离）（远、近）的调节作用

针对心理距离（社会距离）（远、近）可能起到的调节作用，实验二采用双因子方差分析进行数据处理。方差分析结果显示不同类型的产品伤害危机事件[F（1，186）=30.745，p<0.05]、社会距离[F（1，186）=118.876，p<0.05]均具有显著主效应，而且产品伤害危机事件与社会距离之间存在显著交互作用[F（1，186）=18.768，p<0.05]。

同时进一步单纯主效应分析发现，就近社会距离而言，公司道德型产品伤害危机事件导致的消费者感知背叛显著低于产品性能型产品伤害危机事件导致的消费者感知背叛[F（1，89）=34.919，p<0.05；$M_{近-公司道德-感知背叛}$= 5.103，$SD_{近-公司道德-感知背叛}$=0.722；$M_{近-产品性能-感知背叛}$=5.869，$SD_{近-产品性能-感知背叛}$=

0.508]；就远社会距离而言，公司道德型产品伤害危机事件导致的消费者感知背叛低于产品性能型产品伤害危机事件导致的消费者感知背叛，但影响不显著[F（1，96）=1.120，p=0.293；$M_{远-公司道德-感知背叛}$=4.593，$SD_{远-公司道德-感知背叛}$=0.456；$M_{远-产品性能-感知背叛}$=4.687，$SD_{远-产品性能-感知背叛}$=0.386]。可见，不论社会距离的远近，产品性能型产品伤害危机事件引发的消费者感知背叛均大于公司道德型产品伤害危机事件引发的消费者感知背叛（$M_{近-产品性能-感知背叛}$=5.869>$M_{近-公司道德-感知背叛}$=5.103；$M_{远-产品性能-感知背叛}$=4.687>$M_{远-公司道德-感知背叛}$=4.593），而且近社会距离下的消费者感知背叛均高于远社会距离下的消费者感知背叛（$M_{近-公司道德-感知背叛}$=5.103>$M_{远-公司道德-感知背叛}$=4.593；$M_{近-产品性能-感知背叛}$=5.869>$M_{远-产品性能-感知背叛}$=4.687）。特别是，近社会距离下不同类型产品伤害危机事件导致的消费者感知背叛均值差（$\Delta M_{近-感知背叛}$=0.766）大于远社会距离下的不同类型产品伤害危机事件导致的消费者感知背叛均值差（$\Delta M_{远-感知背叛}$=0.094），也就是说，在近社会距离下，社会距离扩大了不同类型的产品伤害危机事件对消费者感知背叛影响的差距；而在远社会距离下，社会距离缩小了不同类型的产品伤害危机事件对消费者感知背叛影响的差距。可见社会距离（远、近）在不同类型产品伤害危机事件影响消费者感知背叛之间存在一定的调节作用，本章研究提出的 H_{6-5b} 得到验证。具体结果见表 6-18 和图 6-3。

表 6-18　产品伤害危机、社会距离与消费者感知背叛的双因子方差分析摘要表

来源	平方和 SS	自由度 df	均方和 MS	F 值	显著性 Sig.
事件类型	8.257	1	8.257	30.745	0.000
社会距离	31.926	1	31.926	118.876	0.000
事件类型×社会距离	5.040	1	5.040	18.768	0.000
校正的总计	103.179	186			

注：因变量：消费者感知背叛均值

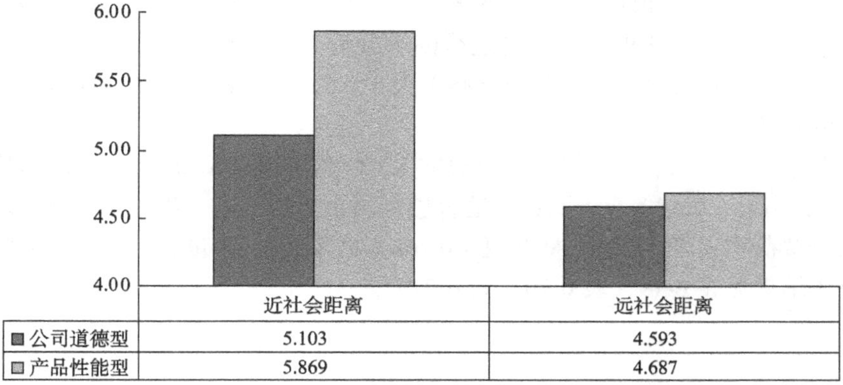

图 6-3　产品伤害危机、社会距离与消费者感知背叛交互影响图

6.3.4 实验三研究结果：关系质量（高、低）的调节作用分析

1. 样本结构

本实验共发放 200 份问卷，进入分析的有效问卷为 186 份（93.00%），无效问卷主要是填答不认真，答案趋同性与矛盾。从样本结构来看，女性 91 人（48.9%），男性 95 人（51.1%）；20 岁及以下 82 人（44.1%），21~25 岁 59 人（31.7%），26 岁及以上 45 人（24.2%）；本科及以下学历 104 人（55.9%），硕士研究生学历 55 人（29.6%），博士研究生学历 27 人（14.5%）。以消费者品牌延伸评价为因变量，以性别、年龄、学历为自变量，构建回归模型结果显示回归模型不显著[F（3，185）=0.706，p=0.550]，排除了人口统计特征变化可能给因变量带来的影响。

2. 信度与效度

从信度来看，对中介变量“消费者感知背叛”量表的信度分析表明，该量表的 Cronbach's α 为 0.834；对因变量“消费者品牌延伸评价”量表的信度分析表明，该量表的 Cronbach's α 为 0.881；“关系质量（高、低）操控检验”量表的 Cronbach's α 为 0.895。以上信度分析表明，实验三使用的量表的 Cronbach's α 系数均符合 Nunnally（1978）认为 Cronbach's α 至少要大于 0.7 才能够被接受的结论，实验三使用的问卷具有一定的信度。

同时，探索性因子分析发现，“消费者感知背叛”量表的 KMO 值为 0.816，Bartlett's 球形检验的值为 341.480（p<0.05），表明数据适合进行因子分析。进一步因子分析发现，所有的因子载荷均大于 0.5，且 AVE 值（0.603）大于 0.5，消费者感知背叛量表具有很好的收敛效度。

“消费者品牌延伸评价”量表的 KMO 值为 0.910，Bartlett's 球形检验的值为 563.109（p<0.05），表明数据适合进行因子分析。进一步因子分析发现，所有的因子载荷均大于 0.5，且 AVE 值（0.585）大于 0.5，消费者品牌延伸评价量表也具有很好的收敛效度。

“关系质量（高、低）操控”量表的 KMO 值为 0.806，Bartlett's 球形检验的值为 460.926（p<0.05），表明数据适合进行因子分析。进一步因子分析发现，所有的因子载荷均大于 0.5，且 AVE 值（0.768）大于 0.5，该量表具有很好的收敛效度，具体结果见表 6-19、表 6-20、表 6-21。

表 6-19　消费者感知背叛量表信度效度表

测量构念	题项	因子载荷	总体特征值	累计解释变异	组合信度（CR）	KMO	Bartlett's 球形检验	AVE	Cronbach's α 系数
消费者感知背叛	我感到被欺骗了	0.794	3.015	60.309%	0.884	0.816	341.480	0.603	0.834
	我感到被出卖了	0.733							
	我觉得企业说谎	0.845							
	我觉得这家企业故意利用我	0.771							
	这家企业试图虐待我	0.735							

表 6-20　消费者品牌延伸评价量表信度效度表

测量构念	题项	因子载荷	总体特征值	累计解释变异	组合信度（CR）	KMO	Bartlett's 球形检验	AVE	Cronbach's α 系数
消费者品牌延伸评价	我认为 A 品牌的 B 产品质量会很好	0.792	4.095	68.253%	0.908	0.910	563.109	0.585	0.881
	我觉得 A 品牌的 B 产品会很实用	0.695							
	我觉得 A 品牌的 B 产品值得信赖	0.828							
	我会喜欢 A 品牌的 B 产品	0.723							
	A 品牌的 B 产品对我很有吸引力	0.741							
	如有需要，我可能会考虑购买 A 品牌的 B 产品	0.784							
	如有需要，我会推荐朋友购买 A 品牌的 B 产品	0.783							

表 6-21　关系质量（高、低）操控量表信度效度表

测量构念	题项	因子载荷	总体特征值	累计解释变异	组合信度（CR）	KMO	Bartlett's 球形检验	AVE	Cronbach's α 系数
关系质量（高、低）	我对我和这家企业的关系感到满意	0.847	3.070	76.735%	0.930	0.806	460.926	0.768	0.895
	我和这家企业的关系非常好	0.882							
	我忠于与这家企业的关系	0.890							
	我打算与该企业保持长期关系	0.885							

此外，从内容效度来看，以上变量测量语句来源于已有文献，并与相关专家进行了深入讨论，具有一定的内容效度。

3. 共同方法偏差的控制

针对研究中可能存在的共同方法偏差，在数据收集过程中，实验三尽可能地通过程序控制减少共同方法偏差的产生：一方面，实验三采取匿名填答的方式，所使用的量表也是成熟的量表，尽量采取了消除社会赞许性、一致性倾向、项目的模糊性等手段；另一方面，实验三事先对测试项目进行了仔细研究，并未有容易产生共同方法偏差的测量项目，而且在题项设计时通过合理设计量表长度等方法以尽可能减少共同方法偏差对研究的影响。

4. 操控检验

对于产品伤害危机事件，独立样本 t 检验表明，公司道德型产品伤害危机事件组与产品性能型产品伤害危机事件组对事件的评价存在显著差异[t（184）=16.473，p<0.05，$M_{公司道德}$=3.150，$M_{产品性能}$=5.110]，以上分析表明，不同类型产品伤害危机事件的组间差异性被成功操控。

对于关系质量（高、低），本操控检验的目的在于检验实验材料设计的关系质量（高、低）能否在被试中操控成功。独立样本 t 检验表明，关系质量高的被试组与关系质量低的被试组对实验材料中关系质量设计的评价存在显著差异[t（184）=28.907，p<0.05，$M_{高}$=5.168，$M_{低}$=3.152]，以上分析表明，本实验关系质量（高、低）组间差异性被成功操控。

5. 假设检验

1）不同类型的产品伤害危机事件对消费者品牌延伸评价的影响以及消费者感知背叛的中介作用

独立样本 t 检验分析表明，就消费者感知背叛而言，不同责任归因下的产品伤害危机事件对消费者感知背叛存在显著影响[t（184）=6.812，p<0.05]，即与公司道德型产品伤害危机事件引发的消费者感知背叛相比（$M_{公司道德-感知背叛}$=4.223，$SD_{公司道德-感知背叛}$=0.793），产品性能型产品伤害危机事件引发消费者较高的感知背叛（$M_{产品性能-感知背叛}$=4.998，$SD_{产品性能-感知背叛}$=0.753），该结果进一步证实了本章研究提出的假设 $H_{6\text{-}1}$ 成立；就消费者品牌延伸评价而言，不同责任归因下的产品伤害危机事件对消费者品牌延伸评价存在显著影响[t（183.518）=−4.751，p<0.05]，即与公司道德型产品伤害危机事件下的消费者品牌延伸评价相比（$M_{公司道德-延伸评价}$=4.716，$SD_{公司道德-延伸评价}$=0.656），产品性能型产品伤害危机事件下的消费者品牌延伸评价较低（$M_{产品性能-延伸评价}$=4.214，$SD_{产品性能-延伸评价}$=0.786），该结果进一步证实了本章研究提出的假设 $H_{6\text{-}2}$ 成立；此外，实验三按消费者感知背叛均值的大小，将消费者感知背叛分成高、低2个水平组（按照均值大小，分别取总样本的前 27%和后 27%），进一步独立样本 t 检验分析表明，消费者感知背叛（高、低）对消费者品牌延伸评价的影响存在显著差异[t（108）=

-12.421，$p<0.05$]，就消费者品牌延伸评价均值而言，高消费者感知背叛带来的消费者品牌延伸评价均值（$M_{\text{高感知背叛–延伸评价}}=3.709$，$SD_{\text{高感知背叛–延伸评价}}=0.476$）显著低于低消费者感知背叛带来的消费者品牌延伸评价均值（$M_{\text{低感知背叛–延伸评价}}=5.014$，$SD_{\text{低感知背叛–延伸评价}}=0.620$），即消费者感知背叛越高，消费者品牌延伸评价越低，该结果进一步证实了本章研究提出的假设 $H_{6\text{-}3}$ 成立。

对消费者感知背叛可能存在的中介作用，实验三采用 Baron 和 Kenny（1986）的方法进行检验。首先，将消费者品牌延伸评价作因变量，产品伤害危机事件作自变量进行线性回归分析。回归分析表明，不同类型的产品伤害危机事件对消费者品牌延伸评价存在显著影响[$F(1, 185)=22.053$，$p<0.05$；$\beta_{\text{事件类型–延伸评价}}=-0.327$，$t=-4.696$，$p<0.05$]。其次，将消费者感知背叛作因变量，产品伤害危机事件作自变量进行线性回归分析。回归结果显示，不同类型的产品伤害危机事件对消费者感知背叛存在显著影响[$F(1, 185)=46.405$，$p<0.05$；$\beta_{\text{事件类型–感知背叛}}=0.449$，$t=6.812$，$p<0.05$]。再次，将消费者品牌延伸评价作因变量，消费者感知背叛作自变量进行线性回归分析。回归结果表明，消费者感知背叛对消费者品牌延伸评价存在显著影响[$F(1, 185)=163.821$，$p<0.05$；$\beta_{\text{感知背叛–延伸评价}}=-0.686$，$t=-12.799$，$p<0.05$]。最后，将产品伤害危机事件和消费者感知背叛同时作自变量，以消费者品牌延伸评价作因变量进行线性回归分析。回归分析结果表明，不同类型的产品伤害危机事件对消费者品牌延伸评价的影响不再显著[$F(2, 185)=81.616$，$p<0.05$；$\beta_{\text{事件类型–延伸评价}}=-0.024$，$t=-0.399$，$p=0.690$]，而消费者感知背叛对消费者品牌延伸评价的影响仍然显著[$F(2, 185)=81.616$，$p<0.05$；$\beta_{\text{感知背叛–延伸评价}}=-0.676$，$t=-11.233$，$p<0.05$]。可见，消费者感知背叛在不同类型的产品伤害危机事件（公司道德型产品伤害危机事件、产品性能型产品伤害危机事件）对消费者品牌延伸评价影响中起到显著的中介作用，该结果进一步证实了本章研究提出的假设 $H_{6\text{-}4}$ 成立。

2）关系质量（高、低）的调节作用

针对关系质量（高、低）可能起到的调节作用，实验三采用双因子方差分析进行数据处理。方差分析结果显示不同类型的产品伤害危机事件[$F(1, 185)=41.200$，$p<0.05$]、关系质量（高、低）[$F(1, 185)=5.704$，$p=0.018$]均具有显著主效应，而且产品伤害危机事件与关系质量（高、低）之间存在显著交互作用[$F(1, 185)=16.353$，$p<0.05$]。

同时进一步单纯主效应分析发现，就低关系质量而言，公司道德型产品伤害危机事件导致的消费者感知背叛低于产品性能型产品伤害危机事件导致的消费者感知背叛，但影响不显著[$F(1, 81)=2.558$，$p=0.114$；$M_{\text{低–公司道德–感知背叛}}=4.316$，$SD_{\text{低–公司道德–感知背叛}}=0.759$；$M_{\text{低–产品性能–感知背叛}}=4.574$，$SD_{\text{低–产品性能–感知背叛}}=0.696$]；就高关系质量而言，公司道德型产品伤害危机事件导致的消费者感知背叛显著低于产品性能型产品伤害危机事件导致的消费者感知背叛[$F(1, 103)=61.102$，$p<0.05$；$M_{\text{高-公司道德-感知背叛}}=4.136$，$SD_{\text{高-公司道德-感知背叛}}=0.824$；$M_{\text{高-产品性能-感知背叛}}=5.273$，$SD_{\text{高-产品性能-感知背叛}}=0.659$]。可见，不论关系质量的高低，产品性能型产品伤害危机事件导致的消费者感知背叛均高于公司道德型产品伤害危机事件导致的消费者感知背叛（$M_{\text{高-产品性能-感知背叛}}=5.273>M_{\text{高-公司道德-感知背叛}}=4.136$；$M_{\text{低-产品性能-感知背叛}}=4.574>M_{\text{低-公司道德-感知背叛}}=4.316$）。而且高关系质量下公司道德型产品伤害危机事件与产品性能型产品伤害危机事件导致的消费者感知背叛均值差（$\Delta M_{\text{高-感知背叛}}=1.136$）高于低关系质量下公司道德型产品伤害危机事件与产品性能型产品伤害危机事件导致的消费者感知背叛均值差（$\Delta M_{\text{低-感知背叛}}=0.258$）。由此可见，高关系质量加剧了不同产品伤害危机事件对消费者感知背叛的影响，即在高关系质量下，产品性能型产品伤害危机事件对消费者感知背叛的影响进一步增强。相反，公司道德型产品伤害危机事件在高关系质量影响下，消费者感知背叛有所降低（$M_{\text{高-公司道德-感知背叛}}=4.136<M_{\text{低-公司道德-感知背叛}}=4.316$），即高关系质量的“由爱生恨”的反转作用，更多体现在产品性能型产品伤害危机事件中，这可能与产品性能型产品伤害危机事件更具有可接近性、可诊断性有关。可见关系质量（高、低）在不同类型产品伤害危机事件影响消费者感知背叛之间存在一定的调节作用，本章研究提出的$H_{6\text{-}6}$得到验证。具体结果见表 6-22 和图 6-4。

表 6-22　产品伤害危机、关系质量与消费者感知背叛的双因子方差分析摘要表

来源	平方和 SS	自由度 df	均方和 MS	F 值	显著性 Sig.
事件类型	22.043	1	22.043	41.200	0.000
关系质量	3.052	1	3.052	5.704	0.018
事件类型×关系质量	8.749	1	8.749	16.353	0.000
校正的总计	137.271	185			

注：因变量为消费者感知背叛均值

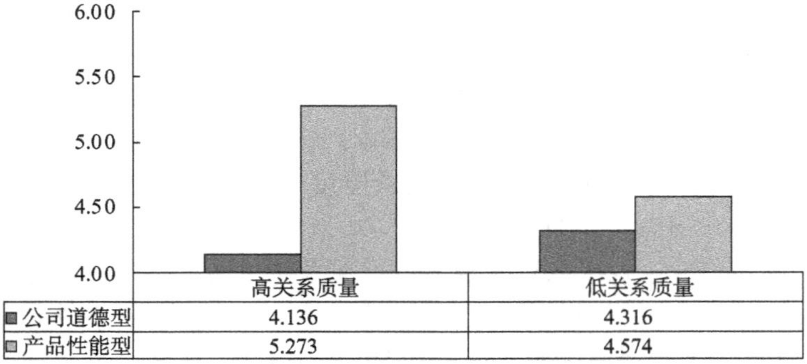

图 6-4　产品伤害危机、关系质量与消费者感知背叛交互影响图

6.3.5　实验四研究结果：品牌延伸契合度（高、低）的调节作用分析

1. 样本结构

本实验共发放 200 份问卷，进入分析的有效问卷为 184 份（92.00%），无效问卷主要是填答不认真，答案趋同性。从样本结构来看，女性 84 人（45.7%），男性 100 人（54.3%）；20 岁及以下 99 人（53.8%），21~25 岁 52 人（28.3%），26 岁及以上 33 人（17.9%）；本科及以下学历 110 人（59.8%），硕士研究生学历 40 人（21.7%），博士研究生学历 34 人（18.5%）。以消费者品牌延伸评价为因变量，以性别、年龄、学历为自变量，构建回归模型，结果显示回归模型不显著[F（3，183）=1.813，p=0.147]，排除了人口统计特征变化可能给因变量带来的影响。

2. 信度与效度

从信度来看，对中介变量“消费者感知背叛”量表的信度分析表明，该量表的 Cronbach's α 为 0.846；对因变量“消费者品牌延伸评价”量表的信度分析表明，该量表的 Cronbach's α 为 0.931；“品牌延伸契合度（高、低）操控”量表的 Cronbach's α 为 0.904。以上信度分析表明，实验四使用的量表的 Cronbach's α 系数均符合 Nunnally（1978）认为 Cronbach's α 至少要大于 0.7 才能够被接受的结论，实验四使用的问卷具有一定的信度。

同时，探索性因子分析发现，“消费者感知背叛”量表的 KMO 值为 0.808，Bartlett's 球形检验的值为 379.219（p<0.05），表明数据适合进行因子分析。进一步因子分析发现，所有的因子载荷均大于 0.5，且 AVE 值（0.621）大于 0.5，消费者感知背叛量表具有很好的收敛效度。

“消费者品牌延伸评价”量表的 KMO 值为 0.923，Bartlett's 球形检验的值为 1 002.297（p<0.05），表明数据适合进行因子分析。进一步因子分析发现，所有的因子载荷均大于 0.5，且 AVE 值（0.740）大于 0.5，消费者品牌延伸评价量表也具有很好的收敛效度。

“品牌延伸契合度（高、低）操控”量表的 KMO 值为 0.875，Bartlett's 球形检验的值为 581.908（p<0.05），表明数据适合进行因子分析。进一步因子分析发现，所有的因子载荷均大于 0.5，且 AVE 值（0.731）大于 0.5，该量表具有很好的收敛效度，具体结果见表 6-23、表 6-24、表 6-25。

表 6-23　消费者感知背叛量表信度效度表

测量构念	题项	因子载荷	总体特征值	累计解释变异	组合信度（CR）	KMO	Bartlett's 球形检验	AVE	Cronbach's α 系数
消费者感知背叛	我感到被欺骗了	0.784	3.105	62.108%	0.891	0.808	379.219	0.621	0.846
	我感到被出卖了	0.775							
	我觉得企业说谎	0.811							
	我觉得这家企业故意利用我	0.815							
	这家企业试图虐待我	0.753							

表 6-24　消费者品牌延伸评价量表信度效度表

测量构念	题项	因子载荷	总体特征值	累计解释变异	组合信度（CR）	KMO	Bartlett's 球形检验	AVE	Cronbach's α 系数
消费者品牌延伸评价	我认为 A 品牌的平板电脑/显示器质量会很好	0.906	4.995	71.361%	0.952	0.923	1 002.297	0.740	0.931
	我觉得 A 品牌的平板电脑/显示器会很实用	0.871							
	我觉得 A 品牌的平板电脑/显示器值得信赖	0.901							
	我会喜欢 A 品牌的平板电脑/显示器	0.709							
	A 品牌的平板电脑/显示器对我很有吸引力	0.884							
	如有需要，我可能会考虑购买 A 品牌的平板电脑/显示器	0.826							
	如有需要，我会推荐朋友购买 A 品牌的平板电脑/显示器	0.799							

表 6-25　品牌延伸契合度（高、低）操控量表信度效度表

测量构念	题项	因子载荷	总体特征值	累计解释变异	组合信度（CR）	KMO	Bartlett's 球形检验	AVE	Cronbach's α 系数
品牌延伸契合度	相当适配的	0.811	3.653	73.052%	0.931	0.875	581.908	0.731	0.904
	相当合乎逻辑的	0.906							
	相当恰当的	0.838							

续表

测量构念	题项	因子载荷	总体特征值	累计解释变异	组合信度（CR）	KMO	Bartlett's 球形检验	AVE	Cronbach's α 系数
品牌延伸契合度	不令人感到意外的	0.863	3.653	73.052%	0.931	0.875	581.908	0.731	0.904
	可被预期的	0.853							

此外，从内容效度来看，以上变量测量语句来源于已有文献，并与相关专家进行了深入讨论，具有一定的内容效度。

3. 共同方法偏差的控制

针对研究中可能存在的共同方法偏差，在数据收集过程中，实验四尽可能地通过程序控制减少共同方法偏差的产生：一方面，实验四采取匿名填答的方式，所使用的量表也是成熟的量表，尽量采取了消除社会赞许性、一致性倾向、项目的模糊性等手段；另一方面，实验四事先对测试项目进行了仔细研究，并未有容易产生共同方法偏差的测量项目，而且在题项设计时通过合理设计量表长度等方法以尽可能减少共同方法偏差对研究的影响。

4. 操控检验

对于产品伤害危机事件，独立样本 t 检验表明，产品性能型产品伤害危机事件组与公司道德型产品伤害危机事件组对事件的评价存在显著差异[t（182）= 13.287，p<0.05，$M_{公司道德}$=3.140，$M_{产品性能}$=4.870]，以上分析表明，不同类型产品伤害危机事件的组间差异性被成功操控。

对于品牌延伸契合度（高、低），本操控检验的目的在于检验实验材料设计的品牌延伸契合度（高、低）能否在被试中操控成功。独立样本 t 检验表明，品牌延伸契合度高的被试组与品牌延伸契合度低的被试组对实验材料中品牌延伸契合度设计的评价存在显著差异[t（182）=44.185，p<0.05，$M_{高}$=5.222，$M_{低}$= 3.270]，以上分析表明，本实验品牌延伸契合度（高、低）组间差异性被成功操控。

5. 假设检验

1）不同类型的产品伤害危机事件对消费者品牌延伸评价的影响以及消费者感知背叛的中介作用

独立样本 t 检验分析表明，就消费者感知背叛而言，不同责任归因下的产品伤害危机事件对消费者感知背叛存在显著影响[t（182）=7.398 4，p<0.05]，即与公司道德型产品伤害危机事件引发的消费者感知背叛相比（$M_{公司道德–感知背叛}$=4.253，$SD_{公司道德–感知背叛}$=0.697），产品性能型产品伤害危机事件引发消费者较高的感知背叛（$M_{产品性能–感知背叛}$=5.060，$SD_{产品性能–感知背叛}$=0.781），该结果进一步证实了本

章研究提出的假设 $H_{6\text{-}1}$ 成立；就消费者品牌延伸评价而言，不同发生规模下的产品伤害危机事件对消费者品牌延伸评价存在显著影响[t（182）=−6.466，p<0.05]，即与公司道德型产品伤害危机事件下的消费者品牌延伸评价相比（$M_{公司道德-延伸评价}$=4.851，$SD_{公司道德-延伸评价}$=0.931），产品性能型产品伤害危机事件下的消费者品牌延伸评价较低（$M_{产品性能-延伸评价}$=3.963，$SD_{产品性能-延伸评价}$=0.931），该结果进一步证实了本章研究提出的假设 $H_{6\text{-}2}$ 成立；此外，实验四按消费者感知背叛均值的大小，将消费者感知背叛分成高、低 2 个水平组（按照均值大小，分别取总样本的前 27%和后 27%），进一步独立样本 t 检验分析表明，消费者感知背叛（高、低）对消费者品牌延伸评价的影响存在显著差异[t（90.859）=−27.256，p<0.05]，就消费者品牌延伸评价均值而言，高消费者感知背叛带来的品牌延伸评价均值（$M_{高感知背叛-延伸评价}$=3.179，$SD_{高感知背叛-延伸评价}$=0.351）显著低于低消费者感知背叛带来的品牌延伸评价均值（$M_{低感知背叛-延伸评价}$=5.501，$SD_{低感知背叛-延伸评价}$=0.518），即消费者感知背叛越高，消费者品牌延伸评价越低，该结果进一步证实了本章研究提出的假设 $H_{6\text{-}3}$ 成立。

对消费者感知背叛可能存在的中介作用，实验四采用 Baron 和 Kenny（1986）的方法进行检验。首先，将消费者品牌延伸评价作因变量，产品伤害危机事件作自变量进行线性回归分析。回归分析表明，不同类型的产品伤害危机事件对消费者品牌延伸评价存在显著影响[F（1，183）=41.808，p<0.05；$\beta_{事件类型-延伸评价}$=−0.432，t=−6.466，p<0.05]。其次，将消费者感知背叛作因变量，产品伤害危机事件作自变量进行线性回归分析。回归结果显示，不同类型的产品伤害危机事件对消费者感知背叛存在显著影响[F（1，183）=54.727，p<0.05；$\beta_{事件类型-感知背叛}$=0.481，t=7.398，p<0.05]。再次，将消费者品牌延伸评价作因变量，消费者感知背叛作自变量进行线性回归分析。回归结果表明，消费者感知背叛对消费者品牌延伸评价存在显著影响[F（1，183）=487.782，p<0.05；$\beta_{感知背叛-延伸评价}$=−0.853，t=−22.086，p<0.05]。最后，将产品伤害危机事件和消费者感知背叛同时作自变量，以消费者品牌延伸评价作因变量进行线性回归分析。回归分析结果表明，不同类型的产品伤害危机事件对消费者品牌延伸评价的影响不再显著[F（2，183）=243.316，p<0.05；$\beta_{事件类型-延伸评价}$=−0.028，t=−0.645，p=0.520]，而消费者感知背叛对消费者品牌延伸评价的影响仍然显著[F（2，183）=243.316，p<0.05；$\beta_{感知背叛-延伸评价}$=−0.840，t=−19.024，p<0.05]。可见，消费者感知背叛在不同类型的产品伤害危机事件（公司道德型产品伤害危机事件、产品性能型产品伤害危机事件）对消费者品牌延伸评价影响中起到显著的中介作用，该结果进一步证实了本章研究提出的假设 $H_{6\text{-}4}$ 成立。

2）品牌延伸契合度（高、低）的调节作用

针对品牌延伸契合度（高、低）可能起到的调节作用，实验四先按消费者感知背叛均值的大小，将消费者感知背叛分成高、低 2 个水平组（按照均值大小，分别取总样本的前 27%和后 27%），在此基础上采用双因子方差分析进行数据处理。方差分析结果显示消费者感知背叛（高、低）[F（1 108）=297.537，p<0.05]、品牌延伸契合度（高、低）[F（1，108）=18.525，p<0.05]均具有显著主效应，而且消费者感知背叛（高、低）与品牌延伸契合度（高、低）之间存在显著交互作用[F（1，108）=10.945，p=0.001]。

同时进一步单纯主效应分析发现，就低品牌延伸契合度而言，低消费者感知背叛下的消费者品牌延伸评价显著高于高消费者感知背叛下的消费者品牌延伸评价[F（1，46）=125.293，p<0.05；$M_{\text{低契合度–低背叛–延伸评价}}$=5.668，$SD_{\text{低契合度–低背叛–延伸评价}}$=0.403；$M_{\text{低契合度–高背叛–延伸评价}}$=3.286，$SD_{\text{低契合度–高背叛–延伸评价}}$=0.467]；就高品牌延伸契合度而言，低消费者感知背叛下的消费者品牌延伸评价显著高于高消费者感知背叛下的消费者品牌延伸评价[F（1，61）=190.044，p<0.05；$M_{\text{高契合度–低背叛–延伸评价}}$=4.786，$SD_{\text{高契合度–低背叛–延伸评价}}$=0.303；$M_{\text{高契合度–高背叛–延伸评价}}$=3.170，$SD_{\text{高契合度–高背叛–延伸评价}}$=0.345]。进一步分析发现，高消费者感知背叛下的消费者品牌延伸评价均低于低消费者感知背叛下的消费者品牌延伸评价（$M_{\text{低契合度–高背叛–延伸评价}}$=3.286<$M_{\text{低契合度–低背叛–延伸评价}}$=5.668；$M_{\text{高契合度–高背叛–延伸评价}}$=3.170<$M_{\text{高契合度–低背叛–延伸评价}}$=4.786），而且高品牌延伸契合度下的消费者品牌延伸评价均低于低品牌延伸契合度下的消费者品牌延伸评价（$M_{\text{高契合度–低背叛–延伸评价}}$=4.786<$M_{\text{低契合度–低背叛–延伸评价}}$=5.668；$M_{\text{高契合度–高背叛–延伸评价}}$=3.170<$M_{\text{低契合度–高背叛–延伸评价}}$=3.286），特别是，在引入品牌延伸契合度的干扰后，不同消费者感知背叛下的消费者品牌延伸评价差值发生了很大的变化，高品牌延伸契合度下的消费者感知背叛导致的消费者品牌延伸评价差值（$\Delta M_{\text{高契合度–延伸评价}}$=1.616）远小于低品牌延伸契合度下的消费者感知背叛导致的消费者品牌延伸评价差值（$\Delta M_{\text{低契合度–延件评价}}$=2.382）。可见，品牌延伸契合度（高、低）改变了消费者感知背叛对品牌延伸评价的影响强度，品牌延伸契合度越高母品牌产品伤害危机事件的影响越容易延伸到延伸产品上，导致消费者对延伸产品产生较低的评价。品牌延伸契合度（高、低）在消费者感知背叛影响延伸评价之间存在一定的调节作用，本章研究提出的 $H_{6\text{-}7}$ 得到验证。具体结果见表 6-26 和图 6-5。

表 6-26　消费者感知背叛、品牌延伸契合度与消费者品牌延伸评价双因子方差分析摘要表

来源	平方和 SS	自由度 df	均方和 MS	F 值	显著性 Sig.
消费者感知背叛	40.714	1	40.714	297.537	0.000
品牌延伸契合度	2.535	1	2.535	18.525	0.000
消费者感知背叛×品牌延伸契合度	1.498	1	1.498	10.945	0.001
校正的总计	167.640	108			

注：因变量为消费者品牌延伸评价均值

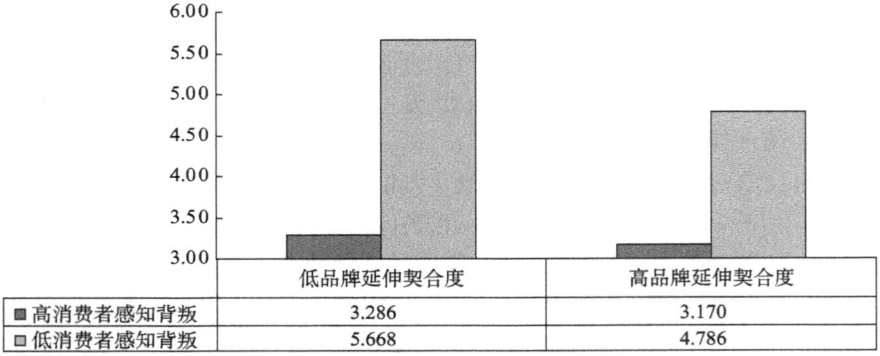

图 6-5 消费者感知背叛、品牌延伸契合度与消费者品牌延伸评价交互影响图

6.4 研 究 小 结

本章研究通过四个实验研究探讨了不同责任归因下的产品伤害危机事件（公司道德型产品伤害危机事件、产品性能型产品伤害危机事件）对消费者品牌延伸评价的影响机制以及对应的边界条件。研究表明，不同类型的产品伤害危机事件（公司道德型产品伤害危机事件、产品性能型产品伤害危机事件）通过消费者感知背叛影响消费者品牌延伸评价，消费者感知背叛被证实是本章研究的关键机制变量。同时，在本章研究中，心理距离（远、近）、关系质量（高、低）、品牌延伸契合度（高、低）等变量存在显著调节作用，进一步明确了不同类型的产品伤害危机事件（公司道德型产品伤害危机事件、产品性能型产品伤害危机事件）影响消费者品牌延伸评价中的干扰因素或边界条件，具体研究结果如表 6-27 所示。

表 6-27 本章研究假设关系及验证结果一览表

研究假设	验证结果
$H_{6\text{-}1}$：不同责任归因下的产品伤害危机事件对消费者感知背叛的影响存在显著差异，即相对于产品性能型产品伤害危机事件，公司道德型产品伤害危机事件引发的消费者感知背叛较低 $H_{6\text{-}2}$：不同责任归因下的产品伤害危机事件对消费者品牌延伸评价的影响存在显著差异，即相对于产品性能型产品伤害危机事件，公司道德型产品伤害危机事件会产生较高的品牌延伸评价 $H_{6\text{-}3}$：消费者感知背叛对品牌延伸评价存在显著影响，即消费者感知背叛越高，消费者品牌延伸评价越低 $H_{6\text{-}4}$：消费者感知背叛在不同责任归因下的产品伤害危机事件影响消费者品牌延伸评价中存在中介作用	成立

续表

研究假设	验证结果
$H_{6\text{-}5}$：心理距离（远、近）在不同责任归因下的产品伤害危机事件影响消费者感知背叛中存在调节作用 $H_{6\text{-}5a}$：空间距离（远、近）会调节不同责任归因下的产品伤害危机事件对消费者感知背叛的影响，即空间距离越远，不同责任归因下的产品伤害危机事件对消费者感知背叛的影响越小；空间距离越近，不同责任归因下的产品伤害危机事件对消费者感知背叛的影响越大 $H_{6\text{-}5b}$：社会距离（远、近）会调节不同责任归因下的产品伤害危机事件对消费者感知背叛的影响，即社会距离越远，不同责任归因下的产品伤害危机事件对消费者感知背叛的影响越小；社会距离越近，不同责任归因下的产品伤害危机事件对消费者感知背叛的影响越大	成立
$H_{6\text{-}6}$：关系质量（高、低）会调节产品伤害危机事件不同责任归因对消费者感知背叛的影响 $H_{6\text{-}6a}$：对高关系质量的顾客而言，企业不同责任归因下的产品伤害危机事件所导致的消费者感知背叛差异大于低关系质量的顾客 $H_{6\text{-}6b}$：对低关系质量的顾客而言，企业不同责任归因下的产品伤害危机事件所导致的消费者感知背叛差异小于高关系质量的顾客	成立
$H_{6\text{-}7}$：品牌延伸契合度（高、低）会调节消费者感知背叛对品牌延伸评价的影响 $H_{6\text{-}7a}$：当品牌延伸契合度高时，消费者感知背叛对品牌延伸评价的负面影响大于品牌延伸契合度低时的影响 $H_{6\text{-}7b}$：当品牌延伸契合度低时，消费者感知背叛对品牌延伸评价的负面影响小于品牌延伸契合度高时的影响	成立

第 7 章　总结与展望

本书的研究目的在于探讨不同类型的产品伤害危机事件对品牌延伸评价的影响机制，即分析产品伤害危机事件对消费者品牌延伸评价的外溢效应。为此，本书研究按照“产品伤害危机事件严重程度、产品伤害危机发生规模、产品伤害危机责任归因”等三个分类标准，将产品伤害危机事件分为严重型产品伤害危机和轻微型产品伤害危机、群发型产品伤害危机和单发型产品伤害危机、公司道德型产品伤害危机和产品性能型产品伤害危机等情形进行分析。同时，为了研究产品伤害危机事件影响品牌延伸评价的内在机制，本书选择消费者感知背叛作为关键机制变量进行分析，并将影响消费者决策的关系质量（高、低）、心理距离（远、近）和品牌延伸契合度（高、低）等因素纳入研究理论框架，以深入挖掘产品伤害危机事件影响消费者品牌延伸评价的内在心理机制。

为了实现以上目的，本书基于不同类型的产品伤害危机事件设计了三个研究，并针对性设计了不同的实验场景，利用现场实验法进行数据收集，借助统计分析手段对数据进行了分析，对本书所要探讨的问题进行了科学的实证分析。

7.1　研 究 结 论

7.1.1　不同类型的产品伤害危机事件通过消费者感知背叛影响消费者品牌延伸评价

首先，从产品伤害危机事件严重程度的分类标准来看，不同严重程度的产品伤害危机事件对消费者品牌延伸评价产生不同的影响，即不同类型的产品伤害危机事件（严重型产品伤害危机事件、轻微型产品伤害危机事件）对消费者品牌延伸评价的影响存在显著差异。具体来说，相对于轻微产品伤害危机事件，严重产品伤害危机事件引发消费者较低的品牌延伸评价，更为重要的是这种影响会通过消费者感知背叛发生作用，消费者感知背叛是不同严重程度的产品伤害危机事件影响消费者品牌延伸评价的关键中介机制变量。研究表明，不同严重程度的产品伤害危机事件引发不同的消费者感知背叛，即相对于轻微产品伤害危机事件，严重产品伤害危机事件引发消费者较高的感知背叛。同时，不同程度的消费者感知背叛导致消费者产生不同的品牌延伸评价，两者呈负向变化，即消费者感知背叛越高，消费者品牌延伸评价越低。总结起来，相对于轻微产品伤害危机事件，严重产品伤害危机事件会引发消费者产生强烈的感知背叛，消费者为了平复这种情绪，进而对延伸产品产生较低的评价。

其次，从产品伤害危机发生规模的分类标准来看，根据产品伤害危机发生规模，本书研究将产品伤害危机分为群发型产品伤害危机与单发型产品伤害危机。研究表明，不同发生规模下的产品伤害危机事件对消费者品牌延伸评价产生不同的影响，即不同类型的产品伤害危机事件（群发型产品伤害危机事件、单发型产品伤害危机事件）对消费者品牌延伸评价的影响存在显著差异。具体来说，相对于单发型产品伤害危机，在群发型产品伤害危机情境下消费者的品牌延伸评价较低。这主要在于群发型产品伤害危机事件会导致消费者产生更强烈的感知背叛，进而对延伸产品产生较低的评价。

最后，从产品伤害危机责任归因的分类标准来看，根据产品伤害危机事件的责任归因，本书研究将产品伤害危机分为公司道德型产品伤害危机和产品性能型产品伤害危机。虽然在某些情形下二者存在一定的共同点，为了减少该情况对本书研究的影响，本书研究在进行产品性能型产品伤害危机事件设计过程中突出产品有缺陷，而公司道德型产品伤害危机事件则强调与公司产品缺陷没有直接关系的非伦理行为。本书研究表明，不同责任归因下的产品伤害危机事件对消费者品牌延伸评价的影响存在显著差异，即相对于产品性能型产品伤害危机事件，公司道德型产品伤害危机事件会引发消费者较高的品牌延伸评价。进一步分析发现，消费者感知背叛在不同责任归因下的产品伤害危机事件对消费者品牌延伸评价的影响过程中仍存在显著中介作用。具体来说，消费者感知背叛与消费者品牌延伸评价存在显著负相关，即消费者感知背叛越强烈，消费者品牌延伸评价越低。同时，相对于产品性能型产品伤害危机事件，公司道德型产品伤害危机事件引发消费者较低的感知背叛，进而相对于产品性能型产品伤害危机事件情境下的品牌延伸评价，公司道德型产品伤害危机事件背景下，消费者的品牌延伸评价较高。

7.1.2 心理距离（远、近）在不同类型的产品伤害危机事件影响消费者感知背叛过程中存在显著调节作用

本书研究发现，心理距离（远、近）在本书研究中存在显著的调节作用，即

心理距离（远、近）改变了不同类型的产品伤害危机事件对消费者感知背叛的影响强度。

从不同严重程度的产品伤害危机事件来看，心理距离越近，产品伤害危机事件对消费者感知背叛的影响越强烈，心理距离（远、近）改变了不同类型的产品伤害危机事件对消费者感知背叛的影响大小。即相同严重程度的产品伤害危机事件，近心理距离下的消费者感知背叛显著高于远心理距离下的消费者感知背叛。具体来说，相对于发生在距离消费者较远的地方（空间距离远），发生在消费者周围（空间距离近）的产品伤害危机事件带给消费者更强烈的感知背叛；即相对于发生在消费者不熟悉的陌生人身上（社会距离远），发生在消费者熟悉的人身上（社会距离近）的产品伤害危机事件带给消费者更强烈的感知背叛。

从不同发生规模的产品伤害危机事件来看，心理距离（远、近）改变了群发/单发型产品伤害危机事件对消费者感知背叛的影响，即相对于远心理距离情境，在近心理距离情境下，群发/单发型产品伤害危机事件对消费者感知背叛的影响更强烈。具体来说，发生在消费者周围（空间距离近）的群发型产品伤害危机事件或单发型产品伤害危机事件导致的消费者感知背叛显著高于发生在距离消费者较远的地区（空间距离远）的群发型产品伤害危机事件或单发型产品伤害危机事件引发的消费者感知背叛。此外，发生在消费者熟悉的人身上（社会距离近）的群发型产品伤害危机事件或单发型产品伤害危机事件导致的消费者感知背叛显著高于发生在消费者不熟悉的陌生人身上（社会距离远）的群发型产品伤害危机事件或单发型产品伤害危机事件引发的消费者感知背叛。

从不同责任归因的产品伤害危机事件来看，心理距离（远、近）同样也改变了产品性能型产品伤害危机事件/公司道德型产品伤害危机事件对消费者感知背叛的影响强度，即心理距离越近，产品性能型产品伤害危机事件/公司道德型产品伤害危机事件对消费者感知背叛的影响越强烈。具体来说，发生在距离消费者较远的区域（空间距离远）的产品性能型产品伤害危机事件或公司道德型产品伤害危机事件导致的消费者感知背叛显著低于发生在距离消费者较近的区域内的（空间距离近）的产品性能型产品伤害危机事件或公司道德型产品伤害危机事件导致的消费者感知背叛。同样，发生在消费者不熟悉的陌生人身上（社会距离远）的产品性能型产品伤害危机事件或公司道德型产品伤害危机事件导致的消费者感知背叛显著低于发生在消费者熟悉的人身上（社会距离近）的产品性能型产品伤害危机事件/公司道德型产品伤害危机事件导致的消费者感知背叛。

7.1.3　关系质量（高、低）在不同类型的产品伤害危机事件影响消费者感知背叛过程中存在显著调节作用

以往研究表明，消费者与企业间的关系质量会对企业产生一定的保护作用，但本书研究发现在某些情境下，关系质量不仅无法对企业形成保护，相反关系质量越高，引发的消费者负面反应越强烈，出现“由爱生恨”的现象。

从不同严重程度的产品伤害危机事件来看，关系质量（高、低）在产品伤害危机事件影响消费者感知背叛中存在调节作用。具体来说，在轻微产品伤害危机情境下，关系质量的保护效果仍起作用，高关系质量下的消费者感知背叛显著低于低关系质量下的消费者感知背叛。但在严重产品伤害危机情境下，高关系质量不仅无法保护企业，相反会引发消费者更强烈的感知背叛。

从不同发生规模的产品伤害危机事件来看，关系质量（高、低）在不同发生规模下的产品伤害危机事件影响消费者感知背叛的过程中存在调节作用。具体来说，在单发型产品伤害危机事件情境下，高关系质量能够缓解消费者的感知背叛，即相对于低关系质量下的消费者感知背叛，高关系质量下的消费者感知背叛较低。但在群发型产品伤害危机事件情境中，相对于低关系质量，高关系质量引发的消费者感知背叛更强烈，高关系质量加剧了不同发生规模下的产品伤害危机事件对消费者感知背叛的影响。

从不同责任归因的产品伤害危机事件来看，关系质量（高、低）在产品性能型产品伤害危机事件/公司道德型产品伤害危机事件影响消费者感知背叛中仍存在显著调节作用。具体来说，在低关系质量情境下，关系质量在不同类型的产品伤害危机事件对消费者感知背叛的影响中的作用不明显，但在高关系质量情境下，关系质量加剧了产品性能型产品伤害危机事件对消费者感知背叛的影响。

7.1.4　品牌延伸契合度（高、低）在消费者感知背叛影响消费者品牌延伸评价过程中存在显著调节作用

研究表明，母品牌的产品伤害危机事件会对品牌延伸产品产生负面影响，影响到消费者品牌延伸评价，但品牌延伸契合度在此种影响中存在一定的调节作用，会加剧或缓解母品牌的产品伤害危机事件对消费者品牌延伸评价影响的强度。具体来说，品牌延伸契合度越高，消费者感知背叛对消费者品牌延伸评价的影响越大，消费者品牌延伸评价越低。相反，品牌延伸契合度越低，消费者感知背叛对消费者品牌延伸评价的影响越小，消费者品牌延伸评价越高。

7.2 理论意义

（1）产品伤害危机事件会产生外溢效果，本书研究从三类不同的产品伤害危机事件着手，并从品牌延伸评价角度进一步证实了企业产品伤害危机事件带来的外溢效果，本书研究结论呼应了已有企业产品伤害危机事件产生的外溢效果的研究（Ahluwalia and Gürhan-Canli，2000；Roehm and Tybout，2006），并扩展已有研究视角。

（2）针对过去探讨企业产品伤害危机事件外溢效果缺少对心理机制的研究，本书研究选择消费者感知背叛这一关键心理机制，并验证了这一中介作用（Grégoire and Fisher，2008），证实了消费者感知背叛在产品伤害危机事件影响消费者行为中的作用，扩展了以往对产品伤害危机事件内在机制的研究多选择感知风险这一变量的状况，丰富了已有研究成果。

（3）最后本书研究进一步探讨了心理距离（远、近）、关系质量（高、低）以及品牌延伸契合度（高、低）在不同类型的产品伤害危机事件影响消费者品牌延伸评价中存在的调节作用，进一步丰富了已有研究结论。特别是对关系质量（高、低）的调节作用分析发现，关系质量在某些情境下会出现“由爱生恨”效果，如在严重产品伤害危机情境下，高关系质量不仅无法缓解产品伤害危机事件对消费者感知背叛的影响，相反会扩大产品伤害危机的影响，导致在高关系质量下消费者产生更强烈的感知背叛，这对于企业合理利用关系质量提供了理论参照。

7.3 管理建议

从管理贡献来看，本书研究至少存在以下管理建议：

（1）研究表明产品伤害危机事件的溢出效应会对消费者品牌延伸评价带来影响，而且不同类型的产品伤害危机事件对消费者品牌延伸评价的影响存在差异。因此，当企业发生产品伤害危机事件后不仅要考虑事件对母品牌的影响，还应注重对延伸产品带来的影响，并通过解释、澄清等手段划清延伸产品与母品牌产品之间的界限，以减少产品伤害危机事件溢出效应的影响。同时，针对不同类型的产品伤害危机事件给予不同的处理手段，如更加重视处理和产品相关的产品伤害危机事件、更加重视对严重产品伤害危机事件的管理等。

（2）消费者感知背叛是解释产品伤害危机事件溢出效应的关键机制变量，不同类型的产品伤害危机事件带给消费者不同的感知背叛感，特别是和产品相关的产品伤害危机事件、严重型产品伤害危机事件、群发型产品伤害危机事件带给消费者更大的感知背叛感，企业应投入更多的资源用于该类事件的补救，以减少消费者的感知背叛感。同时，针对感知背叛感的影响因素，企业可以通过信息公开等手段减少不确定性，进而减少产品伤害危机事件对感知背叛感的影响。

（3）品牌延伸契合度（高、低）在消费者感知背叛感对消费者品牌延伸评价中存在调节作用。因此，与母品牌延伸契合度高的产品将是母品牌发生产品伤害危机事件之后企业在应对母品牌危机的同时应投入较多资源应对的重点，以减少延伸契合度高带来的影响。

（4）心理距离（远、近）在不同类型的产品伤害危机事件影响消费者感知背叛感中存在调节作用。在处理产品伤害危机事件过程中，对于心理距离近的消费者更应该采取积极的补救手段，并将这类群体作为企业公关活动的主要目标，通过更多的解释、信息披露和针对性沟通策略，甚至花费额外的资源，以减少心理距离近所产生的较大感知背叛感。同时，如果有可能亦可通过降低消费者的心理距离，以减少产品伤害危机事件的影响。

（5）以往很多研究证实关系质量作为企业的一种资产对企业具有重要的作用，在产品伤害危机事件中能够形成对企业的有效保护。但本书研究发现，关系质量在企业面临产品伤害危机事件时，其保护作用存在一定的边界条件，如在严重产品伤害危机情境下，高关系质量不仅无法形成对企业的有效保护，相反会加剧产品伤害危机事件的影响。因此，当企业面对产品伤害危机事件时，企业管理者应根据产品伤害危机事件的不同情形给以积极的响应，而不是仅仅凭借较高的关系质量不采取相应的措施，企业管理者不仅要向公众，特别是高关系质量的消费者进行解释，还要积极对产品伤害危机事件做出响应，以维持顾客的信任，否则可能会招致消费者产生“由爱生恨”的现象，即顾客关系质量越高，产生的感知背叛感越强。

7.4　研究局限与展望

虽然本书研究得出了一些有意义的结论，但仍有一些值得进一步探讨的问题：①从研究内容来看，本书研究选择了消费者感知背叛作为心理机制进行了研究，其他包括情感反应（汪兴东等，2013；Grégoire et al.，2010）等不同的认知以及情感机制亦值得研究；另外，已有研究表明有关品牌延伸以及企业产品伤害危机事件的研究均指出分析性思维的消费者较会对自身周遭事件与信息的内容做比较详细的思考，并且明确区别事物中各要素之间的关系，从而会对产品伤害危机事件或者是品牌延伸做出不同的反应（Monga and John，2007）。因此，今后亦可以从消费者个人特质入手展开研究。②从研究方法和手段来看，为了数据的获取与分析的方便以提高研究的内在效度，本书研究以学生为样本进行数据收集，这样的研究结论能否进一步推广到更广泛的样本还需要进一步验证。同时本书具体的数据收集手段采取实验法，该方法是目前研究产品伤害危机事件较常用的方法。尽管本书研究在研究中尽可能地通过控制现场设计等环节以减少模拟场景和真实场景的差异对研究结果带来的影响，但仍会存在一些不足。基于以上不足，今后可进一步拓宽样本量，增加非学生样本，以提高研究的外部效度。同时探讨新的研究方法，以进一步获取更有效的数据。

参 考 文 献

陈海贤，何贵兵. 2014. 心理距离对跨期选择和风险选择的影响[J]. 心理学报，46（5）：677-690.

崔保军. 2015. 产品伤害危机情境下消费者感知风险的研究述评与展望[J]. 商业经济与管理，（4）：63-73.

崔保军. 2016. 群发性产品伤害危机对广义信任水平的影响研究[J]. 管理学报，13（7）：1012-1018，1037.

崔保军，余伟萍. 2015. 行业潜规则型产品伤害危机的特征、成因与治理——以食品行业为例[J]. 社会科学战线，（8）：44-53.

崔泮为，杨洋，李蔚. 2015. CSR 策略修复产品伤害危机后品牌信任的效果研究——调节变量和中介变量的作用[J]. 中央财经大学学报，（2）：69-74.

段桂敏，余伟萍. 2012. 副品牌伤害危机对主品牌评价影响研究——消费者负面情感的中介作用[J]. 华东经济管理，26（4）：115-119.

方正. 2007. 产品伤害危机的概念、分类与应对方式研究[J]. 生产力研究，（4）：63-65.

方正，江明华，杨洋，等. 2010. 产品伤害危机应对策略对品牌资产的影响研究——企业声誉与危机类型的调节作用[J]. 管理世界，（12）：105-118，142.

方正，杨洋. 2009. 产品伤害危机及其应对研究前沿探析[J]. 外国经济与管理，31（12）：39-44，57.

方正，杨洋，江明华，等. 2011. 可辩解型产品伤害危机应对策略对品牌资产的影响研究：调节变量和中介变量的作用[J]. 南开管理评论，14（4）：69-79.

方正，杨洋，李蔚，等. 2013. 产品伤害危机溢出效应的发生条件和应对策略研究——预判和应对其他品牌引发的产品伤害危机[J]. 南开管理评论，16（6）：19-27，58.

冯蛟，张淑萍，卢强. 2015. 多品牌危机事件后消费者信任修复的策略研究[J]. 消费经济，31（4）：35-39.

符国群，丁嘉莉. 2008. 消费者对品牌延伸的评价：拥有者效应[J]. 管理学报，5（4）：528-536.

龚金红，谢礼珊，彭家敏. 2014. 旅行社服务不诚信行为如何影响顾客信任——心理契约违背与企业声誉的作用[J]. 旅游学刊，29（4）：55-68.

贺恩溢. 2008. 正负面电子口碑组合与先前品牌印象及虚拟社群感对广告效果之影响[D]. 台北科技大学硕士学位论文.

洪郁雯，郑光廷，许惠媚. 2015. 从心理契约违背观点探讨消费者在网路服务补救后的心理认知与后续行为[J]. 资讯管理学报，22（2）：199-223.

侯如靖，张初兵，易牧农. 2012. 服务补救情境下在线消费者后悔对行为意向的影响——基于关系质量的调节[J]. 经济管理，34（9）：101-111.

黄静，王新刚，童泽林. 2011. 空间和社交距离对犯错品牌评价的影响[J]. 中国软科学，（7）：123-130.

井淼，周颖. 2013. 产品伤害危机中危机反应策略对品牌资产的影响—— 基于企业社会责任的视角[J]. 工业工程与管理，18（2）：122-130.

景奉杰，崔聪，涂铭. 2012. 产品伤害危机群发属性负面溢出效应研究[J]. 珞珈管理评论，6（2）：1-8.

雷莉，马谋超. 2003. 品牌延伸中母品牌的作用机制[J]. 心理科学进展，11（3）：350-354.

雷莉，王詠，丁夏齐，等. 2005. 低卷入情境中品牌远延伸的成功机制[J]. 心理学报，37（3）：390-396.

李颢，王高，赵平. 2009. 品牌延伸评价的影响因素：文献综述与研究展望[J]. 营销科学学报，5（2）：55-71.

李婷婷，李艳军. 2012. 产品伤害危机研究述评[J]. 经济问题探索，（4）：143-148.

李雅靖，施凯瑜. 2006. 媒体品牌优势与延伸契合度对母品牌态度之回馈效果[J]. 台大管理论丛，17（1）：191-210.

林升栋，方向. 2011. 分“类”思维对品牌延伸评价的影响：两个探索性实验研究[C]. 工程和商业管理国际学术会议.

吕荣胜，李璨. 2009. 基于消费者认知导向的品牌延伸边界研究[J]. 河北科技大学学报（社会科学版），9（3）：5-8.

马宝龙，李飞，王高，等. 2010. 产品伤害危机对品牌绩效指标的影响研究——基于随机模型方法的实证分析[J]. 预测，29（4）：9-16.

庞隽，宋卓昭，吕一林. 2014. 报复欲望和回避欲望：实用性和享乐性产品失败后消费者反应的性别差异[J]. 管理评论，26（2）：92-103.

青平，陶蕊，严潇潇. 2012. 农产品伤害危机后消费者信任修复策略研究—— 基于乳制品行业的实证分析[J]. 农业经济问题，33（10）：84-92，112.

任金中，景奉杰. 2013. 产品伤害危机模糊情境下企业与行业危机对消费者抱怨意向的影响[J]. 经济管理，35（4）：94-104.

苏孟洵. 2012. 使用者联想对于品牌延伸评价之影响：范例提示理论之应用[D]. 屏东科技大学硕士学位论文.

田阳. 2010. 品牌联合中的负面溢出效应——品牌熟悉认知闭合需求的交互作用[D]. 中山大学博士学位论文.

涂铭，景奉杰，汪兴东. 2013. 产品伤害危机群发属性如何影响补救预期[J]. 商业经济与管理，（8）：53-62.

万广圣，晁钢令. 2014. 产品伤害危机研究脉络及发展方向[J]. 企业经济，（7）：67-71.

汪兴东，景奉杰，涂铭. 2012. 单（群）发性产品伤害危机的行业溢出效应研究[J]. 中国科技论坛，（11）：58-64.

汪兴东，景奉杰，涂铭. 2013. 产品伤害中不同忠诚度顾客情绪反应及行为意向的差异性研究[J]. 管理评论，25（1）：73-81.

王海忠，陈增祥，尹露. 2009. 公司信息的纵向与横向溢出效应：公司品牌与产品品牌组合视角[J]. 南开管理评论，12（1）：84-89.

王海忠，田阳，胡俊华. 2010. 品牌联合中的负面溢出效应——基于选择通达机制视角[J]. 营销科学学报，6（2）：32-41.

王汉瑛. 2016. 产品伤害危机下企业社会责任声誉对消费者道德情绪和行为的影响研究[D]. 吉林大学博士学位论文.

王妙真，杨俊明. 2011. 池鱼之殃：论企业负面事件对品牌延伸的影响[C]. 2011TOPCO 崇越论文大赛文集.

王晓玉. 2010. 负面营销事件中品牌资产的作用研究综述[J]. 外国经济与管理，32（2）：45-50.

王晓玉. 2012. 产品危机对危机品牌竞争对手的溢出效应研究述评与展望[J]. 外国经济与管理，34（2）：58-64.

王晓玉，晁钢令. 2008. 产品危机中口碑方向对消费者态度的影响[J]. 营销科学学报，4（4）：1-12.

王晓玉，晁钢令. 2009. 企业营销负面曝光事件研究述评[J]. 外国经济与管理，31（2）：33-39.

王晓玉，晁钢令，吴纪元. 2006. 产品伤害危机及其处理过程对消费者考虑集的影响[J]. 管理世界，（5）：86-95.

王晓玉，夏茵. 2012. 产品危机对分销商反应方式及渠道氛围的影响研究[J]. 商业经济与管理，（1）：34-42.

王永钦，刘思远，杜巨澜. 2014. 信任品市场的竞争效应与传染效应：理论和基于中国食品行业的事件研究[J]. 经济研究，（2）：141-154.

吴川，张黎，郑毓煌，等. 2012. 调节聚焦对品牌延伸的影响：母品牌类型、母品牌与延伸产品匹配类型的调节作用[J]. 南开管理评论，15（6）：51-61.

萧至惠，蔡进发，沈宗奇，等. 2011. 伙伴品牌的品牌延伸契合度对共品牌总体契合度与共品牌评价的影响[J]. 行销评论，8（1）：1-30.

萧至惠，黄哲楠，蔡进发. 2010. 品牌权益、移转能力与契合度对品牌反向延伸之影响——以消费性电子产品为例[J]. 行销评论，7（1）：99-130.

萧至惠，吴宏文，蔡进发. 2009. 关系利益、关系质量与关系产出整合模型之研究：不同服务业种类之验证[J]. 营销科学学报，5（1）：35-78.

熊焰，钱婷婷. 2012. 产品伤害危机后消费者信任修复策略研究[J]. 经济管理，34（8）：114-120.

熊焰，任丽莉. 2012. 产品伤害危机管理因素对消费者信任修复的影响研究[J]. 财贸研究，（4）：120-125.

徐小龙，苏勇. 2012. 产品伤害危机下消费者——品牌关系断裂研究[J]. 中南财经政法大学学报，（2）：43-49.

许绮芬. 2011. 事件严重性、来源可靠性、品牌依赖程度对消费者态度和产品评估改变的影响[D]. 台湾政治大学硕士学位论文.

阎俊，佘秋玲. 2010. 消费者抵制的心理机制研究[J]. 营销科学学报，6（2）：98-110.

杨国亮，卫海英. 2014. 基于群际接触理论的品牌群危机修复策略研究[C]. 2014 年营销科学学报年会.

杨柳，吴海铮. 2015. 网络购物环境下消费者信任修复策略研究——基于积极情绪的视角[J]. 当代财经，（11）：75-85.

银成钺，于洪彦. 2006. 消费者对品牌延伸的评价——价格与延伸相似度的交互影响[J]. 管理科学，19（3）：43-50.

余伟萍，庄爱玲. 2013. 品牌负面曝光事件分类及溢出效应差异研究[J]. 商业研究，（2）：21-27.

张琦，余伟萍. 2012. 产品伤害危机程度对消费者负面情感及抵制意愿影响研究[R]. 2012 年营销科学学报年会.

张璇，张红霞. 2013. 毁灭还是重生——多品牌危机中的替罪羊效应[J]. 营销科学学报，9（4）：30-43.

张正林，庄贵军. 2010. 基于时间继起的消费者信任修复研究[J]. 管理科学，23（2）：52-59.

曾旺明，李蔚. 2008. 产品伤害事件的感知损失程度对消费者品牌忠诚度的影响研究[J]. 统计与决策，（20）：104-106.

周浩，龙立荣. 2004. 共同方法偏差的统计检验与控制方法[J]. 心理科学进展，12（6）：942-950.

庄爱玲，余伟萍. 2011. 道德关联品牌负面曝光事件溢出效应实证研究——事件类型与认知需求的交互作用[J]. 商业经济与管理，（10）：60-67.

Aaker D A. 1996. Building Strong Brands[M]. New York：Free Press.

Aaker D A，Keller K L. 1990. Consumer evaluations of brand extensions[J]. Journal of Marketing，54（1）：27-41.

Aaker J，Fournier S，Brasel S A. 2004. When good brands do bad[J]. Journal of Consumer Research，31（1）：1-16.

Adams J S. 1965. Inequity in social exchange[C]//Berkowitz L. Advances in Experimental Social Psychology. New York：Academic Press.

Aggarwal P. 2004. The effects of brand relationship norms on consumer attitudes and behavior[J]. Journal of Consumer Research，31（1）：87-101.

Ahluwalia R. 2002. Re-inquiries：how prevalent is the negativity effect in consumer environments? [J]. Journal of Consumer Research，29（2）：270-279.

Ahluwalia R，Burnkrant R E，Unnava H R. 2000. Consumer response to negative publicity：the moderating role of commitment[J]. Journal of Marketing Research，37（2）：203-214.

Ahluwalia R，Gürhan-Canli Z. 2000. The effects of extensions on the family brand name：an accessibility-diagnosticity perspective[J]. Journal of Consumer Research，27（3）：371-381.

Ahluwalia R，Unnava H R，Burnkrant R E. 2001. The moderating role of commitment on the spillover effect of marketing communications[J]. Journal of Marketing Research，38（4）：458-470.

Andersen S M，Glassman N S，Gold D A. 1998. Mental representations of the self，significant others，and nonsignificant others：structure and processing of private and public aspects[J]. Journal of Personality and Social Psychology，75（4）：845-861.

Anderson E W，Sullivan M W. 1993. The antecedents and consequences of customer satisfaction for firms[J]. Marketing Science，12（2）：125-143.

Anderson J C，Gerbing D W. 1988. Structural equation modeling in practice：a review and recommended two-step approach[J]. Psychological Bulletin，103（3）：411-423.

Anwar S T. 2014. Product recalls and product-harm crises：a case of the changing toy industry[J]. Competitiveness Review，24（3）：190-210.

Argyris C. 1960. Understanding organizational behavior[J]. American Political Science Review，54（3）：750-751.

Assiouras I，Ozgen O，Skourtis G. 2013. The impact of corporate social responsibility in food industry in product-harm crises[J]. British Food Journal，115（1）：108-123.

Athanassopoulos A D. 2000. Customer satisfaction cues to support market segmentation and explain switching behavior[J]. Journal of Business Research，47（3）：191-207.

Aurier P，Lanauze G S D. 2012. Impacts of perceived brand relationship orientation on attitudinal loyalty：an application to strong brands in the packaged goods sector[J]. European Journal of Marketing，46（11/12）：1602-1627.

Baca-Motes K，Brown A，Gneezy A，et al. 2013. Commitment and behavior change：evidence from the field[J]. Journal of Consumer Research，39（5）：1070-1084.

Baker T L，Simpson P M，Siguaw J A. 1999. The impact of suppliers' perceptions of reseller market orientation on key relationship constructs[J]. Journal of the Academy of Marketing Science，

27（1）：50-57.

Ballantyne D，Varey R J. 2006. Creating value-in-use through marketing interaction：the exchange logic of relating，communicating and knowing[J]. Marketing Theory，6（3）：335-348.

Balliet D，van Lange P A M. 2013. Trust，punishment，and cooperation across 18 societies：a meta-analysis[J]. Perspectives on Psychological Science，8（4）：363-379.

Baron R M，Kenny D A. 1986. The moderator-mediator variable distinction in social psychological research：conceptual，strategic and statistical considerations[J]. Journal of Personality and Social Psychology，51（6）：1173-1182.

Barone M J. 2005. The interactive effects of mood and involvement on brand extension evaluations[J]. Journal of Consumer Psychology，15（3）：263-270.

Barone M J，Miniard P W. 2002. Mood and brand extension judgments：asymmetric effects for desirable versus undesirable brands[J]. Journal of Consumer Psychology，12（4）：283-290.

Bell G G，Oppenheimer R J，Bastien A. 2002. Trust deterioration in an international buyer-supplier relationship[J]. Journal of Business Ethics，36（1/2）：65-78.

Bhat S，Reddy S K. 1997. Investigating the dimensions of fit between a brand and its extension[C]// LeClair D D，Hartline M. AMA 1997 Winter Educators' Conference. Chicago，IL，American Marketing Association.

Bielen F，Demoulin N. 2007. Waiting time influence on the satisfaction-loyalty relationship in services[J]. Managing Service Quality，17（2）：174-193.

Bitner M J. 1990. Evaluating service encounters：the effects of physical surroundings and employee responses[J]. Journal of Marketing，54（2）：69-82.

Bitner M J，Booms B H，Mohr L A. 1994. Critical service encounters：the employee's viewpoint[J]. Journal of Marketing，58（4）：95-106.

Blodgett J G，Wakefield K L，Barnes J H. 1995. The effects of customer service on consumer complaining behavior[J]. Journal of Service Marketing，9（4）：31-42.

Bottom W P，Gibson K，Daniels S E，et al. 2002. When talk is not cheap：substantive penance and expressions of intent in rebuilding cooperation[J]. Organization Science，13（5）：497-513.

Bottomley P A，Doyle J R. 1996. The formation of attitudes towards brand extensions：testing and generalising Aaker and Keller's model[J]. International Journal of Research in Marketing，13（4）：365-377.

Bottomley P A，Holden S J S. 2001. Do we really know how consumers evaluate brand extensions? Empirical generalizations based on secondary analysis of eight studies[J]. Journal of Marketing Research，38（4）：494-500.

Bougie R，Pieters R，Zeelenberg M. 2003. Angry customers don't come back，they get back：the experience and behavioral implications of anger and dissatisfaction in services[J]. Journal of the

Academy of Marketing Science，31（4）：377-393.

Boush D M，Loken B. 1991. A process-tracing study of brand extension evaluation[J]. Journal of Marketing Research，28（1）：16-28.

Bridges S，Keller K L，Sood S. 2000. Communication strategies for brand extensions：enhancing perceived fit by establishing explanatory links[J]. Journal of Advertising，29（4）：1-11.

Broniarczyk S M，Alba J W. 1994. The importance of the brand in brand extension[J]. Journal of Marketing Research，31（2）：214-228.

Brown T J，Dacin P A. 1997. The company and the product：corporate associations and consumer product responses[J]. Journal of Marketing，61（1）：68-84.

Buil I，de Chernatony L，Hem L E. 2009. Brand extension strategies：perceived fit，brand type，and culture influences[J]. European Journal of Marketing，43（11/12）：1300-1324.

Calder B J，Tybout A M. 1999. A vision of theory，research，and the future of business schools[J]. Journal of the Academy of Marketing Science，27（3）：359-366.

Cardozo R N. 1965. An experimental study of customer effort，expectation，and satisfaction[J]. Journal of Marketing Research，2（3）：244-249.

Carolyn C，Malhotra K. 2006. The impact of desirability and feasibility considerations for self and others[D]. University of North Carolina at Chapel Hill.

Carvalho S W，Muralidharan E，Bapuji H. 2015. Corporate social "irresponsibility"：are consumers' biases in attribution of blame helping companies in product-harm crises involving hybrid products? [J]. Journal of Business Ethics，130（3）：651-663.

Chan M E. 2009. Why did you hurt me? Victim's interpersonal betrayal attributionand trust implications[J]. Review of General Psychology，13（3）：262-274.

Chen Y，Ganesan S，Liu Y. 2009. Does a firm's product-recall strategy affect its financial value? An examination of strategic alternatives during product-harm crises[J]. Journal of Marketing，73（6）：214-226.

Chu T H，Lin C C，Prather L J. 2005. An extension of security price reactions around product recall announcements[J]. Quarterly Journal of Business & Economics，44（3/4）：33-48.

Cialdini R B. 2009. We have to break up[J]. Perspectives on Psychological Science，4（1）：5-6.

Cleeren K. 2015. Using advertising and price to mitigate losses in a product-harm crisis[J]. Business Horizons，58（2）：157-162.

Cleeren K，Dekimpe M G，Helsen K. 2008. Weathering product-harm crises[J]. Journal of the Academy of Marketing Science，36（2）：262-270.

Cleeren K，van Heerde H J，Dekimpe M G. 2013. Rising from the ashes：how brands and categories can overcome product-harm crises[J]. Journal of Marketing，77（2）：58-77.

Collins A M，Loftus E F. 1975. A spreading activation theory of semantic processing[J].

Psychological Review，82（6）：407-428.

Coombs W T. 1998. An analytic framework for crisis situations：better responses from a better understanding of the situation[J]. Journal of Public Relations Research，10（3）：177-191.

Coombs W T. 2004. All crises are global：managing to escape chaos[J]. Journalism and Mass Communication Quarterly，81（4）：931-932.

Coombs W T. 2007. Protecting organization reputations during a crisis：the development and application of situational crisis communication theory[J]. Corporate Reputation Review，10（3）：163-176.

Coombs W T，Holladay S J. 2002. Helping crisis managers protect reputational assets initial tests of the situational crisis communication theory[J]. Management Communication Quarterly，16（2）：165-186.

Coyle-Shapiro J，Kessler I. 2000. Consequences of the psychological contract for the employment relationship：a large scale survey[J]. Journal of Management Studies，37（7）：903-930.

Crosby L A，Evans K R，Cowles D. 1990. Relationship quality in services selling：an interpersonal influence perspective[J]. Journal of Marketing，54（3）：68-81.

Dacin P A，Smith D C. 1994. The effect of brand portfolio characteristics on consumer evaluations of brand extensions[J]. Journal of Marketing Research，31（2）：229-242.

Dahlén M，Lange F. 2006. A disaster is contagious：how a brand in crisis affects other brands[J]. Journal of Advertising Research，46（4）：388-397.

Dawar N，Lei J. 2009. Brand crises：the roles of brand familiarity and crisis relevance in determining the impact on brand evaluations[J]. Journal of Business Research，62（4）：509-516.

Dawar N，Pillutla M M. 2000. Impact of product-harm crisis on brand equity：the moderating role of consumer expectations[J]. Journal of Marketing Research，37（2）：215-226.

Dean D H. 2004. Consumer perception of corporate donations: effects of company reputation for social responsibility and type of donation[J]. Journal of Advertising，32（4）：91-102.

Dhar R，Kim E Y. 2007. Seeing the forest or the trees：implications of construal level theory for consumer choice[J]. Journal of Consumer Psychology，17（2）：96-100.

Dodds W B，Romeo J B. 1991. An investigation of how similarity and price influence consumers' responses to brand extensions[J]. Journal of Business and Psychology，6（2）：247-263.

Dorsch M J，Swanson S R，Kelley S W. 1998. The role of relationship quality in the stratification of vendors as perceived by customers[J]. Journal of the Academy of Marketing Science，26（2）：128-142.

Dwivedi A，Merrilees B，Sweeney A. 2010. Brand extension feedback effects：a holistic framework[J]. Journal of Brand Management，17（5）：328-342.

Dwyer F R, Schurr P H, Oh S. 1987. Developing buyer-seller relationships[J]. Journal of Marketing, 51 (2): 11-27.

Eagly A H, Chaiken S. 1993. The Psychology of Attitudes[M]. New York: Wadsworth Publishing Co Inc.

Einwiller S A, Fedorikhin A, Johnson A R, et al. 2006. Enough is enough! When identification no longer prevents negative corporate associations[J]. Journal of the Academy of Marketing Science, 34 (2): 185-194.

Elangovan A R, Shapiro D L. 1998. Betrayal of trust in organizations[J]. Academy of Management Review, 23 (3): 547-566.

Farquhar P H. 1990. Managing brand equity[J]. Journal of Advertising Research, 30 (4): 7-12.

Farrelly F, Quester P. 2003. The effects of market orientation on trust and commitment[J]. European Journal of Marketing, 37 (3/4): 530-553.

Fehr B, Baldwin M. 1996. Prototype and script analyses of lay people's knowledge of anger[C]// Fletcher G J O, Fitness J. Knowledge Structures in Close Relationships: A Social Psychological Approach. Mahwah: Lawrence Erlbaum Associates.

Feldman J M, Lynch J G Jr. 1988. Self-generated validity and other effects of measurement on belief, attitude, intention, and behavior[J]. Journal of Applied Psychology, 73 (3): 421-435.

Feldman S S, Cauffman E, Jensen L A, et al. 2000. The (un)acceptability of betrayal: a study of college students' evaluations of sexual betrayal by a romantic partner and betrayal of a friend's confidence[J]. Journal of Youth and Adolescence, 29 (4): 499-523.

Ferrin D L, Kim P H, Cooper C D, et al. 2007. Silence speaks volumes: the effectiveness of reticence in comparison to apology and denial for responding to integrity-and competence-based trust violations[J]. Journal of Applied Psychology, 92 (4): 893-908.

Finkel E J, Rusbult C E, Kumashiro M, et al. 2002. Dealing with betrayal in close relationships: does commitment promote forgiveness? [J]. Journal of Personality and Social Psychology, 82 (6): 956-974.

Fitness J. 2001. Betrayal, rejection, revenge, and forgiveness: an interpersonal script approach[C]// Leary M. Interpersonal Rejection. NewYork: Oxford University Press.

Folkes V S. 1984. Consumer reactions to product failure: an attributional approach[J]. Journal of Consumer Research, 10 (4): 398-409.

Folkes V S. 1988. Recent attribution research in consumer behavior: a review and new directions[J]. Journal of Consumer Research, 14 (4): 548-565.

Folkes V S, Koletsky S, Graham J L. 1987. A field study of causal inferences and consumer reaction: the view from the airport[J]. Journal of Consumer Research, 13 (4): 534-539.

Folkes V S，Kotsos B. 1986. Buyers' and sellers' explanations for product failure：who done it[J]. Journal of Marketing，50（2）：74-80.

Fornell C. 1992. A national customer satisfaction barometer：the swedish experience[J]. Journal of Marketing，56（1）：6-21.

Fujita K，Henderson M D，Eng J，et al. 2006. Spatial distance and mental construal of social events[J]. Psychological Science，17（4）：278-282.

Ganesan S. 1994. Determinants of long-term orientation in buyer-seller relationship[J]. Journal of Marketing，58（2）：1-19.

Gao H，Knight J G，Zhang H，et al. 2012. Consumer scapegoating during a systemic product-harm crisis[J]. Journal of Marketing Management，28（11/12）：1270-1290.

Gaurav B，Mariam Z F. 2015. Trust violation and repair：the information privacy perspective[J]. Decision Support Systems，71（1）：62-77.

Gerpott T J，Rams W，Schindler A. 2001. Customer retention，loyalty，and satisfaction in the German mobile cellular telecommunications market[J]. Telecommunications Policy，25（4）：249-269.

Gershoff A D，Fujikawa Y，Ross W T. 2004. You done me wrong (and that ain't right)：the role of betrayal in consumer behavior[J]. Advances in Consumer Research，31（1）：339-342.

Gillespie N，Dietz G，Lockey S. 2014. Organizational reintegration and trust repair after an integrity violation：a case study[J]. Business Ethics Quarterly，24（3）：371-410.

Goldsmith R E，Chesney S A，Heath N M，et al. 2013. Emotion regulation difficulties mediate associations between betrayal trauma and symptoms of posttraumatic stress，depression，and anxiety[J]. Journal of Traumatic Stress，26（3）：376-384.

Gorn G J，Jiang Y，Johar G V. 2008. Babyfaces，trait inferences，and company evaluations in a PR crisis[J]. Journal of Consumer Research，35（1）：36-49.

Grayson K，Johnson D，Chen D R. 2008. Is firm trust essential in a trusted environment? How trust in the business context influences customers[J]. Journal of Marketing Research，45（2）：241-256.

Grégoire Y，Fisher R J. 2006. The effects of relationship quality on customer retaliation[J]. Marketing Letters，17（1）：31-46.

Grégoire Y，Fisher R J. 2008. Customer betrayal and retaliation：when your best customers become your worst enemies[J]. Journal of the Academy of Marketing Science，36（2）：247-261.

Grégoire Y，Laufer D，Tripp T M. 2010. A comprehensive model of customer direct and indirect revenge：understanding the effects of perceived greed and customer power[J]. Journal of the Academy of Marketing Science，38（6）：738-758.

Grégoire Y，Tripp T M，Legoux R. 2009. When customer love turns into lasting hate：the effects of relationship strength and time on customer revenge and avoidance[J]. Journal of Marketing, 73（6）: 18-32.

Grime I, Diamantopoulos A, Smith G. 2002. Consumer evaluations of extensions and their effects on the core brand key issues and research propositions[J]. European Journal of Marketing, 36（11/12）: 1415-1438.

Gundel S. 2005. Towards a new typology of crises[J]. Journal of Contingencies and Crisis Management, 13（3）: 106-115.

Guzzo R A, Noonan K A, Elron E. 1994. Expatriate managers and the psychological contract[J]. Journal of Applied Psychology, 79（4）: 617-626.

Ha J, Jang S. 2009. Perceived justice in service recovery and behavioral intentions: the role of relationship quality[J]. International Journal of Hospitality Management, 28（3）: 319-327.

Haden S C, Hojjat M. 2006. Aggressive responses to betrayal: type of relationship, victim's sex, and nature of aggression[J]. Journal of Social and Personal Relationships, 23（1）: 101-116.

Hamilton V L. 1980. Intuitive psychologist or intuitive lawyer? Alternative models of the attribution process[J]. Journal of Personality and Social Psychology, 39（5）: 767-772.

Han J K, Schmitt B H. 1997. Product-category dynamics and corporate indentity in brand extensions: a comparison of Hong Kong and US consumers[J]. Journal of International Marketing, 5（1）: 77-92.

Hansen T. 2012. The moderating influence of broad-scope trust on customer-seller relationships[J]. Psychology & Marketing, 29（5）: 350-364.

Hawkins D I, Best R J, Coney K A. 2001. Consumer Behavior: Building Marketing Strategy[M]. New York: McGraw Hill.

Heider F. 1958. The Psychology of Interpersonal Relations[M]. New York: John Wliey & Sons.

Hekman D R, Bigley G A, Steensma H K, et al. 2009. Combined effects of organizational and professional identification on the reciprocity dynamic for professional employees[J]. Academy of Management Journal, 52（3）: 506-526.

Hem L E, de Chernatony L, Iverson N M. 2003. Factors influencing successful brand extensions[J]. Journal of Marketing Management, 19（7/8）: 781-806.

Henderson J M, Quandt R E. 1980. Microeconomic Theory: A Mathematical Approach[M]. New York: McGraw Hill.

Henderson M D, Fujita K, Trope Y, et al. 2006. Transcending the "here": the effect of spatial distance on social judgment[J]. Journal of Personality and Social Psychology, 91（5）: 845-856.

Hennig-Thurau T, Gwinner K P, Gremler D D. 2002. Understanding relationship marketing outcomes: an integration of relational benefits and relationship quality[J]. Journal of Service

Research，4（3）：230-247.

Hennig-Thurau T，Klee A. 1997. The impact of customer satisfaction and relationship quality on customer retention：a critical reassessment and model development[J]. Psychology & Marketing，14（8）：737-764.

Herr P M，Kardes F R，Kim J. 1991. Effects of word-of-mouth and product-attribute information on persuasion：an accessibility-diagnosticity perspective[J]. Journal of Consumer Research，17（4）：454-462.

Heskett J L，Sasser W E，Schlesinger L A. 1997. The Service Profit Chain：How Leading Companies Link Profit and Growth to Loyalty，Satisfaction，and Value[M]. New York：Free Press.

Homburg C，Stierl M，Bornemann T. 2013. Corporate social responsibility in business-to-business markets：how organizational customers account for supplier corporate social responsibility engagement[J]. Journal of Marketing，77（6）：54-72.

Hoobler J M，Brass D J. 2006. Abusive supervision and family undermining as displaced aggression[J]. Journal of Applied Psychology，91（5）：1125-1133.

Houston M J，Childers T L，Heckler S E. 1987. Picture-word consistency and the elaborative processing of advertisements[J]. Journal of Marketing Research，24（4）：359-369.

Hsieh P L. 2012. Why e-return services fail：a psychological contract violation approach[J]. Cyberpsychology，Behavior，and Social Networking，15（12）：655-662.

Huntley J K. 2006. Conceptualization and measurement of relationship quality：linking relationship quality to actual sales and recommendation intention[J]. Industrial Marketing Management，35（6）：703-714.

Idson L C，Mischel W. 2001. The personality of familiar and significant people：the lay perceiver as a social-cognitive theorist[J]. Journal of Personality and Social Psychology，80（4）：585-596.

Janakiraman R，Sismeiro C，Dutta S. 2009. Perception spillovers across competing brands：a disaggregate model of how and when[J]. Journal of Marketing Research，46（4）：467-481.

Janiszewski C，Meyvis T. 2001. Effects of brand logo complexity，repetition，and spacing on processing fluency and judgment[J]. Journal of Consumer Research，28（1）：18-32.

Jim N. 2013. Name the harm：betrayal aversion and jury damage awards in safety product liability cases[J]. The Review of Litigation，32（3）：525-552.

Joiner C. 2007. Brands as categories：graded structure and its determinants[J]. Advances in Consumer Research，（34）：500-506.

Jones E E，Nisbett R E. 1972. The actor and the observer：divergent perceptions of the causes of behavior[C]//Jones E E，Kanouse D E，Kelley H H，et al. Attribution：Perceiving the Causes of the Behavior. Morristown：General Learning Press.

Jorgensen B K. 1994. Consumer reaction to company-related disasters：the effect of multiple versus single explanations[J]. Advances in Consumer Research，21（1）：348-352.

Kabak I W，Siomkos G J. 1991. Replacement after a product harm crisis[J]. Industrial Management，33（5）：25-26.

Kaikati J G. 1978. The product liability crisis：perspective and proposals[J]. Journal of Small Business Management，16（4）：46-55.

Kaiser H F. 1974. An index of factorial simplicity[J]. Psychometrika，39（1）：31-36.

Keh H T，Xie Y. 2009. Corporate reputation and customer behavioral intentions：the roles of trust，identification and commitment[J]. Industrial Marketing Management，38（7）：732-742.

Keller K L. 2001. Building Customer-Based Brand Equity：A Blueprint for Creating Strong Brands[M]. Cambridge：Marketing Science Institute.

Keller K L，Aaker D A. 1992. The effects of sequential introduction of brand extensions[J]. Journal of Marketing Research，29（1）：35-50.

Keller K L，Lehmann D R. 2006. Brands and branding：research findings and future priorities[J]. Marketing Science，25（6）：740-759.

Keller P A，Block L G. 1996. Increasing the persuasiveness of fear appeals：the effect of arousal and elaboration[J]. Journal of Consumer Research，22（4）：448-459.

Kelley H H. 1967. Attribution theory in social psychology[C]//Levine D. Nebraska Symposium on Motivation. Lincoln：University of Nebraska Press.

Kelley H H，Michela J L. 1980. Attribution theory and research[J]. Annual Review of Psychology，（31）：457-501.

Kelley S W，Davis M A. 1994. Antecedents to customer expectations for service recovery[J]. Journal of the Academy of Marketing Science，22（1）：52-61.

Kim C K，Lavack A M，Smith M. 2001. Consumer evaluation of vertical brand extensions and core brands[J]. Journal of Business Research，52（3）：211-222.

Kim H，John D R. 2008. Consumer response to brand extensions：construal level as a moderator of the importance of perceived fit[J]. Journal of Consumer Psychology，18（2）：116-126.

Kim W G，Cha Y. 2002. Antecedents and consequences of relationship quality in hotel industry[J]. International Journal of Hospitality Management，21（4）：321-338.

Kim Z，Zhang M，Li X. 2008. Effects of temporal and social distance on consumer evaluations[J]. Journal of Consumer Research，35（4）：706-713.

Kingshott R P J. 2006. The impact of psychological contracts upon trust and commitment within supplier-buyer relationships：a social exchange view[J]. Industrial Marketing Management，35（6）：724-739.

Kirmani A，Sood S，Bridges S. 1999. The ownership effect in consumer responses to brand line stretches[J]. Journal of Marketing，63（1）：88-101.

Klein J，Dawar N. 2004. Corporate social responsibility and consumers' attributions and brand evaluations in a product-harm crisis[J]. International Journal of Research in Marketing，21（3）：203-217.

Klink R R，Smith D C. 2001. Threats to the external validity of brand extension research[J]. Journal of Marketing Research，38（3）：326-335.

Koehler J J，Gershoff A D. 2003. Betrayal aversion：when agents of protection become agents of harm[J]. Organizational Behavior and Human Decision Processes，90（2）：244-261.

Kotler P. 1994. Marketing Management：Analysis，Planning，Implementation and Control[M]. 8th ed. Englewood Cliffs：Prentice-Hall. Inc.

Kotler P. 1997. Marketing Management：Analysis，Planning，Implementation，and Control[M]. 9th ed. New Jersey：Prentice-Hall. Inc.

Kotler P. 2003. Marketing Management[M]. Englewood Cliffs：Prentice-Hall. Inc.

Kotler P，Keller L. 2012. A Framework for Marketing Management[M]. 5th ed. New York：Pearson Education.

Kumar N，Scheer L K，Steenkamp J E M. 1995. The effects of supplier fairness on vulnerable sellers[J]. Journal of Marketing Research，32（1）：54-65.

Kumar P. 2005. Brand counterextensions：the impact of brand extension success versus failure[J]. Journal of Marketing Research，42（2）：183-194.

Kwon S Y，Jang S C. 2012. Effects of compensation for service recovery：from the equity theory perspective[J]. International Journal of Hospitality Management，31（4）：1235-1243.

Laczniak R N，DeCarlo T E，Ramaswami S N. 2001. Consumers' responses to negative word-of-mouth communication：an attribution theory perspective[J]. Journal of Consumer Psychology，11（1）：57-73.

Lagace R R，Dahlstrom R，Gassenheimer J B. 1991. The relevance of ethical salesperson behavior on relationship quality：the pharmaceutical industry[J]. Journal of Personal Selling and Sales Management，11（4）：39-47.

Lahiri I，Gupta A. 2005. Brand extensions in consumer non-durables，durables and services：a comparative study[J]. South Asian Journal of Management，12（4）：25-37.

Lane V R. 2000. The impact of ad repetition and ad content on consumer perceptions of incongruent extensions[J]. Journal of Marketing，64（2）：80-91.

Lassar W，Mittal B，Sharma A. 1995. Measuring customer-based brand equity[J]. Journal of Consumer Marketing，12（4）：11-19.

Laufer D. 2002. Product crises and consumers' assessment of blame：is there an impact of country of origin?［D]. Austin：University of Texas.

Laufer D，Coombs W T. 2006. How should a company respond to a product harm crisis? The role of corporate reputation and consumer based cues[J]. Business Horizons，49（5）：379-385.

Laufer D，Gillespie K. 2004. Differences in consumer attributions of blame between men and women：the role of perceived vulnerability and empathic concern[J]. Psychology and Marketing，21（2）：141-157.

Laufer D，Silvera D H，Meyer T. 2005a. Exploring differences between older and younger consumers in attributions of blame for product harm crises[J]. Academy of Marketing Science Review，7（1）：1-13.

Laufer D，Gillespie K，McBride B，et al. 2005b. The role of severity in consumer attributions of blame：defensive attributions in product-harm crises in Mexico[J]. Journal of International Consumer Marketing，17（2/3）：33-50.

Laufer D，Gillespie K，Silvera D H. 2009. The role of country of manufacture in consumers' attributions of blame in an ambiguous product-harm crisis[J]. Journal of International Consumer Marketing，21（3）：189-201.

Lee B K. 2004. Audience-oriented approach to crisis communication：a study of Hong Kong consumers' evaluation of an organizational crisis[J]. Communication Research，31（5）：600-618.

Lee C W，Suh Y G，Moon B J. 2001. Product-country images：the roles of country-of-origin and country-of-target in consumers' prototype product evaluations[J]. Journal of International Consumer Marketing，13（3）：47-62.

Lee J S，Pan S，Tsai H. 2013. Examining perceived betrayal，desire for revenge and avoidance，and the moderating effect of relational benefits[J]. International Journal of Hospitality Management，32：80-90.

Lee W S，Selart M. 2015. How betrayal affects emotions and subsequent trust[J]. The Open Psychology Journal，8（1）：153-159.

Lei J，Dawar N，Gürhan-Canli Z. 2012. Base-rate information in consumer attributions of product-harm crises[J]. Journal of Marketing Research，49（3）：336-348.

Lei J，Dawar N，Lemmink J. 2006. The impact of information characteristics on negative spillover effects in brand portfolios[J]. Advances in Consumer Research，33（1）：324-325.

Lei J，Dawar N，Lemmink J. 2008. Negative spillover in brand portfolios：exploring the antecedents of asymmetric effects[J]. Journal of Marketing，72（3）：111-123.

Leonidou L C，Aykol B，Fotiadis T A，et al. 2017. Betrayal in international buyer-seller relationships：its drivers and performance implications[J]. Journal of World Business，52（1）：28-44.

Levinson H，Price C R，Munden K J，et al. 1962. Men，Management，and Mental Health[M].

Cambridge：Harvard University Press.

Levitt T. 1986. The Marketing Imagination[M]. New York：Free Press.

Lewis J D，Weigert A. 1985. Trust as a social reality[J]. Social Forces，63（4）：967-985.

Liang W，Liu Y. 2014. The impact of psychological contract violation on hotel customer loyalty：moderating effect of service recovery strategies[J]. Tourism Tribune，29（2）：55-65.

Libby L K，Eibach R P. 2002. Looking back in time：self-concept change affects visual perspective in autobiographical memory[J]. Journal of Personality and Social Psychology，82（2）：167-179.

Liberman N，Sagristano M D，Trope Y. 2002. The effect of temporal distance on level of mental construal[J]. Journal of Experimental Social Psychology，38（6）：523-534.

Liberman N，Trope Y. 1998. The role of feasibility and desirability considerations in near and distant future decisions：a test of temporal construal theory[J]. Journal of Personality and Social Psychology，75（1）：5-18.

Liberman N，Trope Y，Stephan E. 2007a. Psychological distance[C]//Higgins E T，Kruglanski A W. Social Psychology：Handbook of Basic Principles. New York：Guilford Press.

Liberman N，Trope Y，McCrea S M，et al. 2007b. The effect of level of construal on the temporal distance of activity enactment[J]. Journal of Experimental Social Psychology，43（1）：143-149.

Liljander V，Strandvik T. 1995. The nature of customer relationships in services[J]. Advances in Services Marketing and Management，4：141-167.

Liu T C，Wang C Y，Wu L W. 2010. Moderators of the negativity effect：commitment，identification，and consumer sensitivity to corporate social performance[J]. Psychology & Marketing，27（1）：54-70.

Liu Y，Shankar V. 2015. The dynamic impact of product-harm crises on brand preference and advertising effectiveness：an empirical analysis of the automobile industry[J]. Management Science，61（10）：2514-2535.

Liviatan I，Trope Y，Liberman N. 2008. Interpersonal similarity as a social distance dimension：implications for perception of others' actions[J]. Journal of Experimental Social Psychology，44（5）：1256-1269.

Lucero M A，Allen R E. 1994. Employee benefits：a growing source of psychological contract violations[J]. Human Resource Management，33（3）：425-446.

Lynch J G Jr，Marmorstein H，Weigold M F. 1988. Choices from sets including remembered brands：use of recalled attributes and prior overall evaluations[J]. Journal of Consumer Research，15（2）：169-184.

MacNeil I R. 1985. Relational contract：what we do and not know[J]. Wisconsin Law Review，

3（3）：483-525.

Maheswaran D，Meyers-Levy J. 1990. The influence of message framing and issue involvement[J]. Journal of Marketing Research，27（3）：361-367.

Malhotra N K，Spss S. 2009. Marketing Research：An Applied Orientation[M]. New Jersey：Pearson Education，Inc.

Matzler K，Renzl B. 2006. The relationship between interpersonal trust，employee satisfaction，and employee loyalty[J]. Total Quality Management & Business Excellence，17（10）：1261-1271.

McCarthy M S，Heath T B，Milberg S J. 2001. New brands versus brand extensions，attitudes versus choice：experimental evidence for theory and practice[J]. Marketing Letters，12（1）：75-90.

Menon G，Raghubir P. 2003. Ease-of-retrieval as an automatic input in judgments：a mere-accessibility framework? [J]. Journal of Consumer Research，30（2）：230-243.

Menon G，Raghubir P，Schwarz N. 1995. Behavioral frequency judgments：an accessibility-diagnosticity framework[J]. Journal of Consumer Research，22（2）：212-228

Meyvis T，Janiszewski C. 2004. When are broader brands stronger brands? An accessibility perspective on the success of brand extensions[J]. Journal of Consumer Research，31（2）：346-357.

Milberg S J，Sinn F，Goodstein R C. 2010. Consumer reactions to brand extensions in a competitive context：does fit still matter? [J]. Journal of Consumer Research，37（3）：543-553.

Millward L J，Hopkins L J. 1998. Psychological contracts，organizational and job commitment[J]. Journal of Applied Social Psychology，28（16）：1530-1556.

Mizerski R W. 1982. An attribution explanation of the disproportionate influence of unfavorable information[J]. Journal of Consumer Research，9（3）：301-310.

Monga A B，John D R. 2007. Cultural differences in brand extension evaluation：the influence of analytic versus holistic thinking[J]. Journal of Consumer Research，33（4）：529-536.

Monga A B，John D R. 2008. When does negative brand publicity hurt? The moderating influence of analytic versus holistic thinking[J]. Journal of Consumer Psychology，18（4）：320-332.

Moorman C，Deshpandé R，Zaltman G. 1993. Factors affecting trust in market relationships[J]. Journal of Marketing，57（1）：81-101.

Moorman C，Zaltman G，Deshpandé R. 1992. Relationships between providers and users of market research：the dynamics of trust[J]. Journal of Marketing Research，29（3）：314-328.

Morgan R M，Hunt S D. 1994. The commitment-trust theory of relationship marketing[J]. Journal of Marketing，58（3）：20-38.

Morrison E W，Robinson S L. 1997. When employees feel betrayed：a model of how psychological contract violation develops[J]. Academy of Management Review，22（1）：226-256.

Nan X. 2006. Affective cues and brand-extension evaluation：exploring the influence of attitude toward the parent brand and attitude toward the extension ad[J]. Psychology & Marketing，23（7）：597-616.

Ng S，Houston M J. 2009. Field dependency and brand cognitive structures[J]. Journal of Marketing Research，46（2）：279-292.

Nijssen E J. 1999. Success factors of line extensions of fast-moving consumer goods[J]. European Journal of Marketing，33（5/6）：450-474.

North D C. 1990. Institutions，Institutional Change，and Economic Performance[M]. Cambridge：Cambridge University Press.

Nunnally J C. 1978. Psychometric Theory[M]. New York：McGraw-Hill.

Nussbaum S，Trope Y，Liberman N. 2003. Creeping dispositionism：the temporal dynamics of behavior prediction[J]. Journal of Personality & Social Psychology，84（3）：485-497.

Nyadzayo M W，Khajehzadeh S. 2016. The antecedents of customer loyalty：a moderated mediation model of customer relationship management quality and brand image[J]. Journal of Retailing & Consumer Services，30：262-270.

Nyer P U. 2000. An investigation into whether complaining can cause increased consumer satisfaction[J]. Journal of Consumer Marketing，17（1）：9-19.

O'Connell J. 1977. Business and the products liability crisis[J]. Vital Speeches of the Day，43（9）：278-280.

Oakley J L，Duhachek A，Balachander S，et al. 2008. Order of entry and the moderating role of comparison brands in brand extension evaluation[J]. Journal of Consumer Research，34（5）：706-712.

Oliver R L. 1980. A cognitive model of the antecedents and consequences of satisfaction decisions[J]. Journal of Marketing Research，17（4）：460-469.

Oliver R L. 1996. Satisfaction：A Behavioral Perspective on the Consumer[M]. New York：McGraw-Hill.

Oliver R L. 1999. Whence consumer loyalty？[J]. Journal of Marketing，63（4）：33-44.

Palmer A，Bejou D. 1994. Buyer-seller relationships：a conceptual model and empirical investigation[J]. Journal of Marketing Management，10（6）：495-512.

Park C W，Milberg S，Lawson R. 1991. Evaluation of brand extensions：the role of product feature similarity and brand concept consistency[J]. Journal of Consumer Research，18（2）：185-193.

Park S A. 2008. Consumer health crisis management：apple's crisis responsibility for iPod-related hearing loss[J]. Public Relations Review，34（4）：396-398.

Pavlou P A，Gefen D. 2005. Psychological contract violation in online marketplaces：antecedents，consequences，and moderating role[J]. Information Systems Research，16（4）：372-399.

Price L L，Bardhi F，Amould E J. 2002. Service betrayal[R]. Paper Presented at Frontiers in Services. Maastricht，the Netherlands.

Pullig C，Netemeyer R G，Biswas A. 2006. Attitude basis，certainty，and challenge alignment：a case of negative brand publicity[J]. Journal of the Academy of Marketing Science，34（4）：528-542.

Purnasari H，Yuliando H. 2015. How relationship quality on customer commitment influences positive e-WOM[J]. Agriculture & Agricultural Science Procedia，3：149-153.

Puzakova M，Kwak H，Rocereto J F. 2013. When humanizing brands goes wrong：the detrimental effect of brand anthropomorphization amid product wrongdoings[J]. Journal of Marketing，77（3）：81-100.

Rachman S. 2010. Betrayal：a psychological analysis[J]. Behaviour Research and Therapy，48（4）：304-311.

Raghubir P，Menon G. 1998. AIDS and me，never the Twain shall meet：the effects of information accessibility on judgments of risk and advertising effectiveness[J]. Journal of Consumer Research，25（1）：52-63.

Ranaweera C，Prabhu J. 2003. On the relative importance of customer satisfaction and trust as determinants of customer retention and positive word of mouth[J]. Journal of Targeting，Measurement and Analysis of Marketing，12（1）：82-90.

Rangaswamy A，Burke R R，Oliva T A. 1993. Brand equity and the extendibility of brand names[J]. International Journal of Research in Marketing，10（1）：61-75.

Reina D S，Reina M L. 2006. Trust and Betrayal in the Workplace：Building Effective Relationships in Your Organization[M]. San Francisco：Berrett-Koehler Publishers.

Robbins B G. 2012. Institutional quality and generalized trust：a nonrecursive causal model[J]. Social Indicators Research，107（2）：235-258.

Robinson S L. 1996. Trust and breach of the psychological contract[J]. Administrative Science Quarterly，41（4）：574-599.

Robinson S L，Morrison E W. 1995. Psychological contracts and OCB：the effect of unfulfilled obligations on civic virtue behavior[J]. Journal of Organizational Behavior，16（3）：289-298.

Robinson S L，Rousseau D M. 1994. Violating the psychological contract：not the exception but the norm[J]. Journal of Organizational Behavior，15（3）：245-259.

Roehling M V. 1997. The origins and early development of the psychological contract construct[J]. Journal of Management History，3（2）：204-217.

Roehm M L，Brady M K. 2007. Consumer responses to performance failures by high-equity brands[J]. Journal of Consumer Research，34（4）：537-545.

Roehm M L，Tybout A M. 2006. When will a brand scandal spill over，and how should competitors respond? [J]. Journal of Marketing Research，43（3）：366-373.

Roth M S，Romeo J B. 1992. Matching product catgeory and country image perceptions：a framework for managing country-of-origin effects[J]. Journal of International Business Studies，23（3）：477-497.

Rotter J. 1980. Interpersonal trust，trustworthiness，and gullibility[J]. American Psychologist，35（1）：1-7.

Rousseau D M. 1989. Psychological and implied contracts in organizations[J]. Employee Responsibilities and Rights Journal，2（2）：121-139.

Rousseau D M. 1995. Psychological Contracts in Organizations：Understanding Written and Unwritten Agreements[M]. Thousand Oaks：Sage Publications.

Rousseau D M. 2000. Psychological contract inventory technical report[R]. Pittsburgh，Pennsylvania：Carnegie Mellon University.

Rousseau D M，Parks J M. 1993. The contracts of individuals and organizations[C]//Cummings L L，Staw B M. Research in Organizational Behavior. Greenwich：JAI Press.

Rousseau D M，Sitkin S B，Burt R S，et al. 1998. Not so different after all：a cross-discipline view of trust[J]. Academy of Management Review，23（3）：393-404.

Rousseau D M，Tijoriwala S A. 1998. Assessing psychological contracts：issues，alternatives and measures[J]. Journal of Organizational Behavior，19（S1）：679-695.

Rouvaki C，Assiouras I，Siomkos G. 2015. A predictive model for affective，cognitive and behavioral consumers' reactions to product-harm crises：applying product involvement，product type and crisis response strategies[C]//Kubacki K. Ideas in Marketing：Finding the New and Polishing the Old. Developments in Marketing Science：Proceedings of the Academy of Marketing Science. Cham：Springer.

Sagristano M D，Trope Y，Liberman N. 2002. Time-dependent gambling：odds now，money later[J]. Journal of Experimental Psychology，131（3）：364-376.

Scanzoni J. 1979. Social exchange and behavioral interdependence[C]//Huston T L, Burgess R L. Social Exchange in Developing Relationships. New York：Academic Press.

Schalk R，Freese C. 1997. New facets of commitment in response to organizational change：research trends and the Dutch experience[J]. Trends in Organizational Behavior，4：107-123.

Schein E H. 1965. Organizational Psychology[M]. Englewood Cliffs：Prentice-Hall.

Schmitt B H，Dubé L. 1992. Contextualized representations of brand extensions：are feature lists or frames the basic components of consumer cognition[J]. Marketing Letters，3（2）：115-126.

Schurr P H，Ozanne J L. 1985. Influences on exchange processes：buyers' preconceptions of a seller's trustworthiness and bargaining toughness[J]. Journal of Consumer Research，11（4）：939-953.

Schweitzer M E, Hershey J C, Bradlow E T. 2006. Promises and lies: restoring violated trust[J]. Organizational Behavior and Human Decision Processes, 101 (1): 1-19.

Sheinin D A, Schmitt B H. 1994. Extending brands with new product concepts: the role of category attribute congruity, brand affect, and brand breadth[J]. Journal of Business Research, 31 (1): 1-10.

Sherif M, Hovland C I. 1961. Social Judgment: Assimilation and Contrast Effects in Communication and Attitude Change[M]. New Haven, Conn: Yale University Press.

Shrivastava P, Siomkos G. 1989. Disaster containment strategies[J]. Journal of Business Strategy, 10 (5): 26-30.

Simonin B L, Ruth J A. 1998. Is a company known by the company it keeps? Assessing the spillover effects of brand alliances on consumer brand attitudes[J]. Journal of Marketing Research, 35 (1): 30-42.

Siomkos G J.1989. Managing product-harm crises[J]. Organization & Environment, 3 (1): 41-60.

Siomkos G J, Kurzbard G. 1994. The hidden crisis in product-harm crisis management[J]. European Journal of Marketing, 28 (2): 30-41.

Siomkos G J, Rao S S, Narayanan S. 2001. The influence of positive and negative affectivity on attitude change toward organizations[J]. Journal of Business and Psychology, 16 (1): 151-161.

Skarmeas D, Robson M J. 2008. Determinants of relationship quality in importer-exporter relationships[J]. British Journal of Management, 19 (2): 171-184.

Smith B. 1998. Buyer-seller relationships: bonds, relationship management, and sex-type[J]. Revue Canadian Journal of Administrative Sciences, 15 (1): 76-92.

Sood S, Drèze X. 2006. Brand extensions of experiential goods: movie sequel evaluations[J]. Journal of Consumer Research, 33 (3): 352-360.

Spreng R A, Harrell G D, Mackoy R D. 1995. Service recovery: impact on satisfaction and intentions[J]. Journal of Services Marketing, 9 (1): 15-23.

Stammerjohan C, Wood C M, Chang Y, et al. 2005. An empirical investigation of the interaction between publicity, advertising, and previous brand attitudes and knowledge[J]. Journal of Advertising, 34 (4): 55-67.

Supphellen M, Eismann O, Hem L E. 2004. Can advertisements for brand extensions revitalise flagship products? An experiment[J]. International Journal of Advertising, 23 (2): 173-196.

Swar B, Moon J, Oh J, et al. 2012. Determinants of relationship quality for IS/IT outsourcing success in public sector[J]. Information Systems Frontiers, 14 (2): 457-475.

Tabellini G. 2010. Culture and institutions: economic development in the regions of Europe[J]. Journal of the European Economic Association, 8 (4): 677-716.

Tauber E M. 1981. Brand franchise extension：new product benefits from existing brand names[J]. Business Horizons，24（2）：36-41.

Taylor V A. 2009. Brand name and price cue effects within a brand extension context[J]. Academy of Marketing Studies Journal，13（2）：59-75.

Taylor V A，Bearden W O. 2002. The effects of price on brand extension evaluations：the moderating role of extension similarity[J]. Journal of the Academy of Marketing Science，30（2）：131-140.

Tomlinson E C，Dineen B R，Lewicki R J. 2004. The road to reconciliation：antecedents of victim willingness to reconcile following a broken promise[J]. Journal of Management，30（2）：165-187.

Trope Y，Liberman N. 2003. Temporal construal[J]. Psychological Review，110（3）：403-421.

Trope Y，Liberman N. 2010. Construal-level theory of psychological distance[J]. Psychological Review，117（2）：440-463.

Trope Y，Liberman N，Wakslak C. 2007. Construal levels and psychological distance：effects on representation，prediction，evaluation，and behavior[J]. Journal of Consumer Psychology，17（2）：83-95.

Tsai C C，Yang Y，Cheng Y. 2014. Does relationship matter? ——Customers' response to service failure[J]. Managing Service Quality，24（2）：139-159.

Turnley W H，Feldman D C. 1998. Psychological contract violations during corporate restructuring[J]. Human Resource Management，37（1）：71-83.

Turnley W H，Feldman D C. 2000. Re-examining the effects of psychological contract violations：unmet expectations and job dissatisfaction as mediators[J]. Journal of Organizational Behavior，21（1）：25-42.

Ulmer R R，Sellnow T L. 2000. Consistent questions of ambiguity in organizational crisis communication：Jack in the box as a case study[J]. Journal of Business Ethics，25（2）：143-155.

van Heerde H，Helsen K，Dekimpe M G. 2007. The impact of a product-harm crisis on marketing effectiveness[J]. Marketing Science，26（2）：230-245.

van Ingen E，Bekkers R. 2015. Generalized trust through civic engagement? Evidence from five national panel studies[J]. Political Psychology，36（3）：277-294.

van Lange P A M. 2015. Generalized trust：four lessons from genetics and culture[J]. Current Directions in Psychological Science，24（1）：71-76.

Vanhamme J，Grobben B. 2009. Too good to be true! The effectiveness of CSR history in countering negative publicity[J]. Journal of Business Ethics，85（2）：273-283.

Vassilikopoulou A，Siomkos G，Chatzipanagiotou K，et al. 2009. Product-harm crisis management：time heals all wounds? [J]. Journal of Retailing and Consumer Services，16（3）：174-180.

Vázquez-Casielles R，Río-Lanza A B，Díaz-Martín A M. 2007. Quality of past performance：impact on consumers' responses to service failure[J]. Marketing Letters，18（4）：249-264.

Völckner F，Sattler H. 2006. Drivers of brand extension success[J]. Journal of Marketing，70（2）：18-34.

Völckner F，Sattler H. 2007. Empirical generalizability of consumer evaluations of brand extensions[J]. International Journal of Research in Marketing，24（2）：149-162.

Votola N L，Unnava H R. 2006. Spillover of negative information on brand alliances[J]. Journal of Consumer Psychology，16（2）：196-202.

Walster E，Berscheid E，Walster G W. 1973. New directions in equity research[J]. Journal of Personality and Social Psychology，25（2）：151-176.

Wan L C，Hui M K，Wyer R S Jr. 2011. The role of relationship norms in responses to service failures[J]. Journal of Consumer Research，38（2）：260-277.

Wang S，Huff L C. 2007. Explaining buyers' responses to sellers' violation of trust[J]. European Journal of Marketing，41（9/10）：1033-1052.

Ward J C，O'strom A L. 2006. Complaining to the masses：the role of protest framing in customer-created complaint web sites[J]. Journal of Consumer Research，33（2）：220-230.

Washburn J H，Till B D，Priluck R. 2004. Brand alliance and customer-based brand-equity effects[J]. Psychology and Marketing，21（7）：487-508.

Weiner B. 1979. A theory of motivation for some classroom experiences[J]. Journal of Educational Psychology，71（1）：3-25.

Weiner B. 1986. An Attributional Theory of Motivation and Eemotion[M]. New York：Springer-Verlag.

Weiner B，Heckhausen H，Meyer W，et al. 1972. Causal ascriptions and achievement behavior：a conceptual analysis of effort and reanalysis of locus of control[J]. Journal of Personality and Social Psychology，21（2）：239-248.

Whelan J，Dawar N. 2016. Attributions of blame following a product-harm crisis depend on consumers' attachment styles[J]. Marketing Letters，27（2）：285-194.

Williams P，Ashill N J，Naumann E，et al. 2015. Relationship quality and satisfaction：customer-perceived success factors for on-time projects[J]. International Journal of Project Management，33（8）：1836-1850.

Wirtz J，Mattila A S. 2004. Consumer responses to compensation，speed of recovery and apology after a service failure[J]. International Journal of Service Industry Management，15（2）：150-166.

Wong A，Sohal A. 2002. An examination of the relationship between trust，commitment and relationship quality[J]. International Journal of Retail & Distribution Management，30（1）：

34-50.

Woo K，Ennew T. 2004. Business to business relationship quality：an IMP interaction-based conceptualization and measurement[J]. European Journal of Marketing，38（9/10）：1252-1271.

Wyer R S，Srull T K. 1989. Memory and Cognition in Its Social Context[M]. Hillsdale：Lawrence Erlbaum Associates.

Xie Y H. 2008. Consumer innovativeness and consumer acceptance of brand extensions[J]. Journal of Product and Brand Management，17（4）：235-243.

Xie Y，Keh H T. 2016. Taming the blame game：using promotion programs to counter product-harm crises[J]. Journal of Advertising，45（2）：211-226.

Xie Y，Peng S. 2009. How to repair customer trust after negative publicity：the roles of competence，integrity，benevolence，and forgiveness[J]. Psychology & Marketing，26（7）：572-589.

Yannopoulou N，Koronis E，Elliott R. 2011. Media amplification of brand crisis and its affect on brand trust[J]. Journal of Marketing Management，27（5/6）：530-546.

Yeo J，Park J. 2006. Effects of parent-extension similarity and self regulatory focus on evaluations of brand extensions[J]. Journal of Consumer Psychology，16（3）：272-282.

Yi Y，La S. 2004. What influences the relationship between customer satisfactions and repurchase intention? Investigating the effects of adjusted expectations and customer loyalty[J]. Psychology & Marketing，21（5）：351-373.

Yin C Y，Yu H Y，Poon P. 2016. Consumers' attributions and brand evaluations in product-harm crises：the role of implicit theories of personality[J]. Journal of Consumer Behaviour，15（1）：87-95.

附　录

附录一：本书研究的部分前测问卷

1. 产品伤害危机事件类型

1）严重产品伤害危机事件与轻微产品伤害危机事件

问题 1：某企业是一家以手机为主要产品的企业，最近市场上反映该手机在使用过程中电池发生不明原因的爆炸，造成了人员伤亡，这是一件严重的产品伤害危机事件，请填写您的评价：

1	2	3	4	5	6	7
非常不同意	不同意	稍微不同意	一般	稍微同意	同意	非常同意

问题 2：某企业是一家以手机为主要产品的企业，最近市场上反映该手机在使用过程中电池发生不明原因的爆炸，造成了人员伤亡，这是一件轻微的产品伤害危机事件，请填写您的评价：

1	2	3	4	5	6	7
非常不同意	不同意	稍微不同意	一般	稍微同意	同意	非常同意

问题 3：某企业是一家以手机为主要产品的企业，最近市场上反映该手机在使用过程中输入汉字时显示速度慢，影响消费者信息发送速度，这是一件严重的产品伤害危机事件，请填写您的评价：

1	2	3	4	5	6	7
非常不同意	不同意	稍微不同意	一般	稍微同意	同意	非常同意

问题 4：某企业是一家以手机为主要产品的企业，最近市场上反映该手机在使用过程中输入汉字时显示速度慢，影响消费者信息发送速度，这是一件轻微的产品伤害危机事件，请填写您的评价：

1	2	3	4	5	6	7
非常不同意	不同意	稍微不同意	一般	稍微同意	同意	非常同意

2）产品性能型产品伤害危机事件与公司道德型产品伤害危机事件

“某企业是生产电脑的企业，主要生产 A 品牌的电脑，最近在市场检查过程中发现 A 品牌的电脑使用有害的劣质原材料生产产品，消费者在使用中身体出现了不适”与“某企业是生产电脑的企业，主要生产 A 品牌的电脑，最近有媒体报道称该企业生产过程中压榨工人的工资、超时加班，使工人身体出现了不适”这两个事件没有差异，请填写您的评价：

1	2	3	4	5	6	7
非常不同意	不同意	稍微不同意	一般	稍微同意	同意	非常同意

2. 空间距离（远、近）

问题 1：请对以下问题进行评价：“我觉得我距离 1 500 千米外的沈阳很远”

1	2	3	4	5	6	7
非常不同意	不同意	稍微不同意	一般	稍微同意	同意	非常同意

问题 2：请对以下问题进行评价：“我觉得我距离 1 500 千米外的沈阳很近”

1	2	3	4	5	6	7
非常不同意	不同意	稍微不同意	一般	稍微同意	同意	非常同意

问题 3：请对以下问题进行评价：“我觉得武汉距离我很近”

1	2	3	4	5	6	7
非常不同意	不同意	稍微不同意	一般	稍微同意	同意	非常同意

问题 4：请对以下问题进行评价：“我觉得武汉距离我很远”

1	2	3	4	5	6	7
非常不同意	不同意	稍微不同意	一般	稍微同意	同意	非常同意

问题 5：请对以下问题进行评价：“我觉得我和我好朋友之间的距离很近”

1	2	3	4	5	6	7
非常不同意	不同意	稍微不同意	一般	稍微同意	同意	非常同意

问题 6：请对以下问题进行评价：“我觉得我和我好朋友之间的距离很远”

1	2	3	4	5	6	7
非常不同意	不同意	稍微不同意	一般	稍微同意	同意	非常同意

问题 7：请对以下问题进行评价：“我觉得我和陌生人之间的距离很近”

1	2	3	4	5	6	7
非常不同意	不同意	稍微不同意	一般	稍微同意	同意	非常同意

问题 8：请对以下问题进行评价：“我觉得我和陌生人之间的距离很远”

1	2	3	4	5	6	7
非常不同意	不同意	稍微不同意	一般	稍微同意	同意	非常同意

3. 关系质量（高、低）

问题 1：您曾经使用过该企业的产品，对过去的消费经验感到满意，并对该企业有深厚的感情基础，在这种情况下您与该企业的关系质量高。

1	2	3	4	5	6	7
非常不同意	不同意	稍微不同意	一般	稍微同意	同意	非常同意

问题 2：您曾经使用过该企业的产品，对过去的消费经验感到满意，并对该企业有深厚的感情基础，在这种情况下您与该企业的关系质量低。

1	2	3	4	5	6	7
非常不同意	不同意	稍微不同意	一般	稍微同意	同意	非常同意

问题 3：您过去没有使用过该企业的产品，这是第一次购买，在这种情况下您与该企业的关系质量低。

1	2	3	4	5	6	7
非常不同意	不同意	稍微不同意	一般	稍微同意	同意	非常同意

问题 4：您过去没有使用过该企业的产品，这是第一次购买，在这种情况下您与该企业的关系质量高。

1	2	3	4	5	6	7
非常不同意	不同意	稍微不同意	一般	稍微同意	同意	非常同意

4. 品牌延伸契合度（高、低）

问题 1：品牌延伸契合度高指新产品与母品牌产品在“技术或知识使用上的一致”，而品牌延伸契合度低则指新产品与母品牌在“技术或知识使用上的不同”。因此，由手机延伸到平板电脑属于高品牌延伸契合度。

1	2	3	4	5	6	7
非常不同意	不同意	稍微不同意	一般	稍微同意	同意	非常同意

问题 2：品牌延伸契合度高指新产品与母品牌产品在“技术或知识使用上的一致”，而品牌延伸契合度低则指新产品与母品牌在“技术或知识使用上的不同”。因此，由手机延伸到平板电脑属于低品牌延伸契合度。

1	2	3	4	5	6	7
非常不同意	不同意	稍微不同意	一般	稍微同意	同意	非常同意

问题 3：品牌延伸契合度高指新产品与母品牌产品在“技术或知识使用上的一致”，而品牌延伸契合度低则指新产品与母品牌在“技术或知识使用上的不同”。因此，由手机延伸到空气净化器属于高品牌延伸契合度。

1	2	3	4	5	6	7
非常不同意	不同意	稍微不同意	一般	稍微同意	同意	非常同意

问题 4：品牌延伸契合度高指新产品与母品牌产品在“技术或知识使用上的一致”，而品牌延伸契合度低则指新产品与母品牌在“技术或知识使用上的不同”。因此，由手机延伸到空气净化器属于低品牌延伸契合度。

1	2	3	4	5	6	7
非常不同意	不同意	稍微不同意	一般	稍微同意	同意	非常同意

附录二：本书研究的部分正式问卷

问卷一：

亲爱的朋友：

您好！

我是******大学的教师，在进行一项有关消费者行为的研究工作。这是一份学术问卷，您对本问卷所做出的选择，仅做学术研究之用，没有对错之分，且不用记名，请放心作答。恳请您在百忙中拨冗填答，谢谢！

敬祝 万事如意

第一部分：背景材料

请先阅读下面的背景材料，设想您自己就是材料中的主角，读后请您根据自己的判断进行选择与回答。

某企业是一家以手机为主要产品的企业，主要生产A品牌的手机。最近根据《中国质量报》的消息，市场上发现该品牌手机在使用过程中电池发生不明原因的爆炸，造成了人员伤亡，恰巧您的朋友在这次伤害事件中受到了伤害。目前，该企业开展多元化经营，在手机生产的基础上，开始生产、销售A品牌的B产品。

根据以上材料，请对以下问题做出判断。

问题1：您认为材料中描述的产品伤害危机事件：

轻微 1 2 3 4 5 6 7 严重

问题2：您认为您和您朋友的关系：

非常陌生 1 2 3 4 5 6 7 非常亲密

没有共同点 1 2 3 4 5 6 7 拥有许多共同点

关系亲近 1 2 3 4 5 6 7 关系疏远

第二部分：请回答下列问题

问题1：结合以上材料回答对下面的评价做出判断：

题项	非常不同意	不同意	稍微不同意	一般	稍微同意	同意	非常同意
我感到被欺骗了							
我感到被出卖了							
我觉得企业说谎							
我觉得这家企业故意利用我							
这家企业试图虐待我							

问题2：请对该企业生产的A品牌的B产品的评价做出判断：

题项	非常不同意	不同意	稍微不同意	一般	稍微同意	同意	非常同意
我认为A品牌的B产品质量会很好							
我觉得A品牌的B产品会很实用							
我觉得A品牌的B产品值得信赖							
我会喜欢A品牌的B产品							
A品牌的B产品对我很有吸引力							
如有需要，我可能会考虑购买A品牌的B产品							
如有需要，我会推荐朋友购买A品牌的B产品							

第三部分：个人资料

1. 请问您的性别：

A. 男　　B. 女

2. 请问您的年龄：

A. 20岁及以下　B. 21~25岁　C. 26岁及以上

3. 请问您的学历水平：

A. 本科及以下　B. 硕士研究生　C. 博士研究生

问卷到此结束，再次感谢您对本书研究的支持！

问卷二：

亲爱的朋友：

您好！

我是******大学的教师，在进行一项有关消费者行为的研究工作。这是一份学术问卷，您对本问卷所做出的选择，仅做学术研究之用，没有对错之分，且不用记名，请放心作答。恳请您在百忙中拨冗填答，谢谢！

敬祝 万事如意

第一部分：背景材料

请先阅读下面的背景材料，设想您自己就是材料中的主角，读后请您根据自己的判断进行选择与回答。

某企业是生产洗发水的企业，主要生产A品牌的洗发水。根据《中国质量报》的消息，经过对全国各大省会城市的商场超市的洗发水抽检调查，国家质检总局近日公布了最新的《洗发水质量检测报告》。报告显示，包括A品牌在内的多个品牌的洗发水检查出了致癌物二恶烷，导致部分使用这些洗发水的消费者身体出现了不适。目前，该企业开展多元化经营，在洗发水生产的基础上，开始生产、销售A品牌的B产品。

根据以上材料，请对以下问题做出判断。

问题1：您认为材料中描述的产品伤害危机事件：

题项	非常不同意	不同意	稍微不同意	一般	稍微同意	同意	非常同意
此次产品伤害危机事件只涉及一家企业							
只有一家企业的洗发水中查出含有二恶烷							
此次产品伤害危机事件涉及多家企业							
多家企业的洗发水中查出含有二恶烷							

第二部分：请回答下列问题

问题1：结合以上材料回答对下面的评价做出判断：

题项	非常不同意	不同意	稍微不同意	一般	稍微同意	同意	非常同意
我感到被欺骗了							
我感到被出卖了							
我觉得企业说谎							
我觉得这家企业故意利用我							
这家企业试图虐待我							

问题2：请对该企业生产的A品牌的B产品的评价做出判断：

题项	非常不同意	不同意	稍微不同意	一般	稍微同意	同意	非常同意
我认为A品牌的B产品质量会很好							
我觉得A品牌的B产品会很实用							
我觉得A品牌的B产品值得信赖							
我会喜欢A品牌的B产品							
A品牌的B产品对我很有吸引力							
如有需要，我可能会考虑购买A品牌的B产品							
如有需要，我会推荐朋友购买A品牌的B产品							

第三部分：个人资料

1. 请问您的性别：

A. 男　　B. 女

2. 请问您的年龄：

A. 20 岁及以下　B. 21~25 岁　C. 26 岁及以上

3. 请问您的学历水平：

A. 本科及以下　B. 硕士研究生　C. 博士研究生

问卷到此结束，再次感谢您对本书研究的支持！

问卷三：

亲爱的朋友：

您好！

我是******大学的教师，在进行一项有关消费者行为的研究工作。这是一份学术问卷，您对本问卷所做出的选择，仅做学术研究之用，没有对错之分，且不用记名，请放心作答。恳请您在百忙中拨冗填答，谢谢！

敬祝 万事如意

第一部分：背景材料

请先阅读下面的背景材料，设想您自己就是材料中的主角，读后请您根据自己的判断进行选择与回答。

某企业是生产电脑的企业，主要生产 A 品牌的电脑，最近根据《中国质量报》的消息，在市场检查过程中发现 A 品牌的电脑使用有害的劣质原材料生产产品，致使消费者在使用中身体出现了不适，恰巧您的一个朋友也由于使用该品牌的电脑身体出现了不适。目前，该企业正在开展多元化经营，在电脑生产的基础上，开始生产、销售 A 品牌的 B 产品。

根据以上材料，请对以下问题做出判断。

问题 1：您认为材料中描述的产品伤害危机事件产生的原因：

与公司道德有关　1　2　3　4　5　6　7　与产品性能有关

问题 2：您认为您和您朋友的关系：

非常陌生　1　2　3　4　5　6　7　非常亲密

没有共同点　1　2　3　4　5　6　7　拥有许多共同点

关系亲近　1　2　3　4　5　6　7　关系疏远

第二部分：请回答下列问题

问题 1：结合以上材料回答对下面的评价做出判断：

题项	非常不同意	不同意	稍微不同意	一般	稍微同意	同意	非常同意
我感到被欺骗了							
我感到被出卖了							
我觉得企业说谎							
我觉得这家企业故意利用我							
这家企业试图虐待我							

问题 2：请对该企业生产的 A 品牌的 B 产品的评价做出判断：

题项	非常不同意	不同意	稍微不同意	一般	稍微同意	同意	非常同意
我认为 A 品牌的 B 产品质量会很好							
我觉得 A 品牌的 B 产品会很实用							
我觉得 A 品牌的 B 产品值得信赖							
我会喜欢 A 品牌的 B 产品							
A 品牌的 B 产品对我很有吸引力							
如有需要，我可能会考虑购买 A 品牌的 B 产品							
如有需要，我会推荐朋友购买 A 品牌的 B 产品							

第三部分：个人资料

1. 请问您的性别：

A. 男　　B. 女

2. 请问您的年龄：

A. 20 岁及以下　B. 21~25 岁　C. 26 岁及以上

3. 请问您的学历水平：

A. 本科及以下　B. 硕士研究生　C. 博士研究生

问卷到此结束，再次感谢您对本书研究的支持！